Dit mooie land

KADER ABDOLAH

Dit mooie land

Mirza-columns uit *de Volkskrant*

DE GEUS

© Kader Abdolah, 2009
Deze columns verschenen tussen september 2003 en september 2008
Omslagontwerp Berry van Gerwen
Omslagillustratie © Joyce van Belkom

Dit boek is gedrukt op FSC-gecertificeerd papier

ISBN 978 90 445 1434 6
NUR 325

VOORWOORD

Geachte lezer,

Het is nu twaalf jaar geleden dat *de Volkskrant* belde: 'Wil je een wekelijkse column voor ons schrijven?'

Ik zei meteen nee, met als argument dat ik met mijn eerste roman bezig was. Dat was waar, maar eigenlijk durfde ik gewoon niet aan zoiets te beginnen in een taal die niet de mijne was. Ik was bang dat ik zou vallen.

Faalangst.

Ik zocht raad bij een wijze vriend: 'Luister, *de Volkskrant* heeft me gevraagd om een wekelijkse column te schrijven. Wat denk je ervan?'

Hij had niet de minste twijfel: 'Doen! Nu is het de tijd. Nu moet je toeslaan. Hard slaan.'

'Luister, ik ben met heel veel andere dingen bezig.'

'Schuif alles aan de kant', zei hij. 'Pak die kans.'

'Het is een onopvallend hoekje van de krant', zei ik.

'Verander het in een plaats die iedereen weet te vinden. Een vaste plaats waar je hard kunt uithalen.'

'Waar moet ik slaan?' vroeg ik.

'Maakt niet uit,' zei hij, 'waar het raakt.'

Twaalf volle jaren zijn voorbij en ik heb elke week geschreven.

Ik had niet verwacht dat de column zo'n grote invloed zou hebben op mijn leven.

Het werd een avontuur dat niet wilde eindigen. Elke week kwam er iets nieuws en het is nog nooit routine geworden. En elke keer is de angst weer net zo vers als de eerste keer.

Voor mij was het een ongekende oefening in de democratie.

Juist ik, die in een dictatoriaal land geleefd en geschreven had, begreep waar ik mee bezig was: een voortdurende kennismaking met het oord van de vrije meningsuiting.

Er waren mooie momenten en er waren tijden waarop ik het benauwd kreeg.

Ik botste tegen de grens van de democratie, tegen de grens van de vrije meningsuiting.

Soms zag ik de schaduw van de dictatuur over het scherm van mijn computer: tot hier en niet verder!

Er waren momenten waarop ik hard geslagen heb.

En er waren momenten dat het niet mocht.

Als columnist heb ik bijzondere ervaringen opgedaan. Maar ik heb altijd één principe gehandhaafd. Wat er ook gebeurde, ik moest mezelf blijven. Als ik in de spiegel zou kijken, moest ik kunnen zeggen: ik heb niet gelogen tegen mijn lezers.

En ik ben niet bang geweest.

De columns hebben me bij de tijd gehouden, verjongd.

Door het schrijven van de stukjes ben ik scherp geworden en alert.

Columns schrijven is een noodzakelijke oefening voor een schrijver. Ik heb er veel baat bij gehad, mijn boeken zijn er levendiger door geworden. Voor mij was het een grote oefening in de Nederlandse taal.

Soms heb ik de dingen niet goed gezien, en over sommige zaken ben ik van mening veranderd.

Ongewild en ongewenst heb ik een enkele keer een vriend gekwetst.

Heel vroeger hadden de Perzische koningen een man, een schrijver, een vertrouweling, een Mirza in huis, die de daden van de koning vastlegde. Zo werden de kronieken van de tijd geschreven. Ik heb die kroniekschrijvers als voorbeeld genomen en ik heb geprobeerd in mijn columns de belangrijke gebeurtenissen in te lijsten.

Dit mooie land is de vierde bundel en bevat 'Mirza's' van september 2003 tot september 2008.

Salaam,
Kader Abdolah

Goedemorgen, juf!

Rotterdam is hard bezig de bewoners van de stad dichter bij elkaar te brengen: Immigratie! Integratie!

In dat kader was ik laatst uitgenodigd om op een zwarte basisschool voor te lezen.

Het was een gewone basisschool waar extra aandacht aan de taal werd besteed. Je leerde de u als een u uitspreken en niet als een oe, de huur correct uit te spreken als huur en niet als hoer. Kortom: een school waar je leerde tegen de juf gewoon juf te zeggen en geen joef.

Ze hadden me gevraagd om uit Annie M.G. Schmidts werk voor te lezen. Het regende en ik liep verheugd naar de basisschool. Ik besefte niet dat ik in een val liep.

De gang en de lokalen van de school waren allemaal versierd met posters van Annie M.G. Schmidt en natuurlijk ook met tientallen illustraties van Jip en Janneke. Ik werd vorstelijk ontvangen door de directie van de school en na een kopje koffie werd ik meteen naar groep drie gebracht.

'Een goede morgen', riepen ze met z'n allen tegelijk, onder leiding van hun jonge juf (geen joef) en ik ging in de stoel zitten die voor mij was gereserveerd. Er hingen twintig, vijfentwintig nieuwsgierige jongetjes en meisjes aan mijn lippen. (Wat wil die meneer nu aan ons vertellen?!)

Door hun zeer nieuwsgierige houding, raakte ik even de kluts kwijt, maar ik riep meteen superieur: 'Een goede morgen, meisjes! Een goede morgen, jongens! En een goede morgen, juf!'

'Nee, nee, u zegt het fout, het is geen joef, maar juf', riepen ze met z'n allen.

Ik lachte hardop en corrigeerde mijn uitspraak: 'Oké dan: juf!'

'Nee hoor,' zei meteen een jongetje, 'u zegt jof, u moet zeggen juf, zo: ju, ju, ju, zeg het eens!'

'Ju! ju! ju!' zei ik.

'U zegt joo, joo, joo, maar u moet gewoon zeggen ju, zo: ju! ju!'

Ik wist niet wat ik ermee moest, het was leuk, maar ik kwam er niet meer uit. Want wat ik ook zei, ik werd meteen door ze gecorrigeerd, zodat ik mijn mond niet meer durfde te openen.

Ik lachte, ik lachte hard: 'Oké, veel geleerd vandaag, jongens! Laten we nu iets voorlezen!' En de juf drukte meteen een groot gekleurd boek in mijn handen.

'De meneer gaat uit *Jip en Janneke* voorlezen', zei ze met luide stem en zo maande ze de klas tot stilte.

Ik opende het boek en las het eerste verhaal voor. Het ging over de eerste ontmoeting tussen Jip en Janneke. Jip kijkt door een gaatje in de heg naar de tuin van de buren en ziet onverwachts een neusje, een mondje en twee kleine oogjes aan de andere kant. Hij roept: 'Wie ben jij? Jij woonde hier nog niet!'

'Ik heet Janneke! Nu woon ik hier!' zegt ze.

Ik las het verhaal foutloos, perfect, vlekkeloos voor en ze luisterden aandachtig en kritisch naar me. Nee, ze konden geen fout, geen klein foutje ontdekken.

Er viel even een stilte, ze keken elkaar aan en klapten opeens in hun handen voor me. Goed zo!

'Vonden jullie het leuk?' vroeg de juf.

'Leuk! Heel leuk!' riepen ze met z'n allen.

Er schoot me iets gemeens te binnen.

Ik hield het boek *Jip en Janneke* boven mijn hoofd en riep: 'Ik heb een vraag! Wie heeft dit boek geschreven?!'

Tegelijk riepen ze: 'Kader Abdolah!'

Ik voelde me goed!

De haan

Het thema van de kinderboekenweek is het bos.

Ik ken een oeroude Perzische vertelling over het bos.

Er was eens een haan die op een vroege morgen zijn dak beklom om zijn kraaiplicht te doen. Hij sloot zijn oogjes en kraaide hard.

Een vos, die hem al een tijdje in de gaten hield, klom het dak op. Hij ging op een hoekje zitten en bleef naar hem kijken. Toen de haan zijn oogjes opende, zag hij de vos, hij wilde wegvluchten, maar de vos zei: 'Wees maar niet bang. Ik doe je niets, ik luister alleen maar naar jou. Ik heb je vader nog gekend, en je kraait net zo mooi als hij. Je stem heeft iets magisch zodat zelfs je vijanden er met plezier naar luisteren. Bovendien ben je net zo knap als je vader. Je poten zijn lang, en je staat mooi hoog. Jouw veren hebben alle kleuren van de regenboog, je hals is lang, je staart staat goed bij je borst en je hebt een bijzondere kop met gouden veertjes. Eerlijk gezegd ziet je snavel er wat ijziger uit dan die van je vader. Als je je ogen sluit en je stem verheft, ben je net een koning met je mooie rode kroontje.'

De haan die door het gevlei van de vos dronken was geworden, vergat alles. Hij rekte zijn hals uit, richtte zijn snavel naar de lucht, sloot zijn oogjes en kraaide hard. Zodra hij zijn ogen dicht deed, sprong de vos boven op hem. Hij greep hem, sprong van het dak af en verdween met zijn kakelende prooi in het bos.

'O wat stom, o wat stom,' jammerde de haan, 'stom wie zijn ogen dicht en zijn mond open doet!'

Een van de honden van het dorp die alles had gezien, riep om hulp. Onmiddellijk holden alle honden van het dorp het bos in om de haan te redden.

'Roep naar hen dat je me niet uit hun dorp gestolen hebt', zei de haan wanhopig.

'Ik heb deze haan niet uit jullie dorp gestolen', riep de vos. En meteen vloog de haan uit zijn bek en snelde naar huis.

De rest van het verhaal wordt volgens de traditie aan de verteller overgelaten. Sommigen laten de vos gaan en laten de honden genoegen nemen met de haan die ze terug hebben gekregen. Anderen laten de honden de vos een lesje leren. Nog anderen verwijten de haan zijn stommiteit. Ook ik moet dit verhaal op mijn eigen manier afronden. Iets in de geest van immigratie en de moderne tijd.

Dus: De honden lieten onze vos gaan. Pratend in zichzelf ging de vos dieper het bos in: 'Zo kan het niet langer, ze hebben me als een dief behandeld. Ik heb niets gestolen, ik deed gewoon mijn plicht.'

Hij hoorde een vliegtuig, er schoot hem iets te binnen, hij snelde het bos uit naar het vliegveld en zag er een blauwwit vliegtuig. Gisternacht had hij in het bos gehoord dat Air France de KLM had overgenomen. Alle dieren discussieerden erover. Een paar stewardessen met hun mooie blauwe uniformen stapten het vliegtuig in. Het was de eerste KLM-vlucht naar Parijs na de overname.

'Ik ga dit land verlaten, hier wordt het niets', zei de vos en hij kroop onder de hekken door naar binnen. Hij snelde naar het vliegtuig, klom de automatische ladder op en ging op de rug van het vliegtuig zitten. Het toestel kwam in beweging en vloog met onze vos op zijn rug naar Parijs.

Het recht om te blijven

Jarenlang wachtten duizenden asielzoekers op een verblijfs-vergunning. Er zijn er honderden die acht, negen, tien jaar hebben gewacht en van wie velen kapot zijn gegaan. Nu komt de regering met een pardonregeling voor tweeëntwintighonderd asielzoekers.

Ik heb verschillende keren over dit onderwerp geschreven, maar ik denk dat ik deze keer alles moet zeggen wat ik zeggen moet want ik pleeg verraad als ik zwijg. Verraad jegens de asielzoekers en verraad ten opzichte van de Nederlanders.

Het is een smerige politiek die de regering met asielzoekers bedrijft. Vijf, zes jaar geleden toen de Nederlandse regering de vluchtelingenstroom niet tegen kon houden, werd er stiekem een beslissing genomen: 'Hen kapotmaken!'

Die duizenden asielzoekers moesten zo kapot worden gemaakt dat niemand het meer in zijn hoofd zou halen ooit naar Nederland te vluchten. En het werkte.

Een oude wijsheid luidt: 'Slik je woord tot drie keer toe in voordat je het uit.' Wat ik wil zeggen heb ik drie keer ingeslikt, nu mag ik het zeggen: 'Nederland heeft gedurende tien jaar duizenden vluchtelingen op transport gezet!'

Ik weet dat de tijden zijn veranderd, dat je niemand meer op transport kunt zetten. Ik weet dat het schrikwekkende transportbeeld vooral in de herinnering van de Joden terug te vinden is. Deze trein rijdt zachtjes en zal nooit het eindstation bereiken.

Nederland heeft al die asielzoekers psychisch kapotgemaakt. Men heeft ze in gijzeling genomen, in asielcentra gestopt met de bedoeling ze als aardappelen te laten rotten. Dat mag niet! Het gaat in tegen de rechten van de mens. Tegen de goddelijke wet van de verplaatsingen. Dat heeft niemand in Europa met asielzoekers gedaan, geen enkele regering heeft de asielzoekers zo gruwelijk behandeld. Duitsland heeft het niet gedaan. België heeft het niet gedaan. Frankrijk niet, Zweden, Noorwegen al helemaal niet. Nergens, niemand. Alleen Nederland. Zo'n klein land en zo'n grote politieke misdaad. In Engeland krijgen elk jaar honderdtwintigduizend immigranten die daar vijf jaar hebben gewoond een Brits paspoort. Maar Nederland houdt zevenduizend asielzoekers gegijzeld om er enge asielverschrikkers van te maken.

Nu komen ze met een pardonregeling voor tweeëntwintighonderd asielzoekers. Het is niets meer dan bedrog, een trucje. Met dit getal kun je alleen chaos veroorzaken, chaos om de angst in stand te houden. Het verbaast me niets dat de Verenigde Naties nog niet gereageerd hebben. Daar draagt Ruud Lubbers, een Nederlander, de pet van Hoge Commissaris voor de Vluchtelingen.

Asielzoekers!

Er wordt niets voor jullie gedaan. Alleen wie sterk is, blijft. De wet van de jungle heerst. Nu het zover gekomen is, is het jullie plicht om sterk te zijn! Nederland moet haar zin niet krijgen.

Hou vol! Niemand kan jullie wegsturen! Niemand mag jullie wegsturen! Niemand in Den Haag is in staat jullie weg te sturen. Je moet blijven. Het is jouw recht. De grond van Nederland is nu ook jouw grond geworden.

Pak alle middelen die de democratie je biedt en verzet je tegen uitzetting.

Jullie hebben in de afgelopen tien jaar alle wegen bewandeld, daarom weet ik niet wat ik jullie nog kan aanraden. Pak alle wettige middelen en laat ze je niet wegsturen. Trek je mooiste kleren aan, hou met beide armen de bomen vast en schreeuw hard! God, wat kunnen jullie nog meer doen?

Klamp je met beide handen vast aan koeienpoten, een voor een. Je moet blijven! Het is je ultieme recht!

Paradijs in het Tropenmuseum

De mythische Perzische koning Sam kreeg een zoon, maar deze was grijs. Hij werd Djaal genoemd: de oude.

De koning keek verbaasd naar de zuigeling, hij dacht dat het een duivelskind was.

'Verwijder hem!'

Men nam het kind mee en liet het op de hoge berg Alborz achter. Op de top van Alborz woonde de mythische vogel Simorg. Hij pakte de baby, nam hem mee naar zijn nest en voedde hem op met zijn jongen. Als u de rest van het verhaal wilt weten, kunt u surfen naar www.paradijsenco.nl. (Deze site is niet meer beschikbaar. Red.)

Paradijs & Co is een tentoonstelling over Iran van het Tropenmuseum Junior, met vele voorwerpen, verhaaltjes, gedichtjes, geuren, klanken, smaken voor kinderen.

Op de site kunnen kinderen hun eigen naam in het Perzisch schrijven en horen. Ze kunnen een Perzisch verjaardagskaartje maken, of naar een mooi liedje luisteren:

Gole Pamtjaal bieroen bija vachte bahare.

Pamtjaal bloempje! Wakker worden! Het is lente! Tropenmuseum! Je hebt veel gedaan en vooral heb je met je hart gewerkt om de Nederlandse kinderen in contact te brengen met de wereld van de Iraanse kinderen.

Toen ik de tentoonstellingsruimte binnenging, werd ik getroffen door iets merkwaardigs, ik voelde dat ik door de gangen van mijn eigen geheugen wandelde. Alle traditionele kleding, oude muziekinstrumenten, theepotten, tapijtjes, miniatuurtjes, rozengeurtjes, Djaal, Sam, Alborz verrasten me. (Maar er was geen één koran en niet één geestelijke.)

Ik dank het Tropenmuseum! Je hebt het mooi gedaan, maar je bent in een val gelopen, de val van de Islamitische Iraanse Republiek. Wat het Tropenmuseum aan de Nederlandse kinderen wil laten zien, is toch een beetje bedrog. Niet de echte vogel, maar een opgezette. De Nederlandse kinderen zullen zo niet in aanraking komen met de Iraanse kinderen van nu.

Als je naar de islamitische Iraanse zenders kijkt, zie je precies dezelfde dingen. Pottenbakkerijen, miniatuurtjes, mooie tapijtjes en de oude traditionele kleding. Allemaal dingen die niets met het dagelijkse leven in Iran te maken hebben.

Het Tropenmuseum moest met de Iraanse ambassade samenwerken, daarom mochten veel dingen niet getoond worden. Vergis ik me? Misschien wil het Tropenmuseum de pijnlijke dingen niet aan kinderen laten zien. Ik maak een eigen kleine ruimte naast die van het Tropenmuseum:

De islamitische republiek heeft gedurende drieëntwintig jaar de Iraanse kinderen gehersenspoeld. De kinderen moesten drie uur per dag de Koran uit het hoofd leren zodat de heilige soera's uit hun oortjes en neusgaatjes lekten. De verplichte koranlessen laat ik dan met een filmpje zien.

De Iraanse moeders zijn verdrietig over de ongewone haaruitval van hun dochtertjes. De moeders hebben de scholen gedwongen om de meisjes een kwartiertje hun haar te laten luchten. Deze haarluchterij kan ik met een geheime opname laten zien.

Van de grote angst van de Iraanse vaders is in het Tropenmuseum niets te merken. Minderjarige meisjes van twaalf, dertien en veertien jaar lopen als prostituees in kuddes langs de wegen van de nacht. Dat kenden we niet. Het islamitische regime heeft dit met onze dochters gedaan.

In het Tropenmuseum dansen de meisjes en de jongens samen hand in hand in de traditionele Iraanse kleding. Het is niet waar. Als we die Nederlandse kinderen naar Iran sturen, zullen ze nooit zulke taferelen zien.

In de afgelopen twintig jaar hebben de Iraanse meisjes alles gedaan tegen de geestelijken om hen niet onder de chador te krijgen. Van die mooie rebellie is niets te zien in het Tropenmuseum.

Shirin Ebadi, een nobele vrouw

Verlies is een ervaring naar een nieuwe weg. Een nieuwe gelegenheid om op een andere manier te denken.

Verliezen is niet het einde van alles, maar het einde van een bepaalde manier van denken. Wie ergens valt, staat ergens anders weer op. Dat is de wet van het leven.

Een literair analyticus die door het regime van Iran werd omgebracht. Hij vocht voor de democratie. En hij zat in het leidinggevende comité van de verboden vereniging van Iraanse schrijvers.

Een paar jaar geleden werden een paar schrijvers door de geheime dienst vermoord. Hiermee wilde het regime anderen bang maken. Maar Mogtari bleef vechten. Op een avond stapten drie mannen bij een stoplicht in zijn auto en dwongen hem om naar een snelweg te rijden. De volgende dag lag zijn lijk langs de weg, hij was gewurgd.

In dezelfde periode gingen agenten van de geheime dienst de woning van Darush Froehar binnen. Froehar was een bekende politicus die de geestelijken niet steunde. Ze brachten hem en zijn vrouw op een gruwelijke manier om.

Niemand durfde de namen van Mogtari en Froehar te

noemen. Wie zijn stem verhief, werd gewurgd. De families van de omgekomen schrijvers en politici werden bedreigd, ze mochten geen vragen over hun omgebrachte dierbaren stellen. Een zwarte periode in de Iraanse geschiedenis.

Op dat moment verhief Shirin Ebadi haar stem. De Perzische afdeling van de BBC verkondigde dat ze de advocate van de familie Froehar was.

Iedereen sloeg een hand voor de mond van verbazing en angst: 'Hoe durft ze zo'n gevaarlijke stap te nemen?'

Shirin Ebadi was de eerste advocate van het vaderland, ze is hoogleraar aan de universiteit van Teheran en staat bekend om haar gevecht voor de vrouwen- en kinderrechten. Ze is vaak gevangen genomen, maar niets kan haar strijd tegenhouden.

Afgelopen vrijdag kreeg ze de Nobelprijs voor de Vrede. (Op 10 december 2003. Red.)

De woordvoerder van het Nobelcomité zei: 'Mevrouw Ebadi is een moedige vrouw die nooit bang is geweest voor de bedreigingen van haar leven.'

Ebadi zelf zei: 'Iedereen die in Iran vecht voor de mensenrechten moet met angst leven. Ik heb geleerd om met angst om te gaan.'

Opeens verscheen er een portret van een vrouw op de CNN-site: 'Iranian rights activist wins Nobel.' Ik schrok, ik herkende haar, maar kon haar niet thuisbrengen, ze had haar sluier opzettelijk voor de camera afgedaan. Zo gaf ze onmiddellijk een harde klap in het gezicht van de ayatollahs voor de camera van CNN. Ter plekke een stap verder voor de vrijheid van de vrouwen in het vaderland.

Ik zocht iemand om te feliciteren. Ik had de behoefte om iemand de hand te schudden en te zeggen: 'Van harte.'

Eindelijk is de stem van de vrouwen van mijn land gehoord, eindelijk zijn de stemmen van de familie van Mohammade Mogtari en Froehar gehoord. Eindelijk kan Ebadi wereldwijd de historische vraag stellen: Wie heeft ze vermoord?

Het regime van Iran heeft in een zwarte periode honderden gevangenen, onder wie vele jonge vrouwen, geëxecuteerd. De families mochten de lijken van hun dierbaren niet op de officiële begraafplaatsen begraven. Ze begroeven hun kinderen zonder een grafsteen op verlaten plekken. Niemand durft nog vragen te stellen over die massa-executies. Ebadi zal het morgen doen.

De Iraanse moeders huilen van geluk voor die Nobelprijs. Nu durven ze een steen op het graf van hun kinderen te leggen.

Ebadi verdiende de Nobelprijs. Het is een beloning voor het gevecht van de Iraanse vrouwen tegen het zwarte geloof.

Nogmaals Ebadi

Vorige week hebben duizenden Iraanse vrouwen met witte hoofddoeken Shirin Ebadi, de Nobelprijswinnares, op het vliegveld van Teheran verwelkomd. Ook duizenden mannen. Feest! Ze riepen leuzen tegen het regime en: Vrijheid! Vrijheid!

De prijs heeft de geestelijken in verwarring gebracht, ze voelen de angst in hun rug. 'Deze prijs is een westerse bemoeienis in de Iraanse zaken', reageerden ze kwaad.

De Nobelprijs kan in het Midden-Oosten veel teweegbrengen. Het is niet als een persoonlijke prijs voor paus Johannes Paulus II, of voor George W. Bush. Het gaat om Iran, een land met een oude, rijke, woelige geschiedenis. Iran, aan de vooravond van turbulente veranderingen. Zo te zien zit het regime nog altijd vast in het zadel, maar het volk heeft de geestelijken gepasseerd. Deze Nobelprijs zal het proces van hun verwijdering versnellen. De leiding is deze keer in handen van de prachtige vrouwen van mijn land. Ze hebben de geestelijken geen minuut met rust gelaten.

Er is niet veel bekend over de rol van de vrouwen in onze geschiedenis. Ik zal proberen een beeld te schetsen:

In de prehistorische tijd hoorden onze vrouwen bij de goden. De godin van de liefde bijvoorbeeld. Ze waren ook onze sterren: Zohre, Parwin, Wenus.

We hebben een vrouw van goud, van zes-, zevenduizend jaar geleden. Ze is naakt, haar borsten zijn mooi en groot en haar vrouw-zijn is nadrukkelijk getoond: het symbool van vruchtbaarheid.

Later kwam prinses Roedabé, ze gooide haar lange vlecht uit het paleisraam naar haar geliefde. Hij gebruikte haar vlecht als touw en beklom de muur. Ze baarde een zoon, Rostam. Hij werd de held die de onmetelijke grenzen van het rijk bewaakte.

Weer later hadden we de slimme, schone Sheherazade. Gedurende duizend-en-één nachten verzon ze mooie verhalen om de gewelddadige koning te temmen.

Met de komst van de islam werden de Iraanse vrouwen met een zwaard in de boerka's gedwongen. Geen sprake meer van de schoonheid van hun lichaam, geen rol als godin van de liefde, en er was geen lange vlecht om uit het raam te gooien.

Twaalf eeuwen lang horen we bijna niets van hen. Velen van hen verveelden zich in de harems.

In de tijd dat Europa met de Renaissance bezig was, deed Gorratolein in Iran haar boerka weg en liep naar de bazaar. Ze werd volgens de sharia berecht en ze gooiden haar van een toren af.

Tegelijk met de komst van de trein, werd de chador verboden verklaard. De mannen bewonderden weer de beweging van de vrouwenlichamen op straat.

Toen de radio kwam, verscheen Ghamar. Ze betoverde iedereen met haar goddelijke stem. En de cinema gaf ons de verloren gouden borsten terug.

De geestelijken dwongen de vrouwen echter weer onder de chadors. Maar deze keer wilden de vrouwen niet toegeven. Velen van hen werden gevangengenomen en honderden geëxecuteerd.

Opeens kreeg Shirin Ebadi de Nobelprijs voor de Vrede. De presidentsverkiezingen naderen. Ik draag Ebadi voor als eerste vrouwelijke presidentskandidaat. Ze wint. Ze zal absoluut winnen.

Het ware gevecht is begonnen. Ik vraag de Europese journalisten, de kranten, radio en televisie om haar in bescherming te nemen. Ik ben bang dat de geestelijken haar met een auto-ongeluk ombrengen.

De Perzische immigranten kunnen een belangrijke rol in de komende veranderingen spelen. Daarom stel ik Ebadi in deze krant als presidentskandidaat voor.

Terreur mag niet winnen

Wat is er aan de hand in Irak? Elke dag dertig, veertig aanslagen, elke dag moord, en zelfmoord om anderen te doden. Wat is er gebeurd in het Midden-Oosten, waarom reden de islamitische terroristen met een ambulance vol explosieven het gebouw van het Rode Kruis binnen? Waarom een aanslag op het kantoor van de VN, waarbij zo veel doden vielen?

Waarom willen die mannen alles en iedereen in de naam van Allah kapotmaken? Een oude haat is in de regio ontwaakt. Er wordt wraak genomen op alle vreemde mensen.

We zien dat de Amerikaanse bemoeienis met de Irakese zaken vanaf het begin al fout was. Maar nu is het te laat om de

Amerikanen verwijten te maken. We moeten naar een oplossing zoeken om de rust terug te brengen. Is er nog een uitweg? De Amerikanen kwamen vorige week met een kant-en-klare oplossing: 'Irak en Israël opnemen in de NAVO.'

Het klinkt mooi, het klinkt modern, en zelfs origineel. Maar deze gedachte kan alleen bij een Amerikaan opkomen. Irak en Israël in de NAVO opnemen? Israël dat vrede brengt? Zelfs met een pot honing zou je deze bittere gedachte niet aan de moslims kunnen verkopen. Israël is een vijand. De Amerikanen lopen tussen de Irakezen over de bazaar van Bagdad. Ze zijn aan de ene kant zo dichtbij, aan de andere kant zo vreselijk ver weg.

Toen ik dit schreef, verscheen er rook en vuur op de site van CNN. Twee Amerikaanse helikopters waren neergehaald. Ten minste veertien doden. Beangstigend, als moslims in de heilige maand ramadan mensen doden. Het ultieme geweld.

De Amerikaanse bemoeienis was fout, maar de jonge soldaten waren naar Irak gegaan om democratie te brengen. Ik condoleer de Amerikaanse families met de dood van hun dierbaren.

Eerlijk gezegd brandde er nog een klein lichtje diep in mijn hart. Ik dacht dat de Amerikanen misschien, heel misschien zouden slagen om een democratisch model van Irak te maken.

Ik hoop, ik herhaal het, ik hoop dat de Amerikanen nog orde kunnen scheppen in de chaos, want het zou verschrikkelijk zijn als de Amerikaanse missie mislukt. Als zij de rust niet kunnen laten wederkeren, wie dan wel?

Toen Amerika Duitsland bezette om Hitler te verdrijven en de wederopbouw van Duitsland mogelijk te maken, was Duitsland een industriemacht. Het land had al een oude traditie in democratie ervaren. Irak heeft niets, niemand heeft ooit de democratie gekend.

De Duitsers wilden dat Amerika hen overeind hielp, d
kezen niet. Bagdad brandt van haat. De woede richt zic
alleen op de Amerikanen, maar op het gehele Midden-Oosten.

Is er nog een oplossing? Is het niet al te laat? Nee, het is nog
niet te laat. Als Amerika wil, zijn er nog een paar oplossin-
gen. Hier één die in het Midden-Oosten leeft:

I. Amerikaanse soldaten trekken zich terug in hun kazer-
   nes.
II. Een vredesleger uit landen als Egypte, Syrië, Libanon, Jor-
    danië en Palestina komt in Irak om de zaken waar te ne-
    men en verkiezingen mogelijk te maken.
III. Amerika onderhandelt met de gekozen regering over de
     wederopbouw en de Irakese democratie.

De Amerikanen moeten niet terug naar Amerika. Het kan
eigenlijk al niet meer. De terreur mag niet winnen, de islamitische terreur al helemaal niet.

Het licht

Het is markt voor de Nieuwe Kerk in Delft. Ik wilde drui-
ven kopen, blauwe herfstdruiven. De moslimmannen die ik
op de markt tegenkwam, aten niets en ze stopten geen druif-
je in hun mond om te proeven of het goed was. Ze keken
niet naar de vreemde vrouwen, dat doet een moslim niet tijdens de ramadan. Opeens herinnerde ik me dat de koninklijke grafkelders zich in de Nieuwe Kerk bevonden. Ook Johannes Vermeer (1632-1675), de grote schilder van het licht,
lag daar begraven.

Ik kocht een kaartje en ging de kerk in.

Aan de muur hing een oud portret van Prins Willem van

Oranje, hij had een ouderwetse kalot op. Het deed me denken aan de oude mannen van ons huis. Ze deden hun witte kalot op als ze richting Mekka gingen staan.

Ik zag een tekening uit de tijd waarin de kerk net gebouwd was. Een jonge ambitieuze haan stond hoog boven op de kerktoren. Er stonden honderden soldaten met vlaggen op het nieuwe kerkplein, duizenden toeschouwers, en de Prins van Oranje reed langs op een gesluierd paard, omringd door krijgsheren.

Een bliksiminslag legde later de kerktoren in de as. Koningin Sophie bracht er een bezoek en nam de haan mee naar huis als aandenken.

De tijden zijn veranderd. Ik zag net een groep vreemdelingen die buiten tegen de muur van de kerk in de zon zat.

Binnen zocht ik naar de grafkelders, maar ik kon ze niet vinden. Ik vroeg het aan de conciërge, hij wees naar de grond, naar een grote zware steen met vier koperen ringen: 'Resurrectionem exspectat Guilelmus Primus Pater Patriae.'

Zelfs met tien mannen kon je die steen niet verplaatsen om de kelder binnen te gaan. De grafkelder was niet toegankelijk voor het publiek, maar Europa kan tegenwoordig de immigranten niet meer tegenhouden. Dus pakte ik een kaars, stak hem aan en ging de kelder in.

Voorzichtig daalde ik in het kaarslicht de trappen af, ik zag lange schaduwen, hoge grafstenen en door het donker opgenomen marmerafbeeldingen van de prinsen. Op zoek naar de Prins van Oranje struikelde ik over een paar grafstenen. Er hing een plattegrond van de gewelven aan de muur: 'Prins Willem I, doodgeschoten 10 juli 1584.' Ik moest nu eerst langs 'de korte wand' en dan langs de 'lange wand' en als ik bij de 'wand oude kelder' was, moest ik rechts afslaan naar de kelder eronder. Met een hand tegen de muur ging ik verder de trap af. Ik zag het, daar lag de Prins.

Het bezoek was nodig, ik ging om hem te groeten, het

hoorde bij de traditie van het huis dat ik voorgoed verlaten heb. Sinds kort ben ik de buurman van de Prins, of de over-buurman. Als de kelder een luikje zou hebben, kon de prins 's nachts het licht in ons huis zien branden. Ik legde de kaars op zijn grafsteen. Volgens de gewoontes moest ik met een steentje zachtjes tegen zijn grafsteen tikken en een soera uit de Koran opzeggen. Er was geen steentje in de kelder, ik leg-de mijn hand op zijn grafsteen, maar welke soera moest ik nu opzeggen?

'De soera van het licht', hoorde ik Johannes Vermeer uit zijn graf roepen.

'Hij is licht. Zijn licht lijkt op een nis met een lampje erin. Het glas is als een stralende ster. Zij brandt op olie van een gezegende olijvenboom, de olie geeft bijna uit zichzelf licht. Licht boven licht', neuriede ik.

De mening!

Niemand kan zeggen dat het niet mag, dat het niet kan.

Wie in Nederland woont, heeft puur goud in zijn handen. Je mag zeggen wat je wilt.

De tulpen zijn niet meer het kenmerk van Nederland, maar 'het uiten van je mening'. Je mag zelfs dingen noemen die onnoembaar lijken. Deze vrijheid brengt een beter soort mens voort.

Het houdt de grond, de lucht en ook de vogels gezond. Maar dit verheven geschenk dat de mens aan zichzelf gege-ven heeft, heeft de koningin ziek gemaakt.

Balkenende stoort zich aan het belachelijk maken van de koningin. Hij viel de media aan. En met zijn onschuldige aanval heeft hij het land de afgelopen week op zijn kop gezet.

Op zijn kop gezet? Het kan, het land is klein, je kunt het gemakkelijk op zijn kop zetten.

Iedereen mag zeggen wat hij wil, maar de koningin niet. Zodra je niets mag zeggen, word je ziek en krijg je een steentje in je keel.

Met een steentje in haar keel heeft de koningin de premier gevraagd om haar te beschermen. Het is haar recht. Ze moet kunnen vragen waar de grens ligt. Het is geen aanval om de meningsuiting te beperken, maar het is de meningsuiting zelf.

Voor het eerst stond er een tekening van de koningin met vorstelijke blote billen in de krant. Het is mooi dat het kan en mooi dat de koningin niet de macht heeft om de krant in brand te laten steken.

De macht van de media is een wonder. Het is macht zonder kanonnen, zonder oorlogsvliegtuigen. Zelfs Alexander de Grote heeft nooit zo veel macht gehad.

Toch mag er een voetnoot onder aan de pagina van de vrije meningsuiting geplaatst worden. De media doden soms mensen met die macht. Balkenende heeft het goed geformuleerd: 'Het lijkt meer op een lynchpartij.'

Balkenende heeft gelijk. We moeten hem niet monddood maken. We moeten hem niet doden.

Er zit iets wezenlijks in zijn vraag.

De vraag die hij stelt komt niet van hem, maar van de koningin, iemand die de grens van de vrije meningsuiting gezien heeft, gevoeld heeft. Ze zegt: 'U wurgt me. U doodt me. Bestaat er dan geen grens?'

Ik heb vaak gemerkt dat de dictatuur en de democratie elkaar soms kruisen. Af en toe zie ik een Perzische dictator in de media de mooie jas van 'vrije meningsuiting' dragen.

De vraag die de koningin over de grens van de meningsuiting stelt, is een nieuwe vraag. We moeten haar niet bang maken, we moeten haar de mond niet snoeren. Zij heeft de andere kant van de vrije meningsuiting gekend. Het is een nieuwe ervaring. Daar moeten we, daar kunnen we over spreken.

Beatrix voelt zich slachtoffer van de media en ze vindt dat ze de lawine van negatieve publiciteit over haar huis niet verdient en zij is niet de enige die klaagt. Er zit iets van de duivel in de goddelijke kracht van de vrije meningsuiting.

Ik verdedig de premier niet, dat is niet mijn taak.

Ik verdedig de koningin niet. Ze heeft genoeg mensen die haar verdedigen. Maar ik heb haar gehoord en het heeft me aan het denken gezet.

Ik ben rijk, ik uit mijn mening. Ik ben een koning, zeg wat ik wil, heb puur goud in mijn mond, en een groot stuk goud in mijn handen.

Minaretten

Rotterdam is mooi, is levendig. De stad beweegt en verjongt zichzelf. Als je tegenwoordig de stad nadert, moet je je snelheid tot tachtig kilometer per uur minderen. Het lijkt alsof de stad aan het denken is, en niemand mag haar storen.

Rotterdam zit met de handen in het haar vanwege haar moslims.

Actiegroepen komen elke dag met een nieuw plan: Allochtonenverbod! Immigrantenspreiding! Werklozenverbod! De deur dicht! Rotterdam is vol!

Lukt het? Lukt het niet? Is het niet al te laat? Zou er nog iets van komen? Niemand weet het.

Maar Rotterdam leeft en wil bepalen. Deze dagen is het weer druk in de stad. Alle ogen zijn gericht op de minaretten van de moskee, of op de minaret die zal komen.

Velen willen er niets van horen.

'De minaretten schaden de schoonheid van de stad', zeggen ze.

Maar de islamieten denken er anders over. Ze beweren dat hun minaretten een soort exotische schoonheid aan de stad zullen geven.

Wat is een minaret? Waar is een minaret goed voor?

Minaret komt van het Arabische woord *menar, me + nar. Nar* is vuur. *Menar* is iets waar je vuur in zet. Minaret is dus een lantaarn, een hoge ouderwetse islamitische lantaarn.

De eerste aanhangers van Mohammad de profeet leefden eenvoudig. Met een zwaard in de hand reden ze op magere kamelen om de wereld te veroveren.

Zodra Mohammad zich tot Mekka richtte, stapelden zijn volgelingen de kamelenzadels op elkaar en maakten zo een verhoging. De zwarte Balaal, de moazen van de islam, pakte een fakkel, ging op de verhoging staan en riep: 'Allaho akbar! Hajje allal salat. Allah is groot! Haast je voor het gebed!'

Een paar eeuwen later hebben de islamitische architecten, ter herinnering aan de oorspronkelijke menars, de mysterieuze minaretten voor de moskeeën bedacht. De koepel en de twee enorme minaretten, waarop soera's uit de Koran in de mozaïeken waren vereeuwigd, veroorzaakten destijds een revolutie in de architectuur.

De traditionele architectuur van de moskeeën was ooit een briljant idee, maar het is niet meer zo briljant als je zo'n moskee in Rotterdam gaat bouwen.

Een minaret irriteert de bewoners van de stad in deze moeilijke tijden. De tijd van twee minaretten die zich tot de hemel richten is voorbij. De christenen gaan ook niet meer een kerk bouwen met een hoge toren waarop een jonge gouden haan staat.

Bedenk iets anders. Laat de geest van Rotterdam je inspireren. Neem de Erasmusbrug als voorbeeld. Maak een Rotterdamse moskee, een bewegende moskee op het water, twee minaretten op een wit schip bijvoorbeeld.

Een minaret hoeft niet meer per se de lucht in te gaan. Je kunt hem scheef bouwen als de Erasmusbrug.

Een moskee is altijd een kunstwerk geweest. Niemand kan de kunst tegenhouden. Wat mooi is, is mooi. Maar de moskeeën van Rotterdam zijn niet mooi, ze zijn lelijk. Ze zijn goedkoop en zien er erg zielig uit. Wat moeten we met zo veel kleine moskeeën met magere armzalige allochtone minaretten?

Er is slechts één Allah. Soennieten, sjiieten en alevieten kunnen de koppen bij elkaar steken, hun geld in een gezamenlijke pot stoppen en een bijzondere moskee bouwen, een juweeltje voor Rotterdam. Er moet toch een verschil zijn tussen de moskeeën van Nederland en die van Marokko. Allah is ook moe van die saaie eentonige Nederlandse moskeeën. Je woont niet in de woestijn, maar in Rotterdam. De nieuwe minaretten moeten de stad nog mooier maken. Zo mooi dat iedereen kan zeggen: Wow, wat een moskee!

De heer B.T.

Op tv zag ik dat de politie, op zoek naar kinderporno, midden in de nacht een woning was binnengevallen. Ver van mijn bed, dacht ik en ik deed de tv uit.

De volgende dag kreeg ik een brief. Een spoedouderavond:

'Met ontzetting hebben wij kennis genomen van het feit dat onze muziekleraar, de heer B.T., is gearresteerd op verdenking van het in bezit hebben en verspreiden van kinderporno.'

Ik ging. De ouders kwamen en een paar plaatselijke journalisten waren druk aan het pennen.

De heer B.T.? Nee, ik kende hem niet, nooit ontmoet, ik kende alleen de mentor en de rector.

De heer B.T. was een jaar of 61, had geen vrouw, geen kinderen en woonde alleen. Hij werkte zesentwintig jaar als muziekleraar op school en dirigeerde achtendertig jaar een jeugdkoor, eerst in de kerk en de afgelopen paar jaar in een muziekcentrum in de stad. Om hem nog beter te leren kennen, sprak ik iedereen aan.

'Hij was briljant, bevlogen en uniek,' zei de plaatselijke directeur, 'ik snap het niet, hij was de beste van mijn school.'

'Vijfentwintig jaar lang heb ik samen met hem in de pauze een shagje gedraaid,' zei een collega en vriend van hem, 'nooit, nooit is er bij me opgekomen dat hij iets fouts deed. Ik ben ontzet, ik geloof het niet. Hij was altijd de eerste leraar die op de vroege morgen op school was. Vijfentwintig jaar lang liep ik die trappen op naar boven en zag ik dat zijn licht brandde. En nu dit.'

'Er was één man en hij was die man', zei een moeder van wie de zoon vier jaar in het koorgroepje zat dat B.T. dirigeerde. 'Ik kende hem persoonlijk, hij woonde achter ons, zijn leven bestond uit zijn busje en de kinderen van het koor. Hij maakte cd's, tientallen cd's van die kinderen. Ik zit in shocktoestand en mijn zoon kan niet meer zingen. Ik heb hem nadrukkelijk gevraagd of hij ooit iets raars had gezien. Niets, nooit, zei hij.'

'Ik heb jaren met hem samengewerkt bij het koor,' zei een vader, 'de school en het koor waren zijn leven. Als die jongelui hun best hadden gedaan of een prijs wonnen, gaf hij ze geld uit eigen zak om naar de bioscoop te gaan. Achtendertig jaar lang is hij met de koorgroepjes naar alle hoeken van de wereld gereisd, naar Afrika, naar India, naar Amerika, naar weet ik veel. De kinderen gingen bij hem langs en ze vonden het gezellig bij hem. Misschien maakte hij soms een foto van hen. Ik heb ook een videocamera thuis, zodra mijn kinderen iets leuks doen, pak ik hem om ze op te nemen, in bad, in de douche, in bed, het maakt me niet uit. Ik weet het niet, ik begrijp het echt niet.'

De bijeenkomst begon. De aangeslagen rector nam plaats achter de microfoon, achter hem stond aan iedere kant een politieagent:

'Wat de school weet is eigenlijk niets meer dan wat er in de krant staat. De heer B.T. wordt verdacht van het bezitten en verspreiden van kinderporno. Ik heb nooit aan zijn kwaliteit getwijfeld. Ik heb niets gezien, wij hebben niets gezien. Ik heb het op tv gezien. De agenten haalden dozen vol kinderporno uit zijn woning. Ik kan nog altijd niet geloven dat die woning van de heer B.T. was. Ik heb hem geschorst, dat is het enige wat ik kon doen. Heeft iemand een vraag?'

They got him

Dit is een tekst die ik op het laatste moment geschreven heb, morgen krijg ik er vast spijt van dat ik het zo haastig gedaan heb.

Ik was in Oostenrijk, in een dorpje vlak bij Salzburg, ik beklom de bergen toen mijn mobiel ging, een sms'je: 'Saddam gearresteerd. Kijk naar CNN!'

Even wist ik niet wat ik moest doen. Verder klimmen of terugkeren? Vannacht had het voor het eerst gesneeuwd en de bergtoppen waren wit. Ik had nog twee, driehonderd meter te gaan tot de sneeuw.

Waarom zou ik terugkeren? Als hij gearresteerd was, was hij gearresteerd.

Hoog in de bergen werd ik getroffen door mezelf. Ik wilde niet dat hij gearresteerd was. Maar toch was ik diep in mijn hart blij. Saddam was een despoot, een tiran die veel eerder gearresteerd had moeten worden. Hij heeft miljoenen mensen vermoord.

In het vaderland zijn bijna alle straatnamen veranderd, men heeft ze naar de miljoenen jongens vernoemd die in de oorlog tegen Saddam omgekomen zijn. Saddam goot chemische stoffen over Iraanse soldaten en zo verbrandde hij ze.

Ik heb zelf een paar van die soldaten gezien, je kon je ogen niet geloven, het leek alsof men ze aan het front in grote pannen heet water had gegooid. De psychiatrische ziekenhuizen in Iran zitten nog altijd vol met soldaten van wie de hersenen zijn beschadigd door de chemicaliën. Een hevige angst zorgt ervoor dat ze niet normaal kunnen leven.

De Iraanse moeders zijn vast ontzettend blij als ze horen dat Saddam opgepakt is.

Ik moest ook blij zijn, ik was blij, maar ik had even tijd nodig. Saddam moest gearresteerd worden, Saddam moest verwijderd worden. Hij moest in zijn kraag gegrepen worden, voor de rechter gesleept worden en gestraft worden voor de grote misdaden die hij begaan had.

Maar ik wilde Saddam nog niet aan Bush geven.

Ik wilde dat de Irakezen Saddam zelf hadden gearresteerd, dat zij hem in dat hol gevonden hadden en dat zij hem met een zaklantaarn in het donker hadden verrast. Maar het was anders gegaan en ik moest het toegeven.

Ik moest Bush die overwinning gunnen. Hij verdiende het, maar ik moest het nog slikken. Dus klom ik tot ik de sneeuw bereikt had, pakte de verse sneeuw en waste mijn handen en mijn gezicht en mijn hoofd. Saddam was gearresteerd, het was feest voor iedereen en het maakte niet uit wie het gedaan had.

Het waren de Amerikanen. Ik had gewoon de hoogte nodig om het duidelijk te zien. Nu ik het zag, moest ik het waarderen. En ik deed het.

Ik feliciteerde de Irakezen, vooral mijn Irakese vrienden, de ballingen.

Toen keerde ik snel terug op zoek naar een tv-toestel. In het dorpje dat aan de voet van de bergen lag, ging ik een café binnen. De tv stond aan, de dorpelingen keken naar CNN.

De camera ging een donker gat in de kelder van een boerderij binnen, je voelde dat het er erg vochtig was, een plek voor vleermuizen om te overwinteren. Opeens viel het licht op het gezicht van Saddam die als een grote oude vleermuis in een hoekje geklemd zat. Een Amerikaan onderzocht zijn hoofd en zijn baard op zoek naar beestjes. Vervolgens keek hij met een lichtje in zijn mond.

Wat een vernedering! Gefeliciteerd!

Een kerstverhaaltje

De postbode brengt elke dag een paar nieuwe kerstkaarten voor ons. Mooi. Mooi om weer iets van vrienden te horen. En mooi om ze terug te schrijven.

Maar wat moet ik ze schrijven?! Dit misschien:

O, jubel, o vreugde
Gelukzalige tijd
Een kindje is geboren
Uitverkoren uit duizenden.

Of dit:

Stil, stil, stil, het kindje wil slapen
Maria zingt om hem liefde te geven.

Ik heb deze kerstliedjes vertaald uit een volksliederenboekje dat ik uit Salzburg heb meegenomen.

De laatste jaren is Jezus dichter bij me komen te staan, de kerstcultuur is ook mijn cultuur geworden. Ik lees zijn Bijbel af en toe en ik heb op de markt een kerstboom met kluit gekocht, die nu vol licht in de woonkamer staat. En de cadeautjes zijn allemaal met kleurrijk papier ingepakt.

Afgelopen week was ik in Salzburg, 's avonds wandelde ik in het licht van de kerststalletjes door het centrum en ik keek of ik iets voor mijn column kon schrijven.

De volgende dag werden de toppen van de bergen wit dus ging ik klimmen. Op de terugweg ging ik een dorpscafé binnen waar oude mannen in sigarenrook, tussen kerstversieringen, lichtjes en de geur van warme glühwein zaten te kaarten.

'Kom je uit Irak?' vroeg een van de mannen.

'Nee, nog erger. Uit Iran.'

We raakten in gesprek. Ik vertelde dat ik iets over de feestdagen wilde schrijven en of hij me misschien een verhaaltje uit de streek kon vertellen. Een kerstverhaaltje.

'Een verhaaltje?'

Hij vroeg de andere mannen of zij een kerstverhaaltje kenden. Ze praatten in dialect. Gelukkig was er ene Andrea die het me uitlegde. Hun gesprek duurde even, maar niemand kon zich een verhaaltje herinneren. 'Misschien dit', zei een van de mannen en hij begon een liedje te zingen:

Houmatland, houmatland, ek hou i so …
Thuisland, thuisland, ik wil je zo graag als een kind zijn moeder, als een hond zijn baas,
Thuisland, thuisland.
Ik ben door het dal gelopen, ik heb op die heuvels gelegen en ik lag in de zon om droog te worden toen ik nat was van de regen.

Thuis is thuis, je tweede moederlijf.
Als je echt niet weg moet, moet je het nooit verlaten.

Iedereen klapte. Het café kreeg een feestelijke stemming. Nu durfde een andere man een Salzburgse wijsheid te vertellen:

Schmiert mi neunmal d'welt anglaub's zehnti mal dran
...
als ik negen keer door het leven bedrogen wordt, probeer ik het opnieuw.
Want wie er niet in gelooft, trapt er voor de tiende keer in.
Ik word wel kwaad, maar ik blijf vertrouwen in het leven zoals het moet.
Iets honderd keer geprobeerd hebben, waarbij alles mislukt, is beter dan het één keertje niet gedurfd te hebben.

Weer klapte iedereen in zijn handen. Een oude vrouw zei dat zij een gedichtje over de tijd wist:

D'frau zeit is á lastá ...
Mevrouw Tijd is lastig.
Soms blijft ze lang hangen en soms gaat ze opeens weg.
Als men zegt: 'Blijf alsjeblieft nog iets langer!' blijft ze niet.
Ze vlucht weg alsof ze de duivel van haar ossenkar verjaagt.
En soms als je hoopt dat ze snel weggaat, blijft ze staan, als een paard dat niet wil lopen.

Buiten was het donker geworden. Zachtjes viel de sneeuw zonder beweging in het meer. Fijne feestdagen.

Waar is Bam?

Een zware aardbeving heeft mijn land getroffen. Bam is verwoest. Ten minste twintigduizend doden. Het doet pijn en het verdriet hangt als een dikke mist in mijn hart.

De afgelopen nachten heb ik niet goed kunnen slapen en mijn handen deden pijn. Iedere nacht ging ik in mijn droom naar Bam en met blote handen hielp ik de mensen om de lijken van hun dierbaren onder het puin weg te halen.

Ik was achttien en had nog nooit mijn stad verlaten. Ik keek altijd met weemoed naar de treinen die onze stad passeerden. Ik wilde ook weg, maar de tijd was nog niet zo ver. Op een dag pakte ik mijn rugzak en ging. Ik wist niet naar wie, maar ik zocht naar iemand die ergens moest zijn. Ik zette mijn voet op de weg en liet de weg me leiden. Met de vrachtwagens die me een lift gaven, reisde ik honderden kilometers. Tot ik op een avond bij een stad kwam waar ik zelfs in mijn dromen nooit was geweest, een stad met donkerblauwe moskeeën en dromerige pleinen en bazaars. Ik was in Isfahan aangekomen.

Maar de weg had nog meer geheimen voor me. Honderden kilometers verder kwam ik in Shiraz aan, de stad van de poëzie, waar Hafez en Saad, de twee goden van de Perzische poëzie, begraven lagen. Ik knielde met duizenden andere reizigers op de grond en legde mijn voorhoofd op hun graf: 'Yaad baad ann roezegaran yaad baad ... ik denk aan die tijd. Hoewel ze me vergeten zijn, denk ik duizend keer vaker aan hen.'

Weer honderden kilometers verder kwam ik in Yazd terecht. De stad waar Zarathoestra is geboren en het oude heilige vuur, het eerste vuur dat de mens gemaakt heeft, wordt bewaard. Yazd ligt aan de rand van de woestijn. De muren van de stad waren lang en de deuren klein, de bomen vreemd, de vogels merkwaardig en gesluierde vrouwen met geheimzinnige donkere ogen stonden op de ronde daken. Je kunt de weg nooit terugvinden in de lange, smalle, oneindige stegen van de stad. Maar ik moest nog verder en ik ging naar de stad Kerman. Er hingen miljoenen pistaches aan de takken van de bomen voor de winkels, voor de bazaar, en bij de bushaltes. Ik daalde 313 trappen af om naar een ondergrondse hammam te gaan, de oudste van het land, waar men het bad wonderlijk genoeg slechts met een klein kaarsje warm maakte. Ik moest verder en bezocht nog vele wonderlijke zuidelijke steden.

In de schemer kwam ik midden in de woestijn onverwachts een paradijs tegen. De stad heette Bam, vol met narendjen. Narendj is een soort sinaasappel, maar het ziet er wat roder en ronder uit, met twee lieve groene blaadjes, en de smaak ervan is niet te beschrijven. Ik zag miljoenen narendjen die als zonnetjes aan de takken hingen. De dadelbomen rezen hoog op voor de historische moskeeën. De lucht was lichtpaars en met een dunne doorzichtige gele sluier van licht bedekt. De huizen waren ontzettend oud, de lucht rook naar rozen en de vrouwen hadden een bedekte glimlach op hun gezicht. Opeens voelde ik dat dit de plaats was waarnaar ik had gezocht. Ik ging onder een dadelboom zitten en wachtte. Ik wist dat er iemand zou komen.

Een zware aardbeving heeft Bam verwoest. De gewonden zijn met helikopters en vrachtwagens naar Kerman, Yazd, Isfahan en Shiraz gebracht. Ik kan niet slapen en mijn handen doen pijn.

Hoop

Een gelukkig Nieuwjaar. En de beste wensen! Gezonde koei-en, varkens en kippen! Krachtige dijken! Sterke muren! Stevige huizen met vazen vol bloemen.

Dat allemaal voor u.

En voor hen?

Ik leg verse rozen op de met haast gemaakte graven tijdens de koude dagen van Bam.

Een zware aardbeving heeft de dromerige stad Bam vernield, veertigduizend doden. De moeders zoeken nog altijd met blote handen naar hun kinderen.

Haat is iets menselijks en men heeft het soms als brood nodig. Dat heb ik deze dagen ontdekt. Ik haat de Iraanse machthebbers. Ik haat ze zo erg, dat de rook uit mijn hoofd opstijgt. De ayatollahs kunnen zich niet bewegen om iemand te helpen, de corruptie heeft hen verlamd.

Niets kan me stuk krijgen, niets kan mij mijn hoop ontnemen. Ik geloof toch in het leven. Ik leg verse rode Hollandse tulpen op de verwoeste huizen van Bam.

Bam was ooit een van de geheimzinnigste steden van mijn land. Het kasteel de Ark, een oude vesting van klei, stond al meer dan tweeduizend jaar op die heuvel. En nu? Verwoest.

Ik klaag niet, ik klaag nooit, ik leende koeien uit aan de bewoners die nog leefden.

Gecondoleerd, mijn dierbare landgenoten. Deze dagen zie ik jullie elke avond op de tv. Ik mis jullie. Het zand van de woestijn zit in jullie ogen, in jullie mond en haar. Jullie handen zijn bezeerd. Jullie zijn moe, kapot. Het geeft niets, alles komt weer goed.

Het verdriet gaat niet gauw voorbij, maar de hoge dadelbomen zullen weer dadels geven aan Bam. Ik heb een videoopname van het kasteel de Ark. We gaan het opnieuw met zijn eigen oude klei opbouwen. Op tv zag ik dat er drie kinderen in de tenten geboren waren, en ik zag dat men een zwangere vrouw onder het puin vandaan haalde. Ze was bijna dood, maar er bewoog zich een glimlach onder de aarde die haar gezicht bedekt had. Afgelopen zaterdag had een speurhond na acht dagen een oude vrouw van 97 levend gevonden.

Zie je het? Hoop! Zodra men haar onder het puin naar buiten trok, zei ze: 'Een glaasje thee, graag!' Ik hoorde haar mooie Perzische woorden. Thee is alles in mijn land, thee is hoop, thee is het begin, thee is de lust naar het leven. Een gelukkig Nieuwjaar!

Verdonk

Minister Verdonk moet (mag) zich tot de immigranten richten die nu binnen willen komen of net binnengekomen zijn. Ze moet meteen bij de grens, voor de deur bepalen wie blijven mag en wie weg moet.

Verder heeft ze toch niets te doen als ze in haar bureaustoel zit.

Mevrouw Verdonk is een ambitieuze vrouw, ze wil 26.000 uitgeprocedeerde asielzoekers, van wie velen al langer dan tien jaar in Nederland wonen, het land uit zetten.

Zittend achter haar bureau verzint mevrouw de minister hoe ze extra gevangenisruimtes kan regelen en hoe ze oude kazernes kan omtoveren in provisorische vertrekposten; verder voorziet ze de muren, de daken en de deuren van prikkeldraad. Ze vraagt om extra bewaking, bestelt extra handboeien, extra plakband en vrachtvliegtuigen.

Spannend, die wereld van mevrouw Verdonk.

Maar is het mogelijk om een paar honderd euro's in de zakken van die 26.000 mensen te stoppen, ze in een vliegtuig te dwingen en te roepen:

'Daaaaaaaaaaaaaag!'

De ministers van Vreemdelingenzaken hebben ons de afgelopen vijftien jaar altijd misleid, nu mogen ze ons geen valse hoop meer verkopen.

De duizenden asielzoekers zijn niet uit de lucht komen vallen. De geschiedenis, de geest van de tijd, de techniek, het internet, Mars, de auto's, de huizen, de boeken, de supersnelle treinen, de zon, de maan, de wet, de wind en de kaas hebben samengewerkt om ze hiernaartoe te trekken.

Mevrouw Verdonk kán die mensen niet wegsturen, want je kunt jezelf niet wegsturen. Ze zijn van ons, ze zijn van ons geworden, of ze nu mooi zijn of lelijk, goed of kwaad, of ze nu eerlijk zijn of liegen, heilig of dieven, het maakt niet meer uit. Ze zijn mensen net als Jan, Piet, Agnes en de rest.

De tijd, de wet van de verplaatsingen zal ons er uiteindelijk toe dwingen ze een plek te geven.

Mevrouw, u hebt geen keuze! Ze zijn van ons! Maak ze niet kapot! Maak van hen geen psychiatrische patiënten, geen bedelaars. Het land heeft ze nodig. Verneder ze niet verder!

Ga een rondje hardlopen! Denk goed na! Accepteer de harde werkelijkheid! U kunt ze niet wegsturen.

Velen willen het niet horen, ik roep hard in de wind:

Ze zijn goud waard!

Ze zijn mensen, briljant.

Ze zijn vol van energie.

Ze dragen hoop in hun hart.

Ze blijven! Allemaal!

Het plan van Verdonk is fictief, daarom kan ze het niet uitvoeren. Wat ze wil doen is tegen de natuur, tegen de loop van de geschiedenis, tegen de wet van de verplaatsingen, tegen de wetenschap, het verstand en de logica.

Een rivier die het land binnenstroomt, kan mevrouw Verdonk ook niet per vliegtuig terugsturen.

Je moet nooit nooit zeggen. Mevrouw de minister kan best lawaai maken, chaos veroorzaken, ze kan een hoop handboeien laten zien, ze kan gillen, ze kan slaan, maar ze kan die mensen nooit terugsturen, misschien een paar honderd, hooguit een paar duizend in de komende jaren. Daarna verdwijnt Verdonk en komt er een andere minister met nieuwe plannen.

De huidige stroom vluchtelingen naar het Westen is een natuurlijke gebeurtenis, net als een vulkaanuitbarsting, het is onomkeerbaar.

In het ministerie waar mevrouw Verdonk werkt, rekenen ze nog altijd op hun vingers en tenen, daarom verlopen de zaken daar zo traag.

Het klinkt naïef om met zo'n beperkte Hollandse ministeriële macht aan zo'n avontuur te beginnen. Als Verdonk erin slaagt haar plannen uit te voeren, stap ik als 26.001ste vreemdeling in het vliegtuig en ga vrijwillig weg.

Sluier in Parijs

Chador of tjador is een Perzisch woord. Een oud woord.

Cha of che, of tja of tje is de zevende letter van het 32-letterige Perzische alfabet. In het Arabische alfabet bestaat geen cha of tje. In de wereld van de islam is dus nergens een cha of tje te vinden.

In de Perzische literatuur wordt chador met meerdere betekenissen en in verschillende zinsverbanden gebruikt. Een paar voorbeelden:

Chador: een bepaald soort sluier die vrouwen om zich heen slaan om hun lichaam te bedekken.

Chador: een lap die je ophangt als de zon schijnt, zodat je in de schaduw kunt zitten.

Chador: een tent.

Chador: een soort groot gordijn.

Chadoré kafoeri: een metafoor voor het ochtendlicht, als de wereld met een chador van licht bedekt is.

Chadoré kahli: een metafoor voor een donkere nacht, een nacht met een zwarte chador bedekt.

Chadoré ladjewaard: een donkerblauwe hemel.

Chadoré tarsa: de rode kleur van de zon tijdens de schemer.

Chadoré chab: een grote lap waarin het beddengoed wordt gedaan en bewaard.

Chadoré namaz: een bebloemde chador die de vrouwen omslaan als ze gaan bidden.

De sluier was iets van de koningen. De Sasanidische koningen sloegen een soort chador om, een gezichtssluier om zich te onderscheiden van hun onderdanen. Zo scheidden ze zich af van de gewone mensen en verbonden ze zich met de hogere en onzichtbare kracht.

De sluier straalde macht uit. De sluier van de koning was geen chador, maar een gordijn en de koning was het geheim achter het gordijn.

Hetzelfde gordijn werd gebruikt door Sheherazade, de vertelster uit de duizend-en-één-nachtvertellingen. Zodra de koning in bed ging liggen, nam Sheherazade plaats achter het gordijn en vertelde haar verhaal. Met het gordijn scheidde ze zich van de koning af en sloot zich aan bij het geheim, bij de macht van het woord en de magie van het verhaal.

Later nam de islam de oude Perzische traditie van de chador over en voegde er Arabische gewoontes aan toe.

Europa is met de islam bezig. President Chirac begon met een gevecht tegen de sluier. In Parijs demonstreerden wekenlang jonge moslimvrouwen die vloeiend Frans spreken tegen het wetsvoorstel dat Chirac naar het parlement had gestuurd. Chirac kreeg zijn zin en het parlement verbood de scholieren en de leerkrachten om op school een sluier te dragen.

In het Midden-Oosten heeft men ervaring genoeg met het chadorverbod. Begin vorige eeuw verklaarde Reza Khan Pahlawi, de vader van de sjah, de chador de oorlog: 'Wie een chador draagt, wordt gearresteerd.'

Het bleek onbegonnen werk. Duizenden vrouwen werden gearresteerd. De moskeeën werden met kanonnen beschoten en de imams werden opgehangen. De traditionele vrouwen durfden niet meer de straat op te gaan, en grootmoeders bleven tot de dood van Reza Khan thuis.

Vijftig jaar later trokken de ayatollahs het koninkrijk van de Pahlawi's met wortel en al uit de grond. Miljoenen vrouwen met zwarte chadors verschenen weer in de bazaars.

Vechten tegen de chador levert niets op. Een hoofddoek is een deel van de identiteit van een moslimvrouw. Ze moet zelf kunnen beslissen of ze haar hoofd bedekt, met een hoofddoek of een baseballcap.

Toch zet de nieuwe weg die Frankrijk is ingeslagen mij aan het denken. Het is interessant. Op die manier kan Europa de jonge meisjes uit moslimgezinnen de ervaring bieden om zonder hoofddoek in het openbaar te verschijnen. Nederland kan dit voorbeeld overnemen. Verbied de hoofddoek op school.

De verkiezingen

Washams wa zohaha. Walgamar eza talaha … Bij de zon en haar morgenlicht. Bij de maan als zij haar volgt. Bij de dag als zij op haar schijnt. Bij de nacht als zij haar be-

dekt. Bij de hemel en wie hem heeft gebouwd! Bij de
aarde en wie haar heeft uitgebreid.

Soerat as-sjams

De mooie Koran heeft ons niets meer te bieden, en wie met
dit boek en deze leer naar de markt komt om ons politiek te
verkopen is een leugenaar. De imams zijn niet betrouwbaar,
hun gedachtegoed is failliet.

Wij, de Iraniërs, hebben de bodem van de islam bereikt,
dieper kunnen we niet gaan. Khomeini was een leugenaar,
Khamenei is een leugenaar, Khatami, de zwakke president,
is ook een leugenaar. Hij misbruikte het vertrouwen van
vijfentwintig miljoen mensen die hem boven iedereen ko-
zen.

Veertienhonderd jaar geleden, toen Mohammad de islam
openbaarde, had de Koran iets nieuws voor de wereld. Op de
groene vlag van de islam stond een zwaard waar bloed vanaf druppelde. Sympathisanten van Mohammad verspreidden
de leer van de Koran met geweld, maar het was de schoonheid van het boek zelf waartegen je geen weerstand kon bieden. De boodschap van de Koran was zo nieuw als het internet van nu. Je werd gegrepen door het proza van de tekst en
de poëzie verzadigde je geest.

Door de energie van de Koran veranderde het gezicht van
de wereld. De taal kreeg een andere dimensie, de politiek
sloeg nieuwe wegen in, de architectuur voegde het geheim
toe aan de steen en de poëzie sloot zich aan bij het raadsel van
het bestaan, de kunst vond een mooiere manier van uiting in
goud, hout, steen, glas, klei en stof. Maar na enkele eeuwen
raakte de energie van de Koran op, de mysterieuze rivier liep
dood in een moeras. Iran is een voorbeeld, Afghanistan en
Irak zijn andere voorbeelden.

In Iran behaalden de hardliners bij de verkiezingen de ver-
wachte monsterzege. Het oude parlement telde dertien vrou-

wen, het nieuwe geen één. Er werd niets anders verwacht, ze schrapten vijfentwintighonderd hervormingsgezinde kandidaten van de lijst. De conservatieven pleegden een coup.

Het is zinloos om weer over de niet-democratische, onrechtvaardige verkiezingen te spreken. Het kon niet anders, wie macht heeft, bepaalt de wet in de jungle.

Toch is het goed voor het vaderland dat zij gewonnen hebben.

De hervormers hadden de vereiste macht niet om het land te besturen, zeven jaar in conflict bracht het land nog dieper in crisis. Nu ligt het gehele machtsapparaat in de handen van de conservatieven. Is dat erg? Nee, niet echt, ik verwacht meer positieve ontwikkelingen richting de democratie. Het gevecht wordt spannender.

De betrekkelijke vrijheid die de mensen de afgelopen jaren hebben bereikt, kregen ze niet van de hervormers of van de hardliners. Daarom zal niemand die hun kunnen afpakken. Ze hebben die met een langdurig gevecht veroverd. Vele journalisten, studenten en schrijvers zitten nog altijd in de gevangenis en velen zijn omgekomen om die beperkte vrijheid te bereiken.

Achtduizend jaar geschiedenis heeft ons geleerd om geduld te hebben. Vanaf de tijd van de Perzen en de Meden hebben we alles meegemaakt. Wij, de Iraniërs, zijn nog niet klaar voor de vrijheid. Onze handen zijn nog te zwak om de democratie te kunnen vasthouden. Maar er is hoop! We zijn bezig met het laatste experiment van de Koran.

Moderne bewakers

Er zijn mannen in Nederland die flink op hun plaats gezet moeten worden.

Het zijn mannen wier wortels nog altijd diep in de grond van de traditionele gelovige landen liggen, terwijl ze er zelf niet meer wonen. Mannen met een culturele bagage uit Afghanistan, Iran, Irak, Pakistan, Turkije, Marokko en nog vele andere Arabische en Afrikaanse landen.

Het zijn jonge mannen uit immigrantenfamilies die hier geboren zijn, of hier opgegroeid zijn. Ze zijn hier naar school gegaan, hebben hun diploma gehaald, en zijn bezig een toekomst als Nederlandse burger op te bouwen.

Het zijn jonge mannen die hier hun seksuele ontwikkeling hebben meegemaakt, op school met meisjes op een bank hebben gezeten, samen met ze hebben gegymd, en naar zwemles zijn gegaan.

Het zijn jonge mannen die tijdens hun jeugd de eerste kusjes van die meisjes gekregen hebben, met hen een afspraak hebben gemaakt en samen naar de disco zijn gegaan. Ze hebben hier hun eerste seksuele ervaringen opgedaan.

Maar als ze nu gaan trouwen, gaan ze naar het dorp van hun vader om een bruid te halen.

De immigrantenmeisjes zijn het eerste slachtoffer van hun gemene werkwijze. De mannen bouwen een relatie met hen op, gaan met ze naar bed, maar na een tijdje pakken ze hun koffers en laten hen in de steek.

Dit soort mannen is net zo gevaarlijk als de taliban in Afghanistan die de vrouwen onder de boerka wilden houden.

In vergelijking met deze jonge mannen zijn de taliban onschuldig, want de taliban hebben de vrijheid nooit gekend en hebben nooit in een samenleving met gelijke rechten gewoond. Zij woonden altijd in de bergen, droegen een geweer en vochten, ze hadden zelfs nog nooit de tenen van een vreemde vrouw gezien, nooit met ze gelachen, nooit samen op een bank gezeten, nooit met ze gewandeld, laat staan gegymd. Kortom, zij wisten het niet. Maar die jonge mannen weten heel goed waar ze mee bezig zijn.

In de traditionele, gelovige samenleving hebben mannen al minstens veertien eeuwen lang een ketting om de enkels van de vrouwen gedaan. De mannen mogen alles doen voor het huwelijk, maar de vrouwen moeten maagd blijven. Jaarlijks komen vele vrouwen om door die harde eis van de mannen. Het leven van duizenden vrouwen gaat dagelijks kapot in die landen, omdat ze in een uit de hand gelopen relatie hun maagdelijkheid verliezen.

Het maagd-zijn is als een koud pistool dat de mannen tegen de nekken van de jonge vrouwen drukken. Hun eis is zo hardnekkig dat ze zich overal laat gelden.

Deze verwerpelijke traditie leeft niet alleen in traditionele landen, het wortelt ook buiten die landen. Een deel van de immigrantenmannen heeft die oude gewoonte met zich meegenomen en haar aan hun zonen doorgegeven.

Ze plegen een misdaad, het is een belediging aan het adres van de vrouwen in dit land en vooral aan die van de meisjes uit immigrantenfamilies. Met blote handen vechten vrouwen in de traditionele landen om zich te verlossen van die zware verroeste ketting. Maar het zal misschien nog een paar eeuwen duren tot ze bevrijd zijn.

Hier moet het anders zijn.

De jonge mannen die een bruid uit hun vaderland halen, zijn de moderne bewakers van het maagdenvlies. Ze moeten aangepakt worden. Maak de drempel zo hoog dat ze er nooit overheen kunnen springen, dat ze nooit op zoek kunnen gaan naar een bruid die nog maagd is, in het dorp van hun vader in de bergen.

Madrid

Dood aan de terreur. In Spanje hebben terroristen tien bommen in treinen laten ontploffen, tweehonderd doden, meer
dan duizend gewonden, het doet pijn. Het is meer dan verdriet, moeilijk om het te dragen. Ik leg mijn pen neer, stilte,
ik denk aan hen.

In het Oosten is het getal zeven een magisch cijfer, een heilig getal. Ik roep zeven keer: 'Dood aan de terreur!'

Wie heeft het gedaan? De ETA? Al-Qaida? Het maakt wel
uit. Het is gruwelijk, het zal veel veranderen.

Wat is Al-Qaida? Wie is Al-Qaida? Waar is Al-Qaida?

Zijn er Al-Qaidaleden in Nederland? Het is mogelijk.

Zullen ze ooit een gewelddadige terreuractie ondernemen?
Het kan.

Al-Qaida is geen organisatie met een netwerk die in alle
landen actieve leden heeft.

Al-Qaida is eigenlijk een gedachte die bij iedereen boven
kan komen, zelfs in het hoofd van een jonge blanke Amerikaan. Maar de jonge fanatieke gelovige moslims zijn er erg
vatbaar voor.

Al-Qaida zijn mannen (vrouwen) die los zijn geraakt van
de samenleving, mannen die hun hoop verloren zijn, die geen
kant meer op kunnen.

Heeft Al-Qaida een terreurcel in Nederland?

Volgens mij niet, maar de Nederlandse grond is er klaar
voor.

De gedachte is wel aanwezig, maar het is nog zo pril dat je
het geen cel kunt noemen. Al-Qaida komt niet van buitenaf,
het groeit van binnenuit.

Heb ik een voorbeeld?

Met de komst van de eerste Amerikanen in Iran kwam er

geleidelijk een ondergronds islamitisch terreurnet tot stand. De geheime dienst van de sjah en de CIA hadden het over een grote terreurbeweging die overal aanwezig was. Maar dat was niet zo, de ondergrondse beweging had geen solide netwerk, er waren spontane islamitische cellen tot stand gekomen die geen verbinding met elkaar hadden en ook geen contact met een leidinggevende cel. Opeens kan de moslimjongen niet meer slapen, hij gaat op zoek naar een ander om samen een cel te vormen.

Al-Qaida werkt op dezelfde manier, Osama bin Laden heeft niet de macht, hij is eigenlijk niet iemand die hier een cel kan creëren. Wij creëren de cel.

Na de bloedige terreuraanslagen in Madrid verschenen er weer politici op de tv, ze hadden het over extra maatregelen, over strengere controles op treinstations.

Ze weten dat het niet werkt, een terrorist hoeft niet per se naar het station te gaan om een misdaad te plegen, hij heeft honderden kilometers vrije rails binnen handbereik.

De VVD heeft een klimaat van angst gecreëerd waarin zulke gedachten vorm kunnen krijgen. De VVD gebruikt Hirsi Ali als ploegijzer, haar bedreigende, beledigende electorale taal wekt haat.

De VVD vernedert de immigrantenfamilies en heeft ze in verdedigingsposities geplaatst; ze moeten overal en in alle gesprekken eerst beweren dat ze geen moslims zijn en dat ze de islam niet praktiseren, maar zelfs dat is niet voldoende. Je moet met bewijzen komen.

Als er hier ooit een terreuraanslag plaatsvindt, is de VVD indirect medeschuldig. En premier Balkenende is er verantwoordelijk voor. Hij heeft zich losgemaakt van een deel van de bevolking met een islamitische culturele achtergrond. Hij is hun premier niet.

Verminder de druk, verwijder de dreigementen, dan krijgt haat nooit de kans om een cel te vormen.

Balkenende moet het goed maken voor het te laat is.

Maar ik geloof niet dat hij dat kan, hij is gegijzeld door de VVD.

Misschien moet de koningin wel de pijn verzachten.

De treinen zijn mooi, die zijn van ons allemaal.

De lente

Het mag ons niet ontgaan, de lente. Het mag ons niet onopgemerkt voorbijgaan, want het is voor ons, van ons, het is een tijd die aan ons gegund is. De aarde klapt in zijn handen om de bomen en plantjes wakker te maken. We komen dichter bij de zon te staan. Doe het raam open! Het Perzische Nieuwjaar begint met de lente, twee weken lang feest in het vaderland, mensen gaan bij elkaar op bezoek. Ze branden een vuur, lezen poëzie en lopen samen langs de rivier in de zon om de lente te verwelkomen.

Wat doe ik dan hier?

Ik oefen de democratie. Ik heb niet voor niets mijn thuis, mijn taal en mijn doden verlaten. De pen heeft me hiernaartoe gebracht. Ik mag dus niet liegen en al helemaal niet zwijgen. Hoe kan ik ooit terug naar huis als ik gezwegen heb op de momenten waarop ik moest spreken?

Afgelopen zaterdag stonden er een paar boze reacties in de krant over de Mirza van vorige week. Dat mag! Maar ik neem geen van mijn woorden terug. De tekst was noodzakelijk en moest in de krant.

Eerder had ik voor de afgelopen week een andere column geschreven, iets over de lente. Maar na de terreuraanslagen in Madrid werd ik opeens midden in de nacht wakker, mijn hoofd had de hele nacht gewerkt in mijn slaap en zodra ik mijn ogen opende, kreeg ik een totaal andere tekst aangeboden en ik kon die niet negeren. Die column moest geschreven worden, zwijgen was niet toegestaan.

Ik liet mijn pen zes uur lang op mijn tekst liggen, nee, geen twijfel, de tekst moest naar de krant. Anders zou ik liegen, anders had ik mijn journalistieke taak niet vervuld, ik had iets gezien, ik mocht het niet verbergen.

Het was verstandig wat ik deed, de tekst zal als een klep van een waterketel fungeren. Hij brengt evenwicht in de Nederlandse samenleving. Mijn woorden waren misschien hard, maar ze zullen helpen om de gedachtecellen van de terreur te ontbinden.

Ik heb de sjah van Perzië meegemaakt, een grote revolutie, de geestelijken, de terreur, de censuur, de onderdrukking, de oorlog, de vlucht, de immigratie, de democratie, de Nederlandse poëzie en ook de VVD. Nu gebruik ik al die ervaringen in mijn teksten.

Ik heb eigenlijk vorige week niets nieuws gezegd, de AIVD zegt hetzelfde. Ik citeer een alinea uit *de Volkskrant*: 'Nederland is een land geworden waar ook strijders voor de jihad kunnen worden gerekruteerd. Volgens de AIVD is dat mede het gevolg van het moslimvijandige klimaat dat is ontstaan door de wijze waarop het allochtonendebat in Nederland wordt gevoerd.'

Er zijn mensen die hard bezig zijn om onder de bevolking onderscheid te maken. Dat kan, maar ze brengen een niet te herstellen schade toe aan dit land. Haat mag hier geen plaats vinden. Het is een moeilijke taak voor Balkenende. Hij gaat gebukt onder de druk. De VVD weet het, ze maken het hem nog moeilijker. De beslissingen die het kabinet jegens de immigranten neemt zijn niet van deze tijd. Het kabinet reageert als een stel bejaarden uit de jaren zestig.

Toen ik deze tekst schreef, hoorde ik dat prinses Juliana

overleden was. Ik stopte met schrijven en ging wandelen. Gecondoleerd! Juliana is vredig in haar slaap overleden. Ze verliet haar familie op de vroege morgen op het moment dat de lente het land binnenkwam. Wat een mooie dood.

De angst

De sfeer is erg gespannen in het land, de angst regeert, je voelt het overal, in huis en op straat.

Het heeft iets van de vooravond van een oorlog. Zo ervaar ik het, het roept oude herinneringen bij mij op.

Iedereen voelt de angst, iedereen is bang dat er iets plaats zal vinden.

Er waren een paar bommeldingen, chaos op de centrale stations. Blijkbaar zijn het de kwade geesten die rondlopen om nog meer onrust te veroorzaken.

Chaos is het voornaamste doel van de terroristen. Chaos in Irak, in Spanje, in Frankrijk, in Nederland. De terreur wil de orde breken, en angst zaaien.

In die gespannen sfeer zijn een paar ultrarechtse polemisten uit alle macht bezig om de islam een lesje te leren.

Ze willen precies nu de islam tot verlichting dwingen.

Je hoort ze overal, zij die met harde woorden over de Koran, over de profeet Mohammad, over de mannen met baarden, over de jihad, over de achterlijke islam, over de islamitische ouders die niet in staat zijn om hun kinderen op te voeden, praten.

Ze discussiëren niet, blokkeren het debat, slaan en vernederen.

Ze lokken agressie uit en dat is precies wat we niet nodig hebben.

Het is onontkoombaar, er moet een Hollandse versie van de islam voor dit land komen. Dat kan alleen bereikt worden met lange discussies en debatten. En geduld.

Maar mijn collega's willen een veertienhonderd jaar oude traditie, die door talloze oorlogen vorm heeft gekregen, in één nacht in een Hollandse vorm gieten. Dat kan niet.

Er is nog iets anders aan de hand. De koers die de rechtse columnisten hebben gekozen, is een weg naar de confrontatie. Ze praten met een mond vol haat.

De toon van hun taal heeft iets van de harde taal van de moslimfundamentalisten, Hezbollah.

Over wie gaat die harde discussie? Over de allochtonen met een islamitische cultuur? Maar die praten niet mee, ze voelen zich niet meer thuis in dit debat, ze hebben zich teruggetrokken in hun huizen, en hebben de deur dicht gedaan.

De angst kruipt in een andere gestalte de huizen van de allochtonengezinnen binnen. Constant waarschuwen ze hun kinderen dat ze voorzichtig moeten zijn, dat ze zich voorbeeldig moeten gedragen op school, dat ze hun mond moeten houden, dat ze nergens voor de islam en de Koran moeten opkomen.

De tolerantie is tot haar laagste niveau gedaald. Volgens mij zijn er in de Nederlandse onderwijsgeschiedenis nog nooit zo veel scholieren van school getrapt.

De situatie van de allochtonenkinderen thuis en de inhoud van het gesprek tussen de ouders en hun kinderen doen me aan Anne Frank en haar ouders denken. Eigenlijk mag je het niet vergelijken, maar mijn hoofd doet het vanzelf, het wacht niet op mijn toestemming.

Ik voelde zelfcensuur toen ik deze zinnen schreef, ik schrapte ze, maar ik haalde ze weer terug.

We zijn met iets verkeerds bezig en ik heb het bewijs. De combinatie van huidskleuren van de vriendinnen van mijn dochter is grondig veranderd.

Vroeger was de samenstelling als volgt: Blank. Blank. Blank. Donker.

Later werd het: Blank. Donker. Blank. Donker.

Gisteren werd ik verrast door een totaal nieuwe samenstelling: Donker. Donker. Donker. Zwart.

In de sfeer van de angst is er een fundament gelegd voor een muur om de blanke en donkere Nederlanders uit elkaar te houden.

Het is nog niet te laat. Trek geen muur!

Onwetendheid

Op de plekken waar nu 135.000 Amerikaanse soldaten gestationeerd zijn, hebben altijd al grote tragedies plaatsgevonden. Het is de plek waar vele oorlogen gewoed hebben. Duizend jaar geleden heeft de grote dichter Ferdowsi al die oorlogen in 350.000 strofen verzameld in *Boek der Koningen*. Hier een korte samenvatting van een van zijn verhalen, dat over het raadsel des levens gaat.

Rostam was de held der helden in het oude Perzische rijk, je kunt hem vergelijken met Hercules. Op een dag toen hij in het grensgebied op jacht was, raakte hij zijn paard kwijt. Op zoek naar zijn paard ging hij het buurland Toran binnen. Nu wilde het lot dat zijn paard bij de stal van de koning van Toran was terechtgekomen. Daar herkenden ze Rostam en ze onthaalden hem.

Midden in de nacht hoorde hij zachte voetstappen. Tahmine, de prinses van Toran, verscheen met een kaars in haar hand. Zij vertelde dat ze veel over hem gehoord had, dat ze over hem droomde en dat ze van hem hield.

Rostam ontving haar in zijn bed. De volgende ochtend

toen hij wilde vertrekken, gaf hij haar een juweel: 'Als je een kind krijgt en het is een meisje, vlecht dit juweel dan in haar haar – wordt het een jongen, bind het dan om zijn arm.'

Tahmine kreeg een zoon, Sohrab. Maar Rostam wist niet dat Tahmine een kind van hem gekregen had.

Toen Sohrab tien jaar oud was, vroeg hij om zijn vader. Later werd hij net als zijn vader een grote held.

Er kwam een oorlog tussen de Perzen en de Toranen en Sohrab viel met een leger het Perzische rijk binnen. Diep in zijn hart was hij op zoek naar zijn vader. Volgens de traditie moesten eerst de helden van beide landen tegen elkaar vechten. De krijgsheren van Toran wisten dat Sohrab tegen Rostam zou moeten vechten en dat de ervaren Rostam de jonge Sohrab zou doden. Stiekem waren ze blij dat Sohrab doodging, hij had immers Perzisch bloed door zijn aderen lopen en kon later een groot gevaar voor Toran worden.

De tragedie van Rostam en Sohrab is de tragedie van de onwetendheid.

Ze trokken hun zwaard en vochten tegen elkaar.

Iedereen en alles, zelfs het lot weerhield vader en zoon ervan elkaar te herkennen. De Perzen wisten van Sohrab, maar ze zwegen.

Sohrab herkende iets van zichzelf in het gezicht van Rostam en hij voelde dat hij zijn vader was. In de pauze praatte hij over zijn twijfels met zijn krijgsheren, maar zij logen en zeiden dat hij zijn vader niet was. Maar in zijn hart voelde hij iets anders. Tijdens het vechten vroeg hij Rostam om zijn naam, maar hij gaf geen antwoord.

Sohrab sloeg zijn vader tegen de grond en zette zijn zwaard op zijn keel om hem te doden.

Voor het eerst in zijn leven vroeg de oude Rostam om vergiffenis, Sohrab liet hem gaan. Maar plots stak Rostam

Sohrab in zijn zij. Toen pas zag hij het juweel om de arm van Sohrab, maar het was al te laat. Rostam smeekte de koning om de magische zalf die zijn zoon kon redden, maar het raadsel des levens bepaalde dat hij het laat kreeg.

In de westerse mythes doodt de zoon zijn vader. In het Oosten is het andersom. Bush had het moeten weten toen hij met zijn leger de regio binnenviel. Ik heb een oude versie van het boek thuis liggen, ik zal het naar het Witte Huis sturen.

Rotterdam

Rotterdam is langzaam ons hart aan het veroveren. De stad maakt je bang als je haar niet goed kent en dat komt voornamelijk door het Centraal Station. Je moet als het kan niet via die deur Rotterdam binnengaan.

Het station is een lange, donkere, benauwde gang waar het altijd naar vette patat stinkt. Honderden reizigers verlaten de perrons en tegelijkertijd snellen honderden anderen naar de treinen. Meteen op de trappen staan dan al vijf of zes conducteurs achterdochtig je treinkaartje te controleren.

Ook staan er in die smalle hal altijd veel donkere, onaangename immigranten en junkies die je aan het metrostation van New York doen denken.

Vlak voor de deur staat een rij taxi's, met allemaal immigrantenchauffeurs die op de stoep staan. De trams stoppen piepend voor je neus. De wind waait hard en er valt altijd een bui, zodat tientallen Aziatische en Afrikaanse vreemdelingen zich weer terugtrekken in de grote hal.

Als je via die poort Rotterdam binnenkomt, denk je dat de stad verloren is en dat de donkere immigranten de straten, de gebouwen, de trams, de bussen en de stoepen tot verloedering gebracht hebben.

De stad maakt je bang, vooral als je de afgelopen avond de geïmporteerde imams op tv hebt gezien en ook de moskee-en waarvan men vermoedt dat ze broeinesten van islamiti-sche terroristen zijn.

Zijn die moskeeën echt broeinesten van terroristen?

Niet twijfelen! Timmer onmiddellijk de deur van de mos-kee dicht. Het is duidelijk.

Maar er zijn andere dingen die ook duidelijk moeten zijn. De moskeeën zijn plekken die alleen door een klein deel van de moslims worden bezocht, waarvan de meerderheid uit ge-pensioneerde gastarbeiders bestaat. Daar is niets mis mee, het is hun recht om hun geloof in een moskee te praktiseren.

Bijna geen van de nieuwe immigranten brengt een be-zoek aan de moskee. Voor die nieuwe immigranten is de leer van de islam meer een culturele bagage dan een geloof, je kunt het vergelijken met de leer van het christendom voor de meeste Nederlanders.

De opleiding tot imam in islamitische landen is een zeer ouderwetse opleiding die nauwelijks aansluiting biedt op het gewone leven. De jonge imams komen bijna allemaal van het arme platteland, ze leren alleen de sharia en ze komen nooit in aanraking met wiskunde of natuurkunde, met techniek, kunst, tv of cinema. En er is slechts één vrouw die toegang tot hen heeft, dat is hun moeder.

Het zijn mannen die normaal geen kwaad doen als ze in hun eigen dorp wonen, maar ze worden agressief als ze in een vrijere omgeving terechtkomen. Ze zullen grote misdaden plegen als ze ooit de macht in handen krijgen.

De imams en de moskeeën zijn geen vertegenwoordigers van de immigratie. De jonge, actieve immigranten die op universiteiten, in bedrijven, ziekenhuizen, scholen, spoorwe-gen, gemeenten, overheidsinstellingen en waar dan ook wer-ken, zijn het juiste gezicht van de immigratie.

De preekteksten van de imams hebben niets met de immigranten te maken. De immigranten hebben Rotterdam verjongd, ze hebben met hun mooie donkere huidskleur een exotische schoonheid aan de straten gegeven. Ook hebben ze schade aan de stad toegebracht, maar dat hoort bij de immigratie. Het is geen negatieve schade, het is een soort schade die je aan het denken zet, die je dwingt om in beweging te komen. Rotterdam denkt na, Rotterdam beweegt, daarom is de stad zo mooi geworden. Kom kijken!

In Het Paleis

In opdracht van Hare Majesteit De Koningin heeft de grootmeester de eer u uit te nodigen voor Het Koninginnedagconcert op paleis Noordeinde te 's-Gravenhage. De avond was een hommage aan musici die hun woonplaats moesten verlaten en zich in Nederland vestigden. De Iraaks-Nederlandse zangeres Farida Mohammad Ali en de Marokkaans-Nederlandse zanger Najib Cherradi zouden de gedichten van de Libanees-Amerikaanse Khalil Jibran en de uit het Perzisch naar het Arabisch vertaalde gedichten van Omar Khayyam zingen. Wauw!!!

De koningin stond met haar zus, haar jongste zoon Constantijn, Willem-Alexander en Máxima voor de deur om de gasten persoonlijk te verwelkomen. Een monarchist ben ik niet, maar als ik moet kiezen tussen de gekozen minister-president Jan Peter Balkenende en de koningin, zou ik honderd keer eerder voor de vorstin kiezen.

En als ik moet kiezen tussen de liberale vvd-fractievoorzitter Van Aartsen en de koningin, zou ik duizend keer eerder voor de koningin kiezen. Ik zou nooit een glaasje thee met Jan Peter Balkenende kunnen drinken. Met Van Aartsen dan?

Oh, nee, helemaal niet, hij stinkt naar de islam, hij zoekt samen met Hirsi Ali naar dode ratten in het vuil en de rotzooi van de islam. Als je kiest, moet je voor iemand kiezen die iets te vertellen heeft.

'En met u', zei ik tegen de koningin, 'en hoe gaat het met uw kleindochtertje?' glipte uit mijn mond. Misschien had ik prinses Amalia moeten zeggen. 'O, goed, ze eet goed, beweegt goed, en ze is gezond. Wat wil je nog meer?' zei ze en ze ging verder over haar kleinzoontje: 'Hij is zo lief, zo rustig, dat het me ongerust maakt. Mag een kind zo lief zijn? Is dat normaal? Echt, ik maak me er zorgen over.'

Normaal als de koningin een concert bijwoont, komt ze als laatste binnen en staat het publiek voor haar op. Maar dit keer had ze het zo geregeld dat de gasten (veel prominente immigranten) niet voor haar hoefden op te staan. Ze stond naast en tussen hen.

Een monarchist ben ik niet, maar in deze moeilijke tijden waarin Jan Peter Balkenende en de VVD de immigranten vernederen en slaan, kies ik voor de persoon van de koningin. In tegenstelling tot de minister-president steekt zij haar hand royaal uit naar de immigranten.

Een paar weken geleden gingen Willem-Alexander en Máxima naar Turkije, naar de dorpen waar de Turkse gastarbeiders vandaan kwamen. Het was een mooi gebaar naar de immigranten in dit land. Nu zongen de zangers hardop Arabische poëzie voor haar en de Arabische muziek klonk door de gangen van paleis Noordeinde. Het is goed wat de koningin doet, het brengt gezondheid voor haar kleinkinderen en het land.

Immigrant! Je hebt niet voor niets je huis verlaten, je kwam om te veranderen. Daarom moet je tien keer harder werken dan de oorspronkelijke Nederlanders. Een paar onnozele figuren van de VVD zijn te klein om je tegen te kunnen houden. De geschiedenis kent altijd zulke gezichten.

Studeer hard, immigrant! Haal stevige papieren! Sluit je aan bij de VVD! De partij is krakkemikkig geworden. Neem de leiding in handen! Blijf jezelf! Wees eerlijk! Het land heeft je nodig. Werk met al je kracht! Neem dan de macht over! Nepbestuurders als Van Aartsen zullen verdwijnen. Jij en de koningin blijven over.

Abu Ghraib

Bush bood gedwongen zijn excuses aan. Leugens. Alles leugens.

In de Arabische wereld gelooft niemand hem. Het masker is van Bush zijn gezicht gevallen. Wat op leugen staat, blijf niet lang staan. Bush moet ook nog voor de volgende zaken zijn excuses aanbieden:

I. Excuses voor het martelen van de Afghaanse gevangenen (en stop ermee!).

II. Excuses voor de massavernietigingswapens die hij niet gevonden heeft.

III. Excuses voor het verliezen van de gouden kans om van Irak een democratie te maken.

IV. Excuses voor de chaos die hij in Irak veroorzaakt heeft en het aanwakkeren van de terreur.

V. Excuses voor het beledigen van de VN.

VI. Excuses voor de macht die gevaarlijke imams als Al-Sadr gekregen hebben.

VII. Excuses voor de vele mensen die omgekomen zijn of gewond zijn geraakt.

VIII. Excuses voor het vele verdriet dat hij in de wereld veroorzaakt heeft.

Wat is er aan de hand? Waarom reageert iedereen als een gewonde tijger als men de foto's van de gemartelde Irakese gevangenen ziet? Waarom zo veel verdriet? Amerika heeft een misdaad begaan die Saddam nooit durfde te plegen.

Vanaf het moment dat de Irakezen de Amerikaanse soldaten met stenen bekogelden, zag je al dat er iets ergs aan de hand was. Het waren immers dezelfde mensen die het jaar daarvoor dansend met Amerikaanse vlaggetjes de soldaten hadden verwelkomd.

Bombarderen is geoorloofd, het vuur op Irakese demonstranten openen mag. Heilige steden als Najaf of Karbala vernielen is oké, voor elke gedode Amerikaanse soldaat twintig Irakezen doden en de gevangenen met handboeien om tegen de muur zetten kan, want het is een ware oorlog tegen de machtigste bezetter uit de geschiedenis. Op dit geweld waren de Irakezen voorbereid.

President Bush misleidt iedereen als hij zegt dat marteling niet bij hun cultuur hoort en dat het een incident is. Geweld en marteling zitten diep geworteld in de geest van de Amerikaanse cultuur. De muziek is er uitstekend, de computer- en ruimtevaarttechnologie is ongelooflijk, de cinema is geweldig, de literatuur is meesterlijk, maar het geweld is er de hoeksteen.

Het zijn geen individuele misdaden. Amerika martelt.

Het gaat niet alleen om de Irakese gevangenen, ze martelen de Afghaanse rebellen in het Amerikaanse militaire kamp op Cuba al tijden. Zijn we Vietnam vergeten? Dat de Amerikanen de Irakezen in de gevangenis van Abu Ghraib martelden, was bekend in Bagdad. Maar waarom reageerde iedereen dan zo onthutst toen die foto's waren uitgelekt?

De foto's van de blote Irakese mannen, geblinddoekt, als lijken gestapeld, toonden eigenlijk geen spoor van zware mishandeling. Als je het over marteling hebt, heb je het over geweld en bloed. De vijand moet je aan je voeten aan het plafond gehangen hebben. Een wit damesonderbroekje over het hoofd van een gevangene trekken kun je haast geen marteling noemen. Als een kleine Amerikaanse vrouw een blote gevangene met een touw om zijn nek over de grond trekt, ja, dan mag je het martelen noemen.

Het is de diepste vernedering die de Irakezen moesten ondergaan om de beloofde Amerikaanse modeldemocratie te kunnen krijgen en daar waren ze niet op voorbereid.

Vernedering is de koers die Amerika volgt in Irak. De Amerikaanse soldaten fouilleren de geestelijken, steken hun hand tussen hun benen en nemen hun tulband af. Amerika spuugt op alles en iedereen in Irak. Ze hebben nooit in hun missie geloofd. De Abu Ghraibgevangenis moet voorgoed op slot. En het is afgelopen met Amerika in Irak.

Allah heeft geen macht

'We zijn voorbereid op een Amerikaanse escalatie. Laat me u aan Vietnam herinneren. Wij zijn een Iraaks volk dat op Allah vertrouwt, op zijn profeet en diens familie. Ons staan veel meer middelen ten dienste voor een overwinning dan het geval was bij de Vietnamezen. En als God het wil, zullen wij zegevieren', aldus Al-Sadr in een interview.

Is het waar wat hij zegt? Hebben ze echt meer middelen om een overwinning te behalen? Allah is groot, roept Al-Sadr en hij rekent op hem als hij het over 'meer middelen' heeft.

Maar er is een probleem met Allah. Hij heeft de afgelopen decennia zowel de Irakezen als de Afghanen, de Palestijnen en de Iraniërs in de steek gelaten. Hij hoort hen niet meer.

Naast Allah rekent Al-Sadr ook op de profeet Mohammad en diens familie (met name Ali en Hossein). Mohammad is afwezig tijdens deze oorlog, hij ligt begraven in Medina, maar de heilige Ali (in Nadjaf) en Hossein (in Karbala) worden wel zeker als 'middelen' gebruikt.

Hossein ging zo'n veertienhonderd jaar geleden met zijn 73 strijders naar Karbala om tegen het Amerika van zijn tijd (de kalief) te vechten. Ze wisten dat ze niet konden winnen, maar ze gingen om dood te gaan en ze werden allemaal onthoofd.

Vietnam had geen Ali en ook geen Hossein. Ze hadden wel een communistische partij die met ijzeren discipline tegen Amerika vocht. Vietnam kende geen chaos, maar Irak staat synoniem voor chaos. De moslimstrijders hebben geen plannen om te winnen. 'Amerika moet nu zijn tanden laten zien. We willen dat onze opperbevelhebbers ons vertellen hoe wij gaan winnen.'

'Allah is machtig!' roept men in Irak. 'Amerika is machtig!' roept men in de *Wall Street Journal.* Amerika wil geen modeldemocratie meer van Irak maken, die fase is voorbij. Ze willen nu alleen nog maar winnen.

Maar er moet iets te veroveren zijn als je wilt winnen. Bijvoorbeeld een Vietnamese partij, maar Irak heeft niets meer en de islamitische vijand heeft zelfs geen fiets meer om kapot te maken. De Irakese strijders hebben alleen fictieve middelen als Allah, Mohammad, Ali en Hossein.

De Vietnamezen vochten volgens de leer van twee boeken, het boek van Marx en het boek van Lenin. De moslimstrijders hebben ook twee boeken. Het ene is de Koran en het andere heet Nahdjol Balaghe. Deze twee boeken zijn die 'middelen' waar Al-Sadr het over heeft.

De Koran is de basis, maar Nahdjol Balaghe is het boek der liefde. Het is een zeer poëtisch boek waarin alle preken van Ali verzameld zijn. Ali was zowel een dichter als een vechter. Citaat:

Allah houdt een schild boven je hoofd om je te beschermen tegen de dood. Alleen hij bepaalt wanneer het schild mag vallen. Vecht dus! En wees niet bang!

Amerikaanse sergeanten hebben de Irakese vrouwen in de Abu Ghraibgevangenis gedwongen om hun borsten te tonen. Allah heeft het gezien.

De Amerikaanse sergeanten hebben de Irakese mannen in de Abu Ghraibgevangenis gedwongen om zich uit te kleden en een vrouwenonderbroekje aan te trekken. Allah heeft het gezien.

Amerikaanse sergeanten hebben de Irakese mannen in de gevangenis van Abu Ghraib verkracht. Allah is geschrokken.

Allah heeft geen oorlogsvliegtuigen om wraak te nemen, geen tanks, geen sergeanten, geen CIA, geen FBI, geen machtige krant als de *Wall Street Journal*, geen CNN, geen georganiseerde partij als die van de Vietnamezen om van te winnen. Allah weet dat hij niet wint. Hij zaait chaos, hij onthoofdt.

De duiven vliegen weg

Het wordt niets, ik voel me machteloos als ik iets over Israël wil schrijven, ik schrijf, ik schrap, ik knip, ik plak, maar het wordt niets. Wat ik ook schrijf, het is waardeloos, de tekst is als een kapot huis waarin niets op zijn plaats staat, net als een Palestijns huis dat door de Israëliërs kapot is geschoten. Israel trok onverwachts Rafah binnen en vernielde weer tientallen huizen.

De Palestijnen pakten hun kinderen en een deken en vluchtten in het donker weg. Pas 's ochtends vroeg toen ze zagen wat Israël met hun huizen gedaan had, gingen ze de straten op om te demonstreren en Israël bombardeerde de massa met raketten uit de lucht. De VN-Veiligheidsraad veroordeelde Israël voor de zoveelste keer, maar Israël ging gewoon door met de vernielingen. Er vielen ten minste veertig doden.

Ik keek in de Van Dale naar de betekenis van Israël, er staat het volgende: 'Naam van de Joodse nationale staat in Palestina. Israëli of Israëliërs, m. (-'s) bewoner van de staat Israël.' Het was een zeer neutrale uitleg die niet klopte. Eronder stond een lege ruimte, ik vulde haar met een vulpen in en maakte de uitleg compleet. Israël is ook het synoniem van: het ultieme geweld, misdaad, bezetting, onderdrukking, onbetrouwbaarheid, brutaliteit, agressiviteit, en de as van het kwaad.

Israël pleegt vele misdaden en niemand kan het tegenhouden.

Israël is psychisch ziek geworden door het buitengewone geweld dat het gebruikt. De Israëliërs hebben zichzelf met hun eigen handen gevangengenomen, ze trekken een hoge lange muur om zich heen en zo isoleren ze zich van de rest van de wereld. De staat Israël is aan een grondige psychische therapie toe. Ik stuurde een mail terug naar de enige Israëlische vriend die ik heb, in Tel Aviv: 'Vandaag is de dag waarop alles duidelijk moet worden. Waarom zwijg je over de misdaden van Sharon? Als je zwijgt, wil ik dat de grond openbreekt en ik erin verdwijn.'

Ik was weer een Palestijn de afgelopen dagen, een Palestijnse schrijver die in Rafah woonde en wiens huis door de Israëliërs is vernield. Ik had geen plek meer om te slapen, ging bij Arafat langs. Hij heeft een uitgaansverbod, mag alleen tot de deur van zijn kantoor lopen. Ik condoleerde hem met de doden en de huizen. Ik deed het niet zwak of zielig. Ik drukte stevig zijn handen en zei de soerat al-Fiel op: 'Alam tare kaaife faél rabbok bé asabol fiel.' Ik zei het citaat uit de Koran niet hardop omdat ik gelovig ben, maar omdat de mannen van mijn cultuur dat vroeger ook deden als ze niet wilden knielen voor de dood, en al helemaal niet voor Israël.

Ik was moe, ik had de hele dag gedemonstreerd, proefde de aarde van onze kapotte huizen in mijn mond. Ik had dorst, wilde iets drinken, maar Arafat dronk alleen thee. Ik kreeg een matras van Arafat, ik legde hem op de grond, maar ik kon niet slapen. Sharon dwong me tot geweld, de pen werkte niet meer, er verscheen een geweer in mijn hoofd. Maar ik wilde het niet. Ik had iets krachtigers nodig om de pen weer vast te pakken. Mahmoud Darwish, de grote Palestijnse dichter, schoot me te hulp. Ik hoorde hem een van zijn gedichten voorlezen:

Mijn lichaam is het land de plek voor jou de duiven vliegen weg de duiven keren terug.
Je bent de eerste van de familie van de golven die tegengehouden wordt door de kust.
Ik denk aan jou.

Oranje Portugal

Oranje gaat nu door naar de finale en dat moet. Want de zon, de maan, de aarde en de supporters en het lot hebben alles gedaan om het Oranje-elftal zover te krijgen. Dus zonder de beker mogen ze niet meer terugkeren. Hooguit kunnen ze naar Brussel vliegen en van daaruit stiekem te voet naar huis gaan.

Er ligt een oranje T-shirt op mijn bureau en ik weet niet wat ik ermee moet. Oranje is geen kleur die je draagt in de cultuur waar ik vandaan kom. Je ziet bijna niemand een oranje T-shirt dragen, of een oranje hemd, of een oranje sok. En het komt bij geen bakker op om een oranje taart te bakken.

Oranje past alleen bij Portugal, want Portugal betekent sinaasappel in mijn taal.

In het Perzische woordenboek staat het volgende: 'Portugal is een vrucht, hij is zoet en smakelijk, rijk aan vitamines en is voor het eerst door een groep Portugezen naar ons land gebracht.'

Alleen een portugal mag oranje zijn bij ons en dat past hem goed. Maar als je dan toch een oranje hemd aandoet, kijkt iedereen je raar aan, men zal denken dat er een schroefje loszit.

Afgelopen week heb ik het meest oranje deel van mijn leven meegemaakt, veel oranje tompoezen gegeten.

Toen Nederland Letland met 3-0 versloeg, zat ik weer in een café. Duitsland verloor van Tsjechië en dankzij die nederlaag bereikte het Nederlands elftal de kwartfinales van het Europees kampioenschap voetbal.

'Tsjechië bedankt!' riepen de supporters.

Opeens barstte het café van vreugde en de café-eigenaar gooide een nieuw oranje T-shirt naar mij en ook eentje naar het jongetje dat ik met me mee had genomen. Alleen wij tweeën hadden niets oranjes aan of om.

Het T-shirt ligt nu op mijn bureau en het is zo overdreven oranje (knaloranje) dat zelfs kroonprins Willem-Alexander hem niet aan zou doen. Zou ik hem toch aandoen dan denkt mijn dochter onmiddellijk: 'Pa is eindelijk gek geworden.'

Vanaf nu ga ik alle wedstrijden volgen en dat komt door de negenjarige zoon van een vriend, die ik naar het café had meegenomen. Hij wilde de wedstrijd op een groot scherm zien, maar dat mocht niet van zijn vader.

'Ik neem hem mee', zei ik en ik ging met hem op zoek naar een café waar je een kind mee naartoe kan nemen. Ik vond er één, waar alleen studenten zaten, keurige jongens en licht aangeschoten dansende meisjes. Er rookte gelukkig niemand. (Roken studenten niet meer?) De eerste generatie immigranten heeft niets met oranje, en ze vinden het niet erg als het Nederlands elftal verliest. Je merkt zelfs dat ze stiekem hopen dat de tegenpartij wint. Het komt door de moeilijkheden waar ze mee te kampen hadden tijdens de eerste jaren van hun verblijf en ook door de afstandelijke, negatieve houding van de bewoners van dit land. Maar de tweede generatie immigranten heeft haar eigen verhaal. Zij zijn degenen die voor het eerst een oranje vlagje het huis binnenbrengen of een oranje hoedje op doen (en de ouders zullen het met een afkeurende glimlach toestaan).

Het oranje T-shirt blijft nog een weekje op mijn bureau liggen. Als ze de beker winnen, doe ik hem aan, anders zal ik hem op de post doen, voor mijn moeder in het vaderland.

Al-Muthanna ligt niet op de maan

Er is geen andere uitweg. De islam (de sjiiet) moet zich laten gelden in Irak en Amerika is zijn enige alibi. Dit gewas moet bloeien in de grond van Irak.

De Amerikanen hebben alles op alles gezet om de sjiietenleider Al-Sadr te doden, te arresteren of te elimineren. Maar het maakt niet meer uit of Al-Sadr bestaat of niet. Niemand kan de komst van de islam (de sjiiet) in Irak tegenhouden.

De afgelopen dagen zijn er honderden doden en gewonden gevallen rondom de heilige Imam Ali-moskee. Amerika wist het, maar liep verblind door eigen macht in de val.

Het proces kan vertraagd worden, maar niet gestopt. Saddam Hoessein was de juiste persoon die het decennialang wist tegen te houden.

Al-Sadr is een jonge Khomeini, als je hem verwijdert,

komt er een andere Khomeini tevoorschijn.

De islam van Irak moet een keer komen en bepalen, precies op de wijze waarop nu de gevreesde ayatollahs in Iran bepalen.

Het is een oude, depressieve, donkere energie die zich onder de Irakese grond verschuilt, het moet eruit.

Door de oude geschiedenis die de Iraniërs en de Irakezen op hun rug dragen, moeten ze met zere benen nog een lange weg afleggen voor ze de democratie bereiken.

Iran sluit meestal een compromis met de machtige vijand, neemt de goede eigenschappen van de bezetter over en maakt er iets moois van, maar Irak neemt wraak met oorlogen.

Tot verbazing van de Nederlandse regering hebben de Irakese militanten de Nederlandse troepen weer onder een heftig, doelgericht vuur genomen. Er vielen een dode en vijf gewonden. Hij was de tweede Nederlander die omkwam in Irak.

Henk Kamp, de minister van Defensie, is geschrokken: 'Zoiets hadden we niet verwacht.'

Wat had hij dan verwacht?

Hij verwachtte alles, maar die brutale aanval en de intensiteit ervan en de heftigheid, de doelgerichtheid ervan had hij niet verwacht.

Er zijn drie mogelijkheden: Henk Kamp liegt, Henk Kamp is dom, Henk Kamp is naïef.

In Nederland wist iedereen dat de Irakese militanten het op de Nederlandse troepen hadden gemunt. Dat wisten zelfs de kinderen op de crèches.

De terroristen hebben Nederland gewaarschuwd dat ze strategische plekken in Nederland als doelwit voor ogen hadden en ze hebben dit dreigement op internet gezet.

In de afgelopen weken is er minstens twee keer een hoge staat van paraatheid afgekondigd en zijn de treinen stilgelegd.

Waarom? Omdat de Nederlanders met laarzen en geweren marcheren op de grond van Irak.

De zee waarop Balkenende recentelijk met zijn kabinet in zeilboten een uitstapje maakte, was tot kilometers toe streng bewaakt.

Waarom? Omdat Nederland Apachehelikopters, oorlogsschepen, kolonels en kogels naar Irak heeft gestuurd. Men plukt geen tomaten met die Apachehelikopters in Irak, men voert een oorlog.

Wist Henk Kamp dat niet?

De minister van Defensie is niet in staat om verband te leggen tussen de heftige, doelgerichte aanval op de Nederlandse troepen in Irak en de streng bewaakte zeilboten van de ministers tijdens hun uitstapje in de zon.

Hij zei verbijsterd: 'Maar ze zaten toch in een betrekkelijk rustige provincie ... en het gebeurde in een omgeving die positief tegenover ons stond.'

De minister is onbevangen en dat betekent: naïef!

De provincie Al-Muthanna waar de Nederlandse troepen zich bevinden ligt niet op de maan, maar in Irak.

Henk Kamp verkoopt een scenario waarin de Nederlanders in Al-Muthanna niet in oorlog zijn, maar schattige brugjes bouwen waarover de dorpelingen met hun ezel kunnen oversteken. Hij speelt.

Ali

Vandaag, op 30 augustus, is Ali jarig.

Hij zegt: 'De mens is een wonder, hij ziet door een glasachtige bol, praat met een paar stukjes vlees, hoort met een dun bot, en ademt door kleine gaatjes.'

Ali was een wonder in zijn tijd. De afgelopen drie weken hebben we minstens duizend keer de naam Ali gehoord, de heilige Ali, de moskee van Ali, de sleutel van Ali, de deuren van Ali, de muren, de daken van Ali.

De sjiieten roepen in hun dagelijkse leven onophoudelijk Ali, Ali, Ali, Ali, Ali, Ali. En de soefisten en derwisjen roepen tijdens hun ritueel misschien een miljoen keer Ali, tot ze flauwvallen. En de sjiietenmeisjes hebben allemaal een gouden hangertje ergens in hun la liggen: Ali.

De tombe van Ali was drie weken lang een barricade waarachter de militante sjiieten tegen de Amerikanen vochten.

Ali was de man van Fatima. De vader van Ali was de sleutelhouder van de Kaäba in Mekka, waar vroeger de grote afgoden werden bewaard toen er nog geen sprake was van de islam. In 599 ging Ali's moeder de Kaäba binnen voor een bezoek, ze was hoogzwanger, opeens kreeg ze pijn en Ali werd geboren. Hij werd de eerste krijgsheer van de islam en later de vierde kalief. Ali was een dichter, degene die de Koran verzamelde en vormgaf nadat Mohammad stierf. Hij werd tijdens het gebed met een zwaardslag op zijn hoofd omgebracht.

Ali is niet zo populair bij de soennieten, maar hij is bijna een god bij de sjiieten. Op afbeeldingen die later van hem gemaakt zijn, zie je dat hij knap was.

Hij had grote donkere ogen, oosterse bruinzwarte wenkbrauwen, volle lippen, een goed gevormde neus en hij droeg een sexy baard. Zijn hoofd en een deel van zijn nek waren bedekt met een modieuze groene tulband. Hij leek op Marlon Brando als hij zijn groene tulband af zou doen en zijn baard zou scheren.

Hij hield ook van vrouwen:

'Een vrouw kun je vergelijken met een giftige schorpioen, ze steekt je, maar je geniet ervan.'

Ali was supermodern in zijn tijd, de sultan van een groot imperium, maar de bejaarde ayatollahs hebben een domme heilige van hem gemaakt. Ze gaven hun achterhaalde gedachtegoed aan Ali:

Ali is tegen rock-'n-roll.

Ali is tegen de tv.

Ali is tegen Bach, Mozart en Beethoven!

Ali begrijpt niets van Van Gogh.

Ali vindt Picasso waardeloos.

Ali wil niets met Darwin te maken hebben.

Ali heeft een hekel aan wijn.

Ali duwt de vrouwen onder een zwarte chador.

Ali is tegen de pers.

Ali leest geen romans, slechts de Koran.

Ali wil een islamitische republiek stichten.

In de westerse samenleving zijn de heiligen gestorven en ligt Jezus op zijn sterfbed. Maar in de islamitische wereld, en vooral bij de sjiieten, zijn de heiligen springlevend. Ali is zo bereikbaar als Bush en Rumsfeld in het Witte Huis. Zijn koepel is van 22-karaats Perzisch goud gemaakt en zijn muren zijn bedekt met ontelbare spiegeltjes van handelaars. De bejaarde ayatollahs zijn in staat met Ali miljoenen mensen in beweging te brengen. Maar die massa is niet in staat vooruit te bewegen, hij beweegt altijd achteruit.

Ali is een zware last van goud en magische spiegels die de bejaarde ayatollahs op de rug van de sjiieten hebben gelegd. Ali is tot een mythe gemaakt door de bazaarhandelaars.

Kinderen

Er is een festival in de Italiaanse stad Mantova.

Vanochtend vroeg zat ik op het balkon van een hotel om dit te schrijven. Het is de eerste schooldag in Mantova, alle kinderen gaan in hun nieuwe kleren naar school. Ze doen me onmiddellijk denken aan het gijzelingsdrama van vorige week, op die Russische basisschool. Daar waar een paar honderd kinderen omkwamen en waar hun ouders onverhoeds geconfronteerd werden met de lijken van hun kinderen, die naakt op de binnenplaats van de school lagen.

Het centrum van Mantova is druk, honderden mensen staan in rijen om kaartjes te kopen voor de lezingen. Verderop staat een groep demonstranten met grote rode doeken waarop staat dat Italië haar troepen uit Irak terug moet halen. Twee weken geleden is een Italiaanse journalist in Bagdad onthoofd en onlangs zijn er twee jonge Italiaanse vrouwen in gijzeling genomen. Hun foto's staan op de voorpagina's van alle kranten.

De terrassen zitten vol en de muzikanten brengen het festival in stemming op deze zonnige dag.

Je komt de grote wereldschrijvers overal tegen, in steegjes, op de markt en op het kerkplein. Gisteren zag ik J.M. Coetzee over het kerkplein lopen. Ik had net zijn *Barbaren* gelezen. Marteling, terreur en dood nemen samen een groot deel van *Barbaren* in beslag, het hoofdpersonage van het boek komt in zijn eentje in opstand tegen het systeem dat de misdaad pleegt. Hij probeert een vrouw die door marteling blind is geraakt, op een eigenwijze manier in zijn bed te beminnen, te troosten. O, wat een boek! Ik boog licht mijn hoofd voor Coetzee en passeerde hem.

Alleen de pen, poëtica en Coetzee kunnen ons nog troosten wanneer de misdaad regeert.

Gisteravond zat ik in één van de oudste eethuizen van de stad, het bouwjaar stond op een gekleurde tegel die boven de deur hing: 1647.

De pasta, de spaghetti die ze maakten, was ongelooflijk, perfect voor kinderen van over de hele wereld. Italië moet de Russische kinderen die de afschuwelijke gijzelingsramp hebben overleefd een keertje uitnodigen om daar te komen eten. Ze zullen genieten van de *tortelli di zucca*, een typisch Mantovaans gerecht.

Opeens zag ik mevrouw Toni Morrison, de zwarte Amerikaanse Nobelprijswinnares, achter het raam langs lopen. Ze was oud geworden en liep voorzichtig, ze deed me aan haar eigen oude personage Baby Suggs in de roman *Beminde* denken. Er is een mooie passage in haar boek. De grootmoeder, de zwarte slavin Baby Suggs, staat bij een begraafplaats waar ouders de dood van hun kinderen niet kunnen dragen. Opeens begint Baby Suggs een oud Afrikaans liedje te zingen en op de grond te stampen. De moeders houden elkaars handen vast en stampen en zingen met haar mee terwijl de mannen machteloos toekijken.

De vrouwen zingen net zo lang totdat de dode kinderen van achter de bosjes tevoorschijn komen. De vaders lachen en huilen wanneer ze zien dat hun kinderen, de een na de ander, terugkeren.

Alleen de verbeelding kan ons nog overeind houden wanneer de terreur regeert en ouders onverwachts geconfronteerd worden met de lijken van hun kinderen. Zodra ik Toni Morrison achter het raam zag lopen, kwam ik onmiddellijk overeind en snelde haar achterna en riep: 'Mevrouw Morrison!'

We wandelden samen door het donkere steegje achter het oude kasteel. Opeens begon de grootmoeder Baby Suggs te zingen en de moeders stampten op de stenen en zongen. Er viel even een stilte, ik hoorde de zachte voetstappen van de kinderen. Ze keerden terug.

André Hazes

Zij gelooft in mij,
Zij ziet toekomst in ons allebei,
Ze vraagt nooit, maak je voor mij eens vrij,
Want ze weet, dit gaat voorbij.

André Hazes wordt morgen begraven. Vandaag komen naar verwachting vijftigduizend fans naar de Amsterdam Arena om afscheid van hem te nemen.

Ik condoleer zijn familie en vooral zijn kinderen.

Hij trad laatst op met een zwarte hoed, een zwarte bril en zwartgeverfd haar.

Duizenden genoten van zijn stem. Ze herkenden hun eigen pijn in zijn pijn, liefde en verdriet.

Nederland is klein, maar wil altijd groot zijn. Dat hoort bij de kleinen. Nederland wilde graag Amerika zijn als het kon: Irak binnenvallen, Saddam arresteren, tien à twaalf Oscars tegelijk binnenhalen.

André Hazes was een symbool van het andere gezicht van Nederland. Hij was een natuurlijk product van de Nederlandse cultuur, een deel dat bij de koeien, de fietsen en de grote vrachtschepen hoort. Hij was de lieve kant van Nederland, de kant die geen oorlog wil, eerlijk is, verliefd wordt, een beetje bang is en door de pijn van een ander tranen in zijn ogen krijgt.

André Hazes komt in de rij te staan van Annie M.G. Schmidt, Simon Carmiggelt, Freddy Heineken en Willem-Alexander. En ook dat dappere jongetje dat zijn vinger in een gat van de dijk stopte om het water tegen te houden.

André Hazes was goed, maar hij was ook dom! Als je niet dom bent, drink je niet zo veel, rook je niet het ene na het andere pakje. Dat gaat niet samen met zulk zenuwslopend werk.

Iedereen kan ieder moment doodgaan, maar we mogen André Hazes niet prijzen om zijn stommiteiten. Hij was nog jong, maar hij bewoog niet en was niet in staat om tien meter te rennen. 's Ochtends vroeg stond er al een flesje bier op zijn tafel en een nieuw pakje sigaretjes.

Sorry, ik moet niet zo hard zijn, vooral nu niet. Ik kan luisteren naar zijn zang, dat is beter:

Zolang we dromen,
Van 't geluk dat ergens op ons wacht,
Dan vergeet je snel weer deze nacht,
Zij vertrouwt op mij,
Ze gelooft in mij.

Het is een achterhaald idee om tabak en drank aan de kunst te binden, een truc van de markt, die de kunstenaar graag met een fles in de hand presenteert.

De kunstwereld heeft nu gezonde, scherpe kunstenaars nodig. Diegenen die een goede conditie hebben en in staat zijn om van een glaasje te genieten, maar ook de fles kunnen laten staan. Jammer, jammer dat André Hazes dat niet kon.

De tijden zijn veranderd. Het is een leugen als je Herman Brood, bijvoorbeeld, als een grote kunstenaar op de markt brengt.

Herman Brood was een slecht en verwerpelijk voorbeeld voor jonge kunstenaars. En ook voor het imago van de kunst. Hij had geen controle over zichzelf, het waren de heroïne, cocaïne en drank die voor hem beslisten. Hij was een zielige verslaafde en dit moet gezegd worden. Zijn levensstijl mag niet geprezen worden.

Straks wordt zijn kist in aanwezigheid van duizenden fans naar de Arena gedragen. Ik ga voor hem staan, voor een echte Nederlandse zanger:

'n Beetje verliefd,
Ik dacht een beetje verliefd.
Deze nacht ben jij voor mij,
Maar die droom ging snel voorbij.
Ach, die kruk bleef leeg.

De teen van de minister-president

Minister-president Balkenende is ziek. Ik wens dat hij gauw beter wordt en dat hij naar huis terug mag gaan.

Ziek-zijn gun ik niemand. Geduld hebben is het enige medicijn.

'Als de slimme vogel in de val terechtkomt, moet hij geduld hebben, geduld' (Hafez). Onverwachts belandde Balkenende vanuit zijn torentje in het ziekenhuis. Drie, vier operaties en hij ligt nog altijd onzeker in bed. Ik wil hem weer zo gezond en gelukkig zien als toen hij door Katja en Bridget geïnterviewd werd.

We zijn er nu allemaal achter gekomen dat het leven meer geheimen heeft dan slechts die van het CDA.

Wat is er eigenlijk aan de hand met Balkenende? Waarom doen ze er zo geheimzinnig over?

Wat ze tot nu toe over zijn ziekte hebben vrijgegeven, is heel beperkt. Ze hebben het over een agressieve bacterie die dodelijk kan zijn, ze hebben ook iets over zijn vierde en vijfde teen gezegd. Verder is er stilte.

Maar ik denk dat ik weet wat er met hem aan de hand is.

Ik haal vijf elementen uit de officiële mededeling en probeer het verhaal te reconstrueren.

De elementen:

i. De rode plek

ii. De vierde teen.

iii. De vijfde teen.

iv. De ruimte tussen de vierde en de vijfde teen.

v. En de bacterie.

Een paar jaar geleden heb ik dezelfde ziekte opgelopen. Hardlopers hebben vaak last van hun tenen, vooral van het weefsel tussen de vierde en de vijfde teen, de zwakste plek van de voet. De bacterie nestelt zich graag in dat verborgen plekje.

Je hebt er last van, maar je neemt het niet serieus en de bacterie blijft haar werk doen. Na een tijdje verschijnt er een rode plek en als je goed kijkt, zie je dat er een onschuldig wondje ontstaat, maar je neemt het weer niet serieus. Je smeert er wat zalf op die je nog hebt liggen, trekt een paar schone sokken aan en gaat ervandoor.

Maar de bacterie blijft geduldig bezig met je weefsel. Hij probeert stiekem via een klein adertje de grote aders te bereiken die naar je hart en hersenen lopen.

Je bent totaal met andere dingen bezig als er opeens een coup wordt gepleegd door de miljoenen bacteriën en je als gevolg daarvan door een hoge koorts wordt geveld. Is het zo simpel? Ik vrees van wel.

Ik heb het meegemaakt. Ik was dom, ik begrijp niet hoe ik het zover heb laten komen. Vier maanden lang slikte ik de zwaarste antibiotica. Zo is het leven. Je beweegt goed, je eet goed, maar opeens val je.

Ik vertel dit om de volgende reden. Toen ik ziek was, maar niet wist dat ik ziek was, heb ik vaak rigoureuze beslissingen genomen. Toen ik genezen was, kwam ik erachter dat ik die beslissingen onder invloed van die bacteriën genomen had.

Ik herkende dezelfde symptomen in het gedrag van Balkenende, vooral de radicale beslissingen die hij tijdens zijn ziekte in zijn kabinet heeft genomen:

I. Ik was ook bang voor de toekomst.
II. Ik dacht ook veel aan mijn pensioen.
III. Ik zette mijn omgeving onder druk om minder uit te geven.
IV. Normen en waarden waren krachtig teruggekeerd in mijn denkpatroon.
V. Arrogantie had de bovenhand genomen en ik luisterde naar niemand.

Afgelopen zaterdag demonstreerden er tweehonderdduizend mensen in Amsterdam tegen de rigoureuze beslissingen van Balkenende. Het was mooi, maar ze moeten nog even geduld hebben. Straks, als hij gezond en gelukkig het ziekenhuis verlaat, komt alles weer goed.

Turkije als laboratorium

Er zijn twee dingen die me uit mijn slaap houden, de dingen waar ik bang voor ben.

Het ene is een slang, als ik moe ben verschijnt er opeens een slang in mijn slaap. Dan weet ik dat ik mezelf geforceerd heb, dat ik de pen even moet laten liggen.

Het andere is Turkije, nooit zal ik in Turkije kunnen slapen, dat komt door de nachten die ik daar vroeger heb doorgebracht.

Toen ik mijn vaderland ontvluchtte, kwam ik in Turkije terecht, ik heb daar anderhalf jaar gewoond. Het was een nachtmerrie. Ooit zal ik er een boek over schrijven.

De Turkse politie is een van de verschrikkelijkste ter wereld: nazi's. De Europese toeristen kennen alleen de vriende-lijke, goedlachse Turkse politie aan het strand. Maar de ware aard van de Turkse agenten zul je zien tijdens een koude win-ter, als de politie je arresteert en ruikt dat je wat geld onder je kleren hebt.

Turkije lid van de Europese Unie? Vergeet het! Dat land is tot aan de wortels van zijn kiezen corrupt.

Turkije is niet alleen Istanboel. Turkije is analfabetisme, armoede, schending van de mensenrechten, onderdrukking van vrouwen. Turkije is onbetrouwbaar.

Vraag aan de Koerden wat Turkije betekent.

En in Turkije is een achterlijke islam alom aanwezig.

Turkse mannen en democratie? Turkse mannen en eman-cipatie? Turkse mannen zijn honderd keer erger dan Iraanse mannen. De Iraanse, de Afghaanse, de Pakistaanse en de Ira-kese mannen moeten als straf honderd jaar lang op blote voe-ten naar Mekka lopen voor het schenden van de rechten van hun vrouwen.

Nu is het genoeg.

Mag Turkije lid worden van de EU? Is het goed voor de Europese Unie om dat land als een gelijkwaardige partner op te nemen?

'Ja!' is mijn antwoord zonder twijfel.

En als ik het een cijfer mag geven, wordt het een vette 3.

Amerika wilde van Irak een democratie maken, maar het werd een nachtmerrie.

Turkije is het meest geschikte islamitische land om een modeldemocratie van te maken, maar de Turken moeten er nog jaren, als Japanners, hard voor werken.

Turkije is heel anders dan Iran, Afghanistan en de Arabi-sche landen.

Atatürk heeft iets fouts en tegelijkertijd iets goeds met het land gedaan. Hij beroofde de Turken van hun alfabet, zodat ze hun eigen geschriften niet meer konden lezen. Het werd een volk zonder identiteit. De knecht van de NAVO.

Maar die ontworteling komt nu goed te pas. Op zoek naar een identiteit zijn ze bereid om zware concessies te doen, iets wat voor de andere islamitische landen onmogelijk is.

Wat in Irak een mislukking werd, zal in Turkije een wonder zijn.

Turkije kan een mooi laboratorium worden waar de islam zonder angst voor fundamentalisten de democratie kan beoefenen.

De islamitische landen houden de experimenten van de Turkse islamitische regering nauwlettend in de gaten. Als het bij de Turken lukt, en ik ben ervan overtuigd dat het lukt, zullen ze hen volgen.

Het is niet zo bijzonder dat Tsjechië en Polen nu in de Europese Unie zitten, maar het is een gedurfde stap als Turkije toegelaten wordt.

Het is een verzoek van de geschiedenis en een gouden kans voor Europa. De Turken hebben de nodige capaciteit om als een volwaardig partner van Europa op te treden. Europa heeft geen keus meer, zonder Turkije zal het nooit meer rustig slapen.

Ik weet dat ik ooit op weg terug naar huis één nacht in Turkije zal slapen en ik weet dat het een mooie nacht zal worden.

Chaos

Nederland wordt steeds gezelliger en dat komt door de chaos. Ik kan niet uitleggen hoe, maar we zien dat de vaste regels, de afgebakende manier van doen, de calvinistische voorzichtigheid, de treinen die ooit op tijd reden, de afspraken die stipt op tijd plaatsvonden en de geest van de verzorgingsstaat allemaal langzaam om zeep geholpen worden. Er heerst chaos en dat hoeft niet per se negatief te zijn, het brengt zelfs leven in de brouwerij.

Vorige week had ik 's middags een lezing in Antwerpen, ik vertrouwde de spoorwegen niet, daarom pakte ik de auto en vertrok ruim op tijd. Het was een zonnige zaterdag, het was rustig op de weg. Ik reed vol gas om op een terrasje in Antwerpen nog een beetje van de zon te kunnen genieten. Maar opeens ontstond er een beangstigend lange file. Het verhaal is lang, ik zal het kort houden. Een paar uur later, toen ik eindelijk Antwerpen bereikte en naar het lokaal ging waar de lezing zou worden gehouden, was de zaal dicht, iedereen was weg.

Een oude Perzische wijsheid schoot me te binnen: 'Wees niet verdrietig. Misschien komt het zo beter uit. Je weet het nooit!' Precies! Dat is het motto van de chaeenos! Ik gaf me over en ging op een terrasje in de zon zitten.

Een paar dagen later had ik een andere lezing, deze keer in Vaals. Ik durfde niet weer de auto te pakken en nam de trein. Alles verliep perfect, maar opeens stopte de trein, uit het niets.

Tijd zat, dacht ik, geen paniek. Maar de trein wilde echt niet meer rijden. Twintig minuten lang bleven we onzeker zitten zonder dat we ook maar een enkele mededeling van de conducteur kregen. Uiteindelijk kwam de boodschap: 'Helaas weten we nog niet wat er aan de hand is.'

Iedereen was chagrijnig, iedereen belde met zijn mobiel, iedereen klaagde en het werd chaotisch in de coupé. Maar plotseling riep een vrouw: 'Zullen we bingo spelen?'

Er viel een stilte. Ze was boven de veertig en ze meende het echt. Ze haalde een bingoapparaat tevoorschijn en een stapel kaartjes.

'Iedereen mag gratis meedoen', kondigde ze aan. Sommigen reageerden achterdochtig, anderen lachten en weer anderen konden het niet bevatten. Het verhaal is lang, maar ik zal het kort houden. Het werd een onverwacht feest. Iedereen deed mee en de eerste prijs was een rode appel. 'Ik heb een betere prijs!' riep een vrouw. En ze haalde een reep chocolade uit haar tas tevoorschijn.

'Ik heb ook iets,' riep een man, 'een boek dat ik net heb uitgelezen.' Geloof me, hij gaf zijn boek zomaar weg en hij was nog wel een Nederlander.

'Ik heb een pot zelfgemaakte aardbeienjam uit mijn eigen tuin', kondigde een oude vrouw aan.

'Een sleutelhanger van mijn universiteit', liet een meisje ons lachend weten. De chaos drukte haar stempel. Vijf unieke prijzen en wij begonnen met bingo. De lezing, de ouders, de afspraak, de geliefde, de trein, de telefoontjes en de dag werden allemaal aan de kant gezet en iedereen gaf zich over aan het spel.

Het werd een mooie belevenis. Wie had kunnen verwachten dat de mensen in dit land in staat zouden zijn zo intens, zo lawaaiig, met hun hele lichaam te lachen.

Na een uurtje kwam de trein weer in beweging en moesten we een voor een uitstappen, helaas konden we het spel niet meer afmaken.

Gelukkig wachtte er op ieder station een warme zon op ons.

Afscheid

Arafat ligt op zijn sterfbed. Ik ben verdrietig vandaag. Voor de tweede keer maak ik de dood van mijn vader mee!

Een glaasje wijn zal niet helpen, ik moet een lange weg

kiezen om te gaan hardlopen, lang genoeg om afscheid van hem te kunnen nemen.

Een vredige reis, Arafat! Eindelijk rust.

Israël! Arafat ging. Nu heb je een bezet Palestina zonder Arafat! Wat wil je nog meer?!

Morgen wordt de vermoorde cineast Van Gogh gecremeerd.

Laten we een paar misverstanden uit de weg helpen voordat Van Gogh vertrekt.

Van Gogh had een heftige drang om met harde, ongepaste, beledigende woorden tegen de Nederlandse moslims te spreken. Hij noemde de Marokkanen, de Arabieren en de islamieten geitenneukers. Hij poepte met zijn woorden op de soera's van de Koran. En hij liet een scheet (met zijn mond) als hij de naam van Mohammad de profeet noemde, of hij stak zijn middelvinger op. Daardoor werd hij door niemand serieus genomen, wat hij deed was meer een spel.

Van Gogh was gek. Hijzelf beweerde dat altijd.

Hij etaleerde zichzelf als een varken.

Maar hij ging zo ver en kwetste iedereen zo diep dat plots zijn spel serieus werd genomen. Erg serieus zelfs!

Helaas liep hij in een valkuil! Bewust of onbewust leverde hij een flinke bijdrage aan de jihad van dit land.

Mijn handen trilden toen hij werd doodgeschoten, ze trilden door de geboorte van de jihadisten.

De minister van Vreemdelingenzaken en Integratie, de onnozele mevrouw Verdonk, verklaarde een oorlog op de Dam! Een grote oorlog tegen 'ze'.

Wij! Zij! Welke 'zij'? Verdonk?!

Ik gebruik deze harde woorden om de groei van het islamitische fundamentalisme tegen te werken.

De frustratie regeert bij de donkere Nederlanders! De handen trillen! Iedereen mag alles zeggen, behalve zij!

Minister-president Balkenende noemde Van Gogh een

grote voorvechter van de vrije meningsuiting. Blijkbaar heeft hij te vroeg het ziekbed verlaten.

Van Gogh had een psychische aandoening.

Hij had de democratie verkeerd begrepen. Hij vernederde niet alleen de moslims, hij spuugde ook op de joden!

Trek met alle kracht de moslimjihadisten met wortel en tak uit de grond. En laat geen millimeter ruimte over voor radicale gedachten in dit land.

Maar de moord op Van Gogh mag je niet met Osama bin Laden verbinden. Je mag op zoek gaan naar de wortels van deze moord in het buitenland, maar ik heb een schokkende mededeling. Ik merk, ik voel, dat het islamitische fundamentalisme op de middelbare scholen in Nederland aan het groeien is. Ik heb kleine jihadisten gezien. Velen van die moslimscholieren hebben nog geen noemenswaardige kennis van de islam, maar ze doen mee, ze zijn actief betrokken en ze spreken soms met een mond vol haat, zodat de ouders zelf schrikken van hun eigen kinderen.

Wie heeft de haat in hun kleine hart wakker gemaakt? Saoedi-Arabië?! De imams van de moskeeën?! Nee, ze hebben geen contact met de imams, wíj hebben het gedaan! En vooral de moslimhaters als Van Gogh.

De première van de film *Submission* was de première van de islamitische terreur in dit land.

Wat voor een film was *Submission*?

Onzin!

Een goedkoop filmpje!

Een gevaarlijke provocatie!

Een wraakactie!

En wat heeft hij bereikt met die film? Haat, de haat! En de jihad!

Van Gogh stak met die film een pistool onder de riem van Mohammed B.

Hij gaf hem een mes!

Morgen begint Van Gogh aan zijn reis! Zijn vrienden zullen vandaag hard lachen om het te vieren. Ik neurie een regel uit de Koran: Hij is licht. Licht boven licht …

Dit mooie land

Voorzichtig typ ik deze woorden om de stilte niet te verbreken. Voorzichtig kies ik mijn woorden om de stilte te bezweren. De rust is teruggekeerd en ik wil alles doen om hem zo lang mogelijk te bewaren. Geweld is niet nodig. Nederland is erg kwetsbaar voor agressie. Er is geen plaats voor tanks op de kruispunten van dit land, ook is er geen millimeter vrij voor een kogel.

Toch leg ik druk op de schouders van de mensen uit een islamitische cultuur. Heb geduld! We wonen in een prachtig land, en een beter land bestaat er niet voor ons. Daar moeten we ons meer dan ooit van bewust worden. Het is onze innerlijke plicht om van dit land te houden. Het is het beloofde land voor onze kinderen. Het is onze opdracht om alles op alles te zetten om de rust terug te geven aan het land.

Ik geloof met heel mijn hart in de woorden die ik net behoedzaam geschreven heb.

Pakistan is ver van ons huis, zelfs op een ander continent, maar we zien dat er mensen zijn die er moskeeën in brand zetten en kerken als doelwit gebruiken. Rusland, waar onlangs een paar honderd scholieren omkwamen, ligt duizenden kilometers van ons bed vandaan. Maar ook hier is er een school vernield door brandstichting. Ik hield mijn adem in bij de gedachte dat een islamiet een vergeldingsactie zou ondernemen. Gelukkig is de stilte terug, maar het is een kwetsbare stilte, daarom kies ik mijn woorden zorgvuldiger dan ooit.

Vorige week was een week van ontreddering in Nederland en een deel van de chaos werd veroorzaakt door het kabinet. Op zulke bepalende momenten is er een gewichtige leider nodig om de gemoederen te bedaren, maar minister Zalm reageerde net zo paniekerig als mijn buurvrouw. En Balkenende moest nodig een tabletje innemen om beheerst te kunnen reageren.

Minister Donner van Justitie is de meest stabiele en gezaghebbende figuur van het kabinet, maar ook hij was afwezig. Hij was de hele week bezig om een brief aan de kamer te schrijven, waarin hij uitlegde waarom die afschuwelijke moord had plaatsgevonden.

In deze barre tijden waarin er niet één gezaghebbende man in het land te vinden is, richten alle ogen zich op de koningin. Zij is feitelijk gezien de enige persoon die op dit moment het nodige verzoeningsgebaar kan geven.

Afgelopen vrijdag bezocht ze onverwachts moslimjongeren, het was mooi wat ze deed, maar het was niet genoeg. De hele tijd stond ze met haar rug naar de camera, en ze keek geen moment in de lens. Je hoorde haar stem niet, je hoorde geen woord van haar. Dat vond ik jammer.

Een paar jaar geleden, toen het water het land bedreigde, ging de koningin met haar rubberen laarzen in het water staan. Ze moet weer met laarzen aan op tv komen. Volgens mij zullen zelfs de terroristen naar haar luisteren. Ze moet zich tot iedereen richten en zeggen:

'Dit land is van u. Het maakt niet uit wie u bent, het land is voor iedereen die hier een dak boven zijn hoofd heeft. We hebben een kroonjuweel: de vrijheid van meningsuiting. Iedereen mag het opzetten. Praat met elkaar. Dit mooie land is een goddelijk geschenk voor u en uw kinderen.'

We hebben met z'n allen een donkere historische week

achter de rug. Het geweld zal niet gauw wijken, maar ik heb goed nieuws: Nederland zal sterker uit de beproeving komen. Het land wordt mooier dan ooit.

Godlastering!

Minister Donner van Justitie wil laten onderzoeken of het wetsartikel tegen godslastering strenger kan worden toegepast.

De actie van de minister vond ik een slimme zet. Het kwam op het juiste moment. Het was nodig, een moedige stap om de chaos te bezweren.

Ik heb sympathie voor de heer Donner, ik vind hem een bekwaam politicus die niet met de hysterie van de massa meegaat. Hij is kalm en denkt na.

Velen wilden niets van zijn voorstel horen, maar het gaf tenminste rust aan degenen die zich lange tijd beledigd hadden gevoeld en niet konden reageren.

Of ik het met het plan van de minister eens ben, is een andere kwestie. Zijn initiatief heeft een kalmerend effect, maar past niet meer bij het Nederland van nu.

Jezus mag hard bekritiseerd worden, en Allah ook. De fundamentalistische God moet een grote beurt krijgen, want er wordt te veel gereutemeteut in zijn achterkamertjes. Ook Allah moet leren met felle kritiek om te gaan.

De profeet Mohammad moet met harde woorden aangesproken kunnen worden, ook mag je de Koran uit de kast halen en weggooien als je daar behoefte aan hebt, maar je mag niet spugen op alles wat voor een ander dierbaar is. Er is geen evenwicht tussen de zware aanvallen van de massa en de lichte verdediging van de moslims in dit land. Ze worden verbaal gewurgd en zijn niet in staat zich te verdedigen.

We wonen niet meer in de jaren zestig, aan ons lot overgelaten in de polder met de koeien. We leven in een tijd waarin de Amerikaanse soldaten in Irak vechten en de Nederlandse mariniers hun met laarzen en geweren dekking geven.

Het internationale terrorisme loert op de jongeren die het niet meer kunnen volhouden, die het niet meer kunnen bijbenen in deze samenleving. De moord op Theo van Gogh was niet alleen een gebeurtenis in Amsterdam, zijn moord moet in een bredere context gezien worden: 'De oorlog in Irak.'

Waar is Maurice de Hond die altijd, overal een enquête over weet te houden? Maurice! Verzin een lijstje met vragen en houd een enquête onder de islamieten. En wees dan eerlijk en publiceer het resultaat. Het zou goed zijn voor de gezondheid van dit land.

Als ze gehoord kunnen worden, zal iemand als Mohammed B. nooit in handen van de terroristen vallen.

Mohammed B. kwam uit een goede, rustige familie, uit een huis waarin boeken werden gelezen. Hij was een beschaafde jonge man, was gevoelig voor poëzie en had talent om te schrijven. En hij zorgde voor rust in zijn wijk en maande de jongeren om hun mening te uiten. Waarom moest hij dan zo nodig zulk extreem geweld gebruiken?

Mohammed B. was niet gek. Zijn teksten verraden dat hij veel te vertellen heeft.

We wonen in een land waarin wordt beweerd dat alles mag, dat alles kan en dat alles moet kunnen. Mohammed B. moet dus zijn mening kunnen uiten. Ik denk dat hij de kans moet krijgen om te spreken. Zijn woorden kunnen een grote bijdrage leveren aan het wederzijds begrip in dit land.

Met deze column leg ik een brief op het bureau van de heer Donner:

Geachte minister! Geef me de gelegenheid om Mohammed B. te interviewen! Bij hem liggen nog veel ongesproken woorden. Zijn woorden zullen ons aan het denken zetten als ze gepubliceerd worden. Ik weet dat ik de gelegenheid niet zal krijgen, maar de vraag moest gesteld worden.

Hoogachtend,
Kader Abdolah

De stilte

Hirsi Ali is nu al bijna een maand ondergedoken, ik hoop dat ze gauw terugkeert naar haar werk. Het is genoeg geweest met de stilte, ze moet spreken.

Wilders is ook bedreigd met de dood, maar hij is aanwezig in de Kamer en haalt alleen maar meer zetels binnen voor zijn eenmanspartij.

Mevrouw Verdonk is ook bedreigd, maar ze gaat vrolijk met haar bodyguards van het ene praatprogramma naar het andere.

De naam van de burgemeester van Amsterdam stond ook op de lijst van de jihadisten, maar hij zet zijn werk gewoon voort.

Alleen Hirsi Ali blijft afwezig.

Toen haar stilte te lang duurde, dacht ik: Als ik me niet vergis, heeft ze een spreekverbod gekregen. En een spreekverbod betekent dat je niets mag zeggen. Dat je niets mag publiceren. En dat je je gezicht voorlopig niet mag laten zien.

Maar afgelopen vrijdag (26 november tijdens de algemene ledenvergadering van de vvd. Red.) meldde de ondergedoken Ayaan Hirsi Ali zich door middel van een open brief aan haar partij. Ze liet de liberalen weten dat ze zelfs 'nog strijdbaarder en sterker dan ooit' geworden is na de moord op Theo van Gogh.

Het is mooi dat ze sterker is geworden en niet van streek is.

Ze heeft in haar brief geschreven dat ze alles leest en dat ze bijna alles hoort.

Dat is ook mooi, een duidelijk teken dat ze goed en gezond is en nog altijd bereid om voor idealen te vechten.

Maar waarom dan die stilte? Waarom zwijgt ze als ze alles hoort? Juist nu is het de tijd dat ze niet moet zwijgen.

Ik denk dat de regering, de Kamer, de AIVD, kortom: de macht tot de conclusie is gekomen dat de harde koers van Hirsi Ali onherstelbare schade heeft toegebracht aan het land. Alleen dat verklaart de stilte.

Vergis ik me? Dat kan, maar dit is wat ik denk.

Een politicus moet nooit uit rancune in actie komen, het verstand moet in de politiek altijd de haat bedwingen. Ervaring bewijst dat zij niet in staat is om dat te doen.

Hirsi Ali is net zo fanatiek als een jihadist.

Ze opereert net zo radicaal als een fundamentalistische moslimjongen die een bom aan zichzelf bindt.

De wortels van Hirsi Ali's radicalisme liggen diep in de grond van het islamitische extremisme. Ik denk, ik vermoed, ik gis dat de macht tot dezelfde conclusie is gekomen. Vandaar de stilte.

De islamitische fundamentalisten kunnen nooit iets bereiken in hun eigen land, maar ze zijn wel in staat om het land een tijdje te ontwrichten.

Nu Hirsi Ali alles leest en bijna alles hoort, moet ze antwoord geven op deze simpele vraag: Wat heb je bereikt met je fanatisme?

Als ze zelf niet in staat is om daar een antwoord op te geven, kan de VVD misschien met een uitleg komen op de volgende simpele vragen:

I. Heeft de partij iets bereikt met de harde koers van Hirsi Ali of niet?

II. Wat denkt de partij over de werkwijze van Hirsi Ali? Heeft haar werkwijze gefaald of niet?

III.Heeft Hirsi Ali met haar harde acties een extra zetel voor de vvd binnen kunnen halen of niet?

Hirsi Ali heeft een brief gestuurd vanuit haar schuilplaats: 'Ik ben strijdbaarder dan ooit!'

Strijdbaarder dan ooit tegen wat? Strijdbaarder dan ooit tegen wie?

Ze moet met tekst en uitleg komen:

A. Wat ik gedaan heb, was helemaal correct. Of:

B. In mijn afwezigheid heb ik nagedacht. Het moet anders!

Ik wens haar geluk en gezondheid.

In de rozenhof

We zaten in een zaal aan de tafel waar de grote Palestijnse dichter Mahmoud Darwish zat. Er waren ook leden van de koninklijke familie. Het was tegen half zeven toen de prinsen en de prinsessen hun eten lieten staan en zachtjes één voor één de zaal verlieten.

Ze wisten het ook niet helemaal, maar hun aarzeling, hun zachte vertrek, was een weerklank van een ander aarzelend vertrek uit het paleis. Prins Bernhard, de vader van de koningin, verliet het huis, hij begon aan zijn reis. Gecondoleerd, koningin!

Niemand beter dan Mahmoud Darwish kan de reis beschrijven. Aarzelend vertaal ik:

Ik hou van reizen
naar een dorp waar
nooit mijn laatste avond
aan zijn cipressen hangt ...
Ik hou van de regenval
op de vrouwen in hoog gras
in de verte
Is het niet beter als we onze
leeftijd negeren
en wat langer naar de late nacht
turen waar de maan opkomt?

Als immigrant kom je altijd laat een land binnen, er is meestal al veel gebeurd in het verleden en je kampt met een grote achterstand.

Dat geldt ook voor mijn kennis van prins Bernhard. Ik
kende hem niet, ik ken hem nog altijd niet, maar zijn houding
ten opzichte van de dood vond ik hoogwaardig. Ik vond het
mooi hoe hij zo bedaard, zo beheerst met de dood omging.

De dood loert op ons allemaal, toch denken we dat we nog
tijd hebben. Maar de prins wist dat hij die tijd niet meer had
en dat de dood in de rozentuin van het paleis op hem wachtte. De verstandhouding van de prins met de dood was leerzaam. Leerzaam voor mij, en leerzaam voor hen die bang zijn
voor de dood. De prins was niet bang om te gaan.

Ik weet niet of hij religieuze opvattingen had, maar zijn benadering van de dood deed me sterk aan de Perzische meesters denken.

In dat opzicht was hij meer dan een nuchtere Hollander, of
een terughoudende Duitser. Hij benaderde de dood met oosterse humor. Iets wat je meer van een middeleeuwse geleerde
verwacht. Ik weet niet of hij ooit in aanraking was gekomen
met het soefisme, maar zijn woorden, of de korte briefjes die
hij aan zijn vrienden schreef en die hier en daar in de kranten

opdoken, verrieden de leer van de oosterse meesters. Het interview dat in zijn la klaarlag om na zijn dood gepubliceerd te worden, is er een voorbeeld van. Drieënnegentig jaar leven is niet van luttele betekenis. Als ik de tv geloof, heeft hij vaak fouten begaan. Dat kan, dat doen we allemaal, maar volgens mij heeft hij later genoeg tijd gehad om ook met de mystieke kant van het leven in contact te komen. De middeleeuwse meester Saadi schreef:

> Op de vroege morgen, toen de gedachte aan weggaan de neiging tot blijven overwon, zag ik hem de zoom van zijn kleed vullen met rozen, basilicum, hyacinten en geurige kruiden. Ik zei: Je weet, de bloemen blijven niet en het rozenhof komt zijn belofte niet na, en de wijzen hebben altijd gezegd: aan wat niet blijft moet je je niet hechten.

De prins is vertrokken en niemand beter dan Mahmoud Darwish kan de reis beschrijven. Een aarzelende poging om dit te vertalen:

> … En we lieten onze kinderjaren voor de vlinders achter
> wanneer we een paar druppels olijfolie
> op de trap achterlieten
> maar we vergaten overal
> de groeten te doen
> aan de muntbladeren …

Jouw naam

Binnen zes jaar moeten 240.000 allochtone vrouwen met een taalachterstand het inburgeringsexamen hebben gehaald. Dat bepleit de commissie Participatie van vrouwen uit etnische minderheidsgroepen in het advies Taal Totaal.

Het is een mooie doelstelling, misschien zal het niet lukken, maar het klinkt niet onbeduidend. Het is een haalbaar doel.

Maar vrouwen met een taalachterstand moeten niet op de commissie gaan zitten wachten. Ze hebben geen keus: de immigranten en vooral de immigrantenvrouwen die de taal nog niet spreken, moeten de Nederlandse taal leren.

Ik heb veel ervaring opgedaan met het leren van de Nederlandse taal en ik heb daarvoor een methode ontwikkeld. Zoals een belastingambtenaar zegt in een radiospot: 'Leuker kunnen we het niet maken, wel gemakkelijker!':

I. Een taal kun je niet alleen leren, zoek naar een vereniging en word er lid van. Ik was lid van een hardloopvereniging, maar ze liepen zo hard dat communicatie onmogelijk was. Kies dus geen hardloopvereniging, maar iets waar je kunt zitten en praten.

II. Vroeger praatte ik thuis opzettelijk in het Perzisch, ik wilde mijn taal aan mijn dochtertje leren. Later constateerde ik iets pijnlijks. Ik zat de hele dag achter mijn computer, ik las en ik schreef, maar ik merkte dat ik de hele dag met niemand sprak en daardoor ging mijn spreekvaardigheid achteruit. Ik gooide het roer om en besloot met mijn dochter Nederlands te praten en ik vroeg haar om mijn spreekfouten te corrigeren. Maar meisjes zijn kritisch, ik durfde mijn mond, bang voor een eventuele fout, niet meer te openen.

III. Twijfel nooit aan je kwaliteit als je kinderen je soms om je accent en foutjes belachelijk maken. Het accent is van jou, net als je ogen die van jou zijn, net als je handen die van jou zijn en dat is mooi.

IV. Word abonnee van een ochtendkrant (dat kan de commissie voor je regelen, ze hebben tot en met 2010 vijftig miljoen per jaar gevraagd). Pak de krant elke dag rond zeven uur op met een pen, een kladblok en de grote Van Dale en ga aan tafel zitten en probeer anderhalf uur achter elkaar te lezen.

V. In deze harde tijden, waarin meer dan zeventig procent van de Nederlanders de immigranten niet ziet staan, wordt het moeilijk voor je om je taal met een oorspronkelijke Nederlander te oefenen. Ga toch de deur uit en zoek contact, houd de eerste voorbijganger aan en vraag hem bijvoorbeeld naar een adres. Of ga naar de gemeente en vraag hoe je voor je broer een bruid uit het vaderland kunt halen (grap). Of ga naar de ouderavond en blijf tot het eind zitten en stel vragen. Als dat allemaal niet lukt, kun je altijd nog met jezelf praten.

VI. De Nederlandse taal is een lastige taal, het kost veel tijd en energie om haar onder de knie te krijgen. Je verliest vaak je zelfvertrouwen als je constant met de taal bezig bent. Maar er is veel krachtige poëzie gemaakt in deze taal. Vooral veel Nederlandse vrouwen hebben wereldgedichten geschreven. Wil je de taal leren? Leer een aantal van deze gedichten uit het hoofd. Begin met Neeltje Maria Mins *Mijn moeder is mijn naam vergeten*:

> Noem mij, bevestig mijn bestaan,
> Laat mijn naam zijn als een keten.
> Noem mij, noem mij, spreek mij aan,
> O, noem mij bij mijn diepste naam.
> Voor wie ik liefheb, wil ik heten.

Als je de Nederlandse taal leert, bevestig je je bestaan. En je wordt bij je diepste naam genoemd.

Mitra, zon en liefde

Mitraïsme is het antieke Perzische geloof waarin de zon als de schepper of het symbool van een hogere macht wordt geprezen.

Mitra (of Mehr) is de oudste naam van de zon. Mitra is ook de god van de liefde.

Een bekende Perzische liefdeszin luidt: 'Mehre to bar delam oftad: opeens begon ik van je te houden.' De zon zit in die liefdesverklaring.

In de prille cultuur van de Perzen en de Meden was het geloof in Mitra aanwezig. Later nam de profeet Zarathoestra de belangrijkste elementen van het mitraïsme over en verkondigde een nieuw geloof.

Toen de profeet Mohammad zijn missie openbaarde, vielen de moslims het Perzische vaderland binnen. Ze vernietigden alle heilige vuurhuizen en bouwden er moskeeën voor in de plaats.

Het mitraïsme waaide in de tijd van de Meden over naar Rome en kreeg daar een andere inhoud. Het bleef daar van kracht tot de komst van Jezus en de doorbraak van het christendom.

De nieuwe profeet, Jezus, pakte de kern van het mitraïsme en nam deze mee in zijn boodschap. (Wat ik vertel is een oude Perzische kijk op het verhaal van Jezus en is gebaseerd op bronnen als S. Shamisa, M. Bahar en de middeleeuwse dichter Ferdowsi)

In de oude teksten komt Jezus met Mehr (de zon) en Mitra (de liefde) samen en worden de geboortes van Isa (Jezus) en de zon samen genoemd: 'Isa is het nest van de zon.'

De Perzen vieren de kerstdagen niet, maar ze hebben een paar feesten die vlak voor en na de kerstdagen worden gevierd. Een van die mooie feesten heet Shabe Yalda: 'De Nacht van Yalda.'

Het is de langste nacht van het jaar en wordt op de laatste dag van het najaar en in de eerste winternacht gevierd. Yalda betekent: 'De geboorte.'

De Perzen en de Meden vierden (en vieren) de langste nacht, want ze zagen hoop in die langste nacht van het jaar, de duisternis kon niet langer duren, de volgende nacht werd korter en de komende nachten nog korter. De zon zou aan het einde van die lange nacht geboren worden.

In antieke Perzische teksten is Isa (Jezus) in de langste nacht geboren. Daarom werden in de poëzie van die tijd Isa en Yalda (de geboorte van de zon) in één adem genoemd. Er zijn een paar oude gedichten waarin Isa wordt aangeduid met Yalda.

Tijdens de lange Yalda-nacht komen Perzische families bij elkaar, er wordt gedanst en er worden nootjes, koekjes, snoepjes en vooral veel fruit gegeten. Bijna in alle Perzische woonkamers wordt er die nacht een schaal vol granaatappels op tafel gezet.

De granaatappel is het symbool van de zon (Mehr) en ook van de liefde (Mitra).

In oude literaire teksten werd de kleur van de zon als rood beschreven, en de zon werd als het rode goud gezien. Daarom werden de rode kleine robijntjes in de granaatappel als stukjes zon gezien die liefelijk gebundeld tegen elkaar liggen onder de rode sluierschil van het fruit.

De bruidegom geeft een granaatappel (Mitra) aan zijn bruid en tijdens het herdenken van de geboorte van Jezus in die koude decembernacht eten we met z'n allen gelukkig een granaatappel.

Mitra (de zon) begeleidde altijd de oude Perzische koningen, daarom droegen ze altijd een kroon van Mitra op hun hoofd. Tijdens de kruisiging draagt Jezus een doornenkroon op zijn hoofd. Hij draagt als het ware de zon op zijn hoofd.

Veel licht tijdens uw decemberfeesten.

De oceaan

Ik was in Zweden toen ik het nieuws hoorde. Ik had niet verwacht dat er zo veel slachtoffers zouden vallen, want thuis hoorden we vroeger vaak over aardbevingen in zee. We voelden slechts de lichte trillingen van de muren, hoorden de theeglazen in de kasten wiebelen en het piepen van de balken in het plafond.

Later die dag kreeg ik een haastige e-mail van een vriend uit Indonesië: 'De schade is enorm! Duizenden doden! Maar wij zijn ongedeerd gebleven!'

Tot op dat moment gingen mijn gedachten uit naar Indonesië, maar toen werd in het Zweedse nieuws Thailand naar voren gehaald.

Thailand is het vakantieoord van de Zweden gedurende de koude, lange winters. Voor de kerstvakantie waren er meer dan 35.000 Zweden naar de zonnige stranden van Thailand gevlogen.

De avondkranten waren bezaaid met foto's van gewonde Zweden, huilende moeders die hun kinderen niet konden vinden en van een verbijsterde Zweedse man wiens vrouw door de oceaan was meegenomen.

's Avonds zaten bijna alle Zweden voor de buis, er werden gruwelijke beelden vertoond. Duizenden lijken die door de golven op het strand werden gespoeld.

Er waren 3500 Zweden vermist. Het land was in shock. De catastrofe die nog altijd een fictief karakter had, kreeg een duidelijke vorm in de ochtendbladen, er werden tientallen foto's van dode Zweden gepubliceerd. De koning sprak op tv en hoewel hij geen harde cijfers had, condoleerde hij het volk met de ramp en nam stilte in acht voor hen die omgekomen waren. De minister-president was de eerste die aarzelend met een aantal kwam. Minstens duizend Zweden gedood.

Op de laatste dag van het jaar werden honderden gewonden per vliegtuig naar huis gebracht. Over de bagageband bewoog zich een lange rij merkwaardige aluminiumkoffers die de aandacht van de kijkers trok. Het waren de koffers waarin de spullen van de vermiste Zweden waren gepakt.

Al het personeel van de ziekenhuizen stond paraat, zelfs op de afdeling waar normaal hartpatiënten werden behandeld, stonden nu vele bedden voor de slachtoffers klaar. Ik praatte met een verpleegster: 'Velen die daar aan het surfen waren, hebben hun benen gebroken. Een oude man die zijn enkel gebroken heeft, had zijn vrouw, zijn kinderen, zijn kleinkinderen, zijn schoonzonen en schoondochters allemaal mee naar Thailand genomen om zijn zeventigste verjaardag te vieren, maar de zee heeft hen allemaal van hem afgepakt. Hij kan niet meer slapen van schuldgevoel.'

Ik ben nog altijd in Zweden, de zeebeving die zo ver van mij vandaan was, is nu zo dichtbij. Het nieuwjaarsfeest werd gedempt en de vlaggen gingen halfstok. De eerste dag van het nieuwe jaar werd tot nationale rouwdag verklaard en de minister-president zei: 'Nog nooit was het voor ons zo moeilijk een stap in het nieuwe jaar te zetten.'

De kranten meldden dat als het aantal vermisten niet zou dalen, de zeebeving de grootste tragedie van de geschiedenis van Zweden zou worden. Iedereen plaatste aarzelend kaarsen voor de ramen. Iedereen twijfelde of hij de fles champagne op tafel moest zetten of niet.

Toch toonde het leven, op het moment dat het nieuwe jaar begon, zich met veel kracht eventjes boven Stockholm. Met

veel kabaal en veel licht. Ik zag mensen met een glaasje champagne in hun hand naar buiten lopen om elkaar te troosten.

Een half uurtje later gingen ze naar binnen, en viel er een
stilte.

Het jaar 2004 was een slecht jaar.

Een voorspoedig 2005.

Met Abu Mazen

Mahmoud Abbas, de nieuwe Palestijnse leider, heeft in Egypte de handen van Sharon gedrukt.

En Ariel Sharon, de premier van Israël, heeft de handen
van Mahmoud Abbas gedrukt.

Wiens handen kon ik drukken?

Ik, die ver van het vuur zat, die niets kon doen. Ik, die
altijd tijdens mijn wandelingen langs de grachten een steen
pakte en in mijn broekzak stopte voor Sharon.

Abbas gaat vrede stichten met Sharon. De grote Palestijnse
dichter Darwish dicht:

We gingen naar de schepen.
De smaragdglans van onze
olijfboom hield ons gezelschap ...
We zongen: Straks gaan wij
naar huis ...
Als de schepen hun lading lossen!

Sharon lachte, Abbas lachte en ik zocht niet meer naar een
steen, maar keek naar de grote vrachtschepen die volgeladen uit de Rotterdamse haven richting Den Haag gingen en
zong zachtjes:

Groet ons huis, vreemdeling,
onze koffiekoppen
staan er nog!

's Avonds werden twee Palestijnen door de Israëliërs gedood en Hamas opende uit wraak het vuur op de Joodse kolonisten.

Het leger van Israël heeft een agressief karakter, het kan niet aan vrede denken. Maar Hamas? Jij? Stop met het geweld!

Zelfs als het leger van Israël nu, in deze gevoelige tijd, nog tientallen Palestijnen doodt, moet jij, Palestijn, geduld tonen. Haal je kogels uit je geweer en geef ze aan je moeder om ze voor je te bewaren, nu Abu Mazen met Sharon over vrede spreekt.

Het gaat nu niet meer over Israël, het gaat over Palestina en een droom.

Het is onmogelijk op voet van gelijkheid met Israël over de vrede te spreken, maar met Abbas kan toch nog een deel van de droom worden waargemaakt.

Buig je hoofd niet, Palestijn! Maar je moet dezer dagen met gebogen hoofd een stukje gaan wandelen en nadenken. De tijden van de intifada zijn voorbij, nu is er een andere tactiek nodig: de wapens in de kelder zetten, de zakken met stenen legen en met miljoenen achter Abu Mazen gaan staan.

Een absolute vrede is nog lang niet realiseerbaar, de tijd is er nog niet rijp voor. Maar deze fragiele stilte, dit voorlopige kwetsbare bestaan is ook geweldig, want voorlopige vrede heeft dezelfde chemie en materie als absolute vrede.

Er is nog geen fundering voor hoop, maar een klein beetje hoop is ook mooi.

Hou vast aan je droom, Palestijn! Het is je plicht. Op een nacht zal Harem Alsharif als een magisch juweel in de Palestijnse hoofdstad schitteren. Het is de wet van de grote dromen: ze zijn bereikbaar.

Verder dit:

Mahmoud Abbas is een frisse wind in de Palestijnse politiek, hij draagt de geschiedenis van het Midden-Oosten van de afgelopen vijftig jaar op zijn schouders. De Palestijnse, Arabische en islamitische wereld konden zich geen betere leider voor de vredesbesprekingen wensen. Hij is de meest pacifistische figuur met gezag in het Palestijnse machtsstelsel en hij wordt door iedereen geaccepteerd. Er zit geen smet op zijn politieke achtergrond en hij is vrij van alles waar de vijand Yasser Arafat van beschuldigde. Nu is de beurt aan Israël en straks zal duidelijk worden of Sharon vrede wil of niet.

En nog iets anders:

Hamas mag geen alibi zijn voor Israël om de vredesbesprekingen stop te zetten, zelfs niet als Hamas schiet. Alleen een machtige Abbas die uit de vredesbesprekingen komt, kan Hamas of wie dan ook onder controle krijgen.

Er is nog hoop, veel hoop, zolang de schepen volgeladen uit de Rotterdamse haven komen.

De kerncentrale

Wat moet ik met Iran?

Mijn mooie land. Mijn vervloekte land!

Het land waar ik bij hoor.

Wat moet ik doen als die hoge bergen en die mysterieuze nachten zo ver van mij vandaan zijn?

Wat moet ik met die ayatollahs als ze het over atomen en elektronen hebben en George W. Bush met een mond vol geweld spreekt.

Ik wilde er vaak over schrijven, maar toch zag ik er van af.

Want het is een gevoelig onderwerp voor mij. De vraag is:

welke positie moet ik innemen als ik over het kernprogramma van het vaderland schrijf, terwijl ik zelf het huis verlaten heb?

Zijn de ayatollahs daadwerkelijk bezig met het ontwikkelen van nucleaire wapens?

Mijn antwoord is: ja. Als ze de kans gekregen hadden, hadden ze ze gemaakt. En als ze de kans krijgen, zullen ze het onmiddellijk doen.

Hebben ze de nodige wetenschap en techniek in huis om zulke wapens te maken?

De nodige kennis hadden we in de tijd van de sjah al in ons bezit.

Ik moet goed opletten wat ik zeg, anders loop ik in een val, en krijg ik het stempel van verrader op mijn voorhoofd gedrukt.

Dus eerst dit:

Een nucleair wapen ontwikkelen is iets anders dan een kernprogramma voor vreedzame doeleinden.

Het is het legale recht van de Iraniërs te beschikken over een kerncentrale als ze dat willen, ze mogen zelf weten hoe ze hun huizen verwarmen. Gebaseerd op internationale afspraken, ligt de beslissing over wat ze met hun uranium willen doen bij hen.

Nu kan ik het volgende zeggen: ik wil niet dat de ayatollahs de resten van het verrijkte uranium in handen krijgen. De Koran, het atoom, het elektron en de ayatollahs zijn niet verenigbaar.

Twee jaar geleden hebben de ayatollahs de Shahab-3 ontwikkeld! Een ballistische raket die gemakkelijk een doel op een afstand van vijftienhonderd kilometer kan bereiken. Dat mag! Het is hun plicht het land te verdedigen, maar als ze in bezit komen van het verrijkte uranium, zullen ze het meteen in de raketkoppen stoppen. Dat mag nooit gebeuren, want dan komen we nooit van ze af.

Er is een gezegde: je moet een ayatollah nooit op de rug

van een ezel helpen want als hij daar eenmaal zit, zal hij niet meer afstappen totdat het beest dood is.

De nucleaire raketten zullen dan hun ezel zijn.

Iran is een van de rijkste olielanden ter wereld, behalve olie liggen er oceanen van aardgas in de bodem van mijn mooie vaderland. Onze aardgasvoorraad is groot genoeg om de Iraanse huizen de komende vijfhonderd jaar van energie te voorzien. De afgelopen weken werd het onverwachts ontzettend koud in Iran en het begon onophoudelijk te sneeuwen, in sommige provincies lag meer dan een meter sneeuw op de straten. Honderden mensen kwamen om van de kou, alleen omdat ze geen gas of olie hadden om hun huizen te kunnen verwarmen.

We hebben zó veel aardgas in het vaderland, maar de bewoners van Teheran gingen de afgelopen week met dikke kleren aan naar bed, omdat de nationale gascentrale leegstond. Dit kwam door de slordige ayatollahs, die alles aan Allah overlaten.

Het is onverantwoord de sleutel van een kerncentrale aan hen te geven. Een kerncentrale hoort bij een democratisch land. In een dictatuur zal de macht de bewoners van het land met dit wapen in gijzeling nemen. De Iraanse bevolking moet nog even geduld hebben, de ayatollahs zijn toch niet van ons.

De Iraniërs en Bush

De Amerikaanse president Bush was afgelopen week in Europa, en zijn belangrijkste gespreksonderwerp was Iran. Irak hoort nu definitief tot het verleden. Maar wat wil Bush eigenlijk met Iran?

Alle Amerikaanse presidenten waren op een of andere manier wel betrokken bij Iran en dat kan ook bijna niet anders, want het land ligt op een strategische plek op de aardbol. Iran heeft een diepgewortelde vriendschap met Europa en nauwe contacten met de Arabische wereld, het is een vriend van het Palestijnse volk en een vijand van Israël. Iran heeft grenzen met Afghanistan, Pakistan, Irak en Turkije, deelt geheimen met Syrië en heeft een gefundeerde relatie met Moskou. Het land heeft een van de grootste gas- en olievoorraden van de wereld.

Het conflict tussen Iran en Amerika begon eind jaren vijftig. Amerika was een wereldmacht geworden en wilde Iran als militaire basis gebruiken, omdat het land over een lengte van tweeduizend kilometer grenst aan de voormalige Sovjet-Unie. Maar Amerika kon Iran niet krijgen, want Iran was een jonge zelfstandige democratie en de Iraniërs hadden net Mosadeq als premier gekozen. Mosadeq was de nationale held die de Britse heerschappij over de olievelden had beëindigd en de oliemaatschappijen had genationaliseerd.

De Iraniërs waren trots op hun democratie en trots op Mosadeq, ze vierden het grootste feest uit hun geschiedenis sinds de tijd van de Meden en de Perzen. 's Avonds, tijdens het feest, besprak een CIA-agent een staatsgreep met de jonge sjah. Moskou ontdekte het verraad en lichtte Mosadeq in. De pro-Amerikaanse officieren achter de staatsgreep werden gearresteerd. De sjah kon nog net per helikopter vluchten naar Amerika.

De Amerikanen werden ongeduldig, twee dagen later stonden er tanks op alle belangrijke kruispunten in Teheran, het parlement werd bezet en Mosadeq gearresteerd. Vervolgens stuurden ze honderden bandieten en hoeren met portretten van de sjah de straat op. Amerika bracht de sjah terug en Mosadeq kreeg tot zijn dood huisarrest. Gedurende 35 jaar kocht de sjah voor miljarden dollars wapens van Amerika.

In 1977 kwamen de Iraniërs in opstand tegen de sjah en de Amerikaanse invloeden, de sjah werd het land uit gezet en ayatollah Khomeini greep de macht. Amerika legde de hand op de miljarden dollars staatsgeld dat op zijn banken stond. Iraanse studenten drongen de Amerikaanse ambassade binnen en hielden de medewerkers 444 dagen lang gegijzeld.

Kort daarna viel Saddam Hoessein, met directe steun van Amerika, Iran binnen en bezette alle Iraanse olievelden. Tijdens de acht jaar durende oorlog die hierop volgde, hield Amerika met zijn spionagevliegtuigen de bewegingen van het Iraanse leger nauwkeurig in de gaten en gaf de details door aan Saddam. Hij gebruikte chemische wapens en er kwamen alleen al aan Iraanse kant drie miljoen soldaten om. Khomeini bleef vechten tot de laatste kogel die de sjah van Amerika gekocht had. Daarna kwam het tot een bestand tussen Irak en Iran.

Onlangs viel Amerika Irak binnen om daar een democratie te stichten. Saddam dook onder en werd later als een dwaze met een lange baard gearresteerd. President Bush was de afgelopen week in Europa en hij had het bijna alleen maar over Iran. Hij wil de Iraniërs een democratie geven. Maar zover ik weet hebben de Iraniërs de democratie van Bush niet nodig.

Die zullen ze zelf stichten – als Amerika het toelaat.

Donor

Het was zover, ik moest antwoord geven op de vraag. Wilde ik donor worden?

Ik had er nooit zo bij stilgestaan en wist niet of ik het echt wilde of niet. Mijn hoofd had de vraag altijd argeloos opzijgeschoven.

Een paar jaar geleden ontving ik een envelop met een donorformulier met de post. Ik maakte de envelop niet open, maar ik gooide hem ook niet weg, ik liet hem lange tijd liggen waar hij lag totdat het vanzelf verdween.

Dit keer heb ik, hebben wij, het formulier niet meer via de post, maar via de tv binnengekregen. Wil ik een deel van mijn lichaam afstaan als ik gestorven ben?

Mijn eerste reactie was: 'Ik doe het niet. Het past niet bij de natuur, het past niet bij de oude tradities en er is geen enkele cultuur waar het vanzelfsprekend is.'

Wat de natuur aan je geeft, is van jou. Je bent zwak of sterk, dom of slim, getalenteerd of zwakzinnig, het maakt niet uit, je bent wat je bent en je hebt gekregen wat je gekregen hebt.

Het is je plicht zorgvuldig met je lichaam om te gaan en er goed gebruik van te maken tot het moment dat je weer tot de natuur terugkeert.

Zou ik een orgaan van een ander aanvaarden? Nee! Ik wist zeker dat ik geen orgaan van een ander in mijn lichaam wilde.

Maar waarom kon ik niets van mijn lichaam weggeven? Mijn lichaam is van mij, maar mijn dode lichaam is niet meer van mij. Mijn familie, mijn vader en mijn moeder hebben er recht op.

Wil ik een van mijn benen ten behoeve van de wetenschap weggeven als ik gestorven ben? Ik heb grote bewondering voor hen die het doen, maar ik zou het nooit kunnen.

Ik heb zo veel meegemaakt met die benen dat ik ze nooit zal weggeven als ik doodga. Ik was jong en verliefd en zij woonde dertig kilometer verderop, ik kon de dorpsbus nemen, maar ik deed het niet. Ik ging te voet om onderweg aan haar te kunnen denken. De oude blaren van toen heb ik nog altijd op mijn tenen, ik geef ze niet weg.

Wil ik mijn handen weggeven? Ik heb ze altijd zorgvuldig

bewaard. In de toppen van mijn vingers zitten veel herinneringen verborgen aan hen die ik heb liefgehad. Ik geef ze niet weg. Mijn ogen dan? Nee. Mijn hart? Het is verraad als ik het weggeef op het moment dat ik heenga. Mijn hersenen?

Ik breng mezelf in verlegenheid met zulke vragen. Wat een ongepaste arrogantie, sorry, maar ik kan het verleden en vooral de herinneringen aan ons huis, aan mijn dierbaren, aan de straatjes van toen en alles wat ik in dit land heb meegemaakt niet weggeven.

Geen schepsel van de natuur geeft zijn organen aan een ander, dat doet een kraai niet, een walvis niet, een boom niet, een haan niet en ik ook niet.

Ik dacht nog dieper na. Ik ben geen kraai, ook geen walvis. Een kraai kan nooit naar Mars gaan en zal nooit kunnen begrijpen dat er een oceaan van ijs op Mars ligt, maar ik wel. Geen schepsel van de natuur is in staat een deel van zijn lichaam af te staan, maar de mens wel.

Ik neem afstand van mijn eerste reactie. Met respect schenk ik mijn linkernier aan iemand die het nodig heeft, als ik vandaag plotseling door een ongeluk doodga.

Hij lust ze rauw

Ik vond Geert Wilders altijd niets, maar ik ben van mening veranderd.

Afgelopen week las ik een aantal interviews met hem en dat heeft mijn kijk op hem veranderd.

Hij heeft geen charisma en een kunstmatig hoofd, maar hij heeft een machtige eigenschap die als een bulldozer werkt: zijn taalgebruik.

Hij kent de waarde van de woorden en er schuilt een historisch besef achter zijn woordkeuzes. Hij heeft een mooie verbeeldingskracht.

Het was niet voor niets dat hij zijn echte carrière bij Bolkestein begon, hij schreef speeches voor hem. Al die pakkende woorden van Bolkestein die in onze herinneringen gegrift staan, zijn niet van hemzelf, maar van Geert Wilders.

Als hij het charisma van Bolkestein had, zou hij ongetwijfeld de macht grijpen en de volgende minister-president worden, maar zijn geblondeerde hoofd ligt als een obstakel op zijn weg naar de macht.

Ik mag hem sinds vorige week, nadat ik zijn interviews en teksten bestudeerd heb.

En ik meen het, ik kan met hem een glaasje bier drinken, maar geen wijn, ik drink niet met iedereen wijn.

Wat betreft de sluiers van de moslimvrouwen heeft hij een historische zin gemaakt: 'Ik lust ze rauw.'

Het is een zin van hoge kwaliteit. Hij staat als een huis.

Op het eerste gezicht besef je niet dat hij er diep over nagedacht heeft, maar denk je dat het een toevallige uitspraak is die zo uit zijn mond gevallen is. Vergis je echter niet, hij heeft tijd in dat korte zinnetje gestopt: 'Ik lust ze rauw!'

Het raakt je meteen. En het blijft hangen.

Ik pak de dikke Van Dale.

Rauw: bn. bw. (-er, -st) 1. (van vlees, met name als spijs) zoals het van geslachte dieren gesneden is, niet toebereid: rauwe biefstuk.

– (zegsw.) iem. rauw lusten, lust hebben om hem (of haar) een pak slaag te geven.

Ik lust 'm rauw; iem. niet lusten, niets van hem willen weten.

Er schuilt een sterke historische achtergrond in het woord. Hoewel er niets over vuur of een oven gezegd wordt in zijn zin, ruik ik toch verbrand vlees. Het is de kracht van Geert Wilders. Extra uitleg is niet nodig.

Wat betekent lusten?

Ik zoek verder in de Van Dale:

Lekker vinden.
Zin in hebben.
Wel willen eten.
Houden van.
Plezier in hebben.

Geert lust ze. Wat lust hij? Hij lust ze rauw.

Met 'ze' bedoelt hij de hoofddoekjes, maar het woord 'rauw' verandert alles. Rauw heeft een menselijk karakter gekregen, daardoor verwijst 'ze' niet meer naar de hoofddoekjes, maar naar de moslimvrouwen.

Hij lust ze. Hij heeft zin in ze. Hij wil ze wel rauw eten, maar hij krijgt ze niet. Hij krijgt ze nooit.

Ik heb een beetje ervaring met gesluierde vrouwen, ze geven zich nooit aan een vals geblondeerde.

Geert Wilders dicht volgens mij en legt gegarandeerd zijn dichtbundeltje onder zijn kussen als hij slaapt. Ik grijp het niet uit de lucht, ik zie fragmenten van zijn gedichten in zijn teksten. Hier een voorbeeld:

Grijze muizen van Den Haag
die in hun holletjes kruipen.
Hoe vaak moet ik het zeggen
het parlement moet zich bezighouden
met wezenlijke zaken.
Nu worden debatten gehouden
over de kleur van de paprika.
(Geert Wilders)

Men mag hem belachelijk vinden, maar Geert Wilders is niet belachelijk.

Hij maakt krachtige zinnen, maar zijn zinnen zijn niet voor deze tijd.

Hij past niet bij de Nederlandse democratie.

Hij past niet bij het Nederlandse parlement.

Paul de Leeuw durft niet

Voel het heel vaak als jij opstaat
of na een zomerse bui
ik word al week bij de gedachte
jij die loopt in m'n lievelingstrui
't is mijn hand die jij plots vastpakt
als ik domweg naast je fiets
't komt ook, dat is nou het gekke,
zelfs door helemaal niets
'k heb je lief
(Paul de Leeuw, 'Ik heb je lief')

Ik kijk tv, misschien meer dan alle Nederlandse schrijvers samen, want wie zijn schrijftaal op latere leeftijd verandert, moet vaak naar de televisie kijken.

Ik kijk naar Paul de Leeuw. Paul de Leeuw is een ware komiek. Een waardig homo, vader en mens. Tijdens de boekenweek nodigt hij een vrouw, een volkomen onbekende schrijfster, uit het donker van het leven uit in zijn show. Een kleine vrouw die bijna geen handen heeft, maar toch boeken schrijft. Paul: 'Schrijf je met je neus misschien?!' Op zulke momenten is hij een komiek van groot menselijk formaat.

Heeft hij een zangeres voor zijn verjaardag nodig, dan weet

hij een buitengewoon exemplaar te vinden, een gehandicapte die niemand op zijn verjaardag wil hebben. Maar hij trekt haar naar voren. Zo houdt hij je een spiegel voor. Hij etaleert de eenzaamheid van de mens, als hij de rol van een dikke eenzame vrouw speelt. Ze is jarig, maar er komt niemand bij haar langs, ze viert haar verjaardag alleen met haar hond.

Vorige week was hij zelf jarig, hij kleedde zich uit om zijn naakte zware lijf te laten zien, hij toonde ons zijn overtollig vet, iets wat iedereen gewoonlijk verbergt.

Hij overschrijdt de grens van de schaamte. En je overschrijdt met hem de grens van je eigen schaamte. Hij kleedt het leven uit en dat is mooi.

Nederland is grondig veranderd het afgelopen decennium, maar Paul de Leeuw niet. Rotterdam was ooit blank, maar de stad is nu donker geworden. Den Haag was ooit blank, maar is nu helemaal donker geworden. De shows van Paul de Leeuw zijn wit gebleven. De thema's die hij aansnijdt zijn uit de jaren tachtig, toen Nederland nog een oase van rust was.

Paul de Leeuw durft de gevoelige maatschappelijke kwesties niet vaak aan de kaak te stellen, hij is bang voor dalende kijkcijfers. Een islamitische school is laatst twee keer in brand gestoken. Iemand als Paul, die bijna elke avond met vijfhonderd mensen op tv is, kan (of moet haast) een keertje alle leerlingen van die school in een van zijn shows uitnodigen.

Als hij het noodzakelijk vindt om zijn eigen blote buik en billen aan ons te laten zien, kan hij ook die islamitische leerlingen vragen om hun schoenen en sokken uit te doen om hun blote voeten aan ons te laten zien.

Hij kan de vermoedelijke brandstichters uitnodigen, de jongens die leuzen roepen in Uden. Hij kan ze vragen hun handpalmen voor de camera te laten zien. Alleen dat.

Hij gaat vermomd als vrouw onder een tafel zitten om een viezerd te pijpen, om haar eenzaamheid te laten zien. Hij kan vijfhonderd van de 26.000 uitgeprocedeerde asielzoekers die zeven, acht, negen, tien, elf, twaalf of dertien jaar lang in een centrum op een verblijfsvergunning hebben gewacht, uitnodigen om hún eenzaamheid te tonen.

Hij doet het niet, hij durft niet, hij is bang.

Paus Johannes Paulus de tweede is heengegaan, de paus die door Paul de Leeuw is geïmiteerd zal voorgoed in onze herinneringen blijven.

Babel

Afgelopen week ging ik speciaal voor de verkiezingen van Irak naar de bioscoop om Alexander de Grote te bewonderen. Er zitten mooie momenten in de film, een van de mooiste is een animatie van Babylon, toen het nog het centrum van macht en glorie was.

De scène is natuurlijk een Hollywoodcreatie. Toch is hij indrukwekkend, de oude mysterieuze stad zag er in de verte uit als New York met die hoge torens in zijn skyline.

De volgende dag ging ik naar Zwolle, waar in Nederland verblijvende Irakezen zich konden aanmelden om te stemmen. Er stonden tientallen agenten voor de locatie, maar er kwamen slechts af en toe een paar Irakezen opdagen. Ik wilde graag een kijkje nemen en de registratiepapieren, de stembiljetten zien, maar dat mocht niet, ik moest een Irakees zijn.

Opeens kwam er een bus vol Irakezen aanrijden en het werd druk. Onverwacht zag ik een Irakese asielzoeker, een vriend van me, uit de bus stappen. Hij is een soenniet, doet niet aan de verkiezingen mee en wilde alleen komen kijken. Ik leende zijn asielzoekerskaartje en ging in de rij staan. Blijkbaar lijken Irakezen en Perzen op elkaar. Mooi om in die rij te staan, maar pijnlijk om als Irakees naar de papieren te kijken.

's Avonds dacht ik aan Irak, aan de Irakezen, wilde weten waarom het mysterieuze Babel te gronde ging en waarom Irak niet overeind kon komen. Ik pakte de Bijbel, Genesis 11.

De makers van Babylon waren eigenlijk te ver gegaan, ze daagden zelfs God uit voor de eeuwigheid te blijven. Ze wilden zulke grote torens maken dat niets ze kapot kon krijgen.

En de Heere hoorde alles: 'Ziet, zij zijn enerlei volk, en hebben allen enerlei spraak; en dit is het, dat zij beginnen te maken; maar nu, zoude hun niet afgesneden worden al wat zij bedacht hebben te maken? Kom aan, laat Ons nedervaren, en laat Ons hun spraak aldaar verwarren, opdat een iegelijk de spraak zijns naasten niet hore.'

Babylon werd verwoest.

Nu rijden er Amerikaanse tanks over de ruïnes van Babylon. Zelfs als er stenen uit de hemel vallen, zullen de Amerikanen op 30 januari de verkiezingen in Irak houden. Het moet!

Het is oké, maar waarom moeten deze verkiezingen nadrukkelijk in deze chaotische tijd gehouden worden, terwijl iedereen weet dat het de situatie zelfs zal verslechteren. Waarom moet dit nu?

Straks krijgen de sjiieten en de Koerden een zogenaamde legitieme meerderheid in het parlement en mogen ze belangrijke beslissingen over Irak nemen. En de soennieten dan?

Er heerst een enorme taalverwarring in Irak, de mensen begrijpen de taal van hun naasten niet meer. De Amerikanen verstaan vooral de soennieten niet.

Als je de teksten van de toonaangevende Amerikaanse columnisten goed leest, lees je dat Amerika de soennieten niet meer wil hebben. Op 30 januari wordt eigenlijk het soennitische deel van het land officieel afgesneden van de rest van de bevolking.

Amerika heeft besloten een punt achter Irak te zetten, de

verkiezingen zijn een argument voor Amerika om zijn soldaten naar huis te halen.

Het wordt niets met Irak. Het Oude Testament: 'Daarom noemde men haren naam Babel; want aldaar verwarde de Heere de spraak der gansche aarde, en van daar verstrooide hen de Heere over de gansche aarde.'

En wat de Heere kapot heeft gemaakt, kan Bush niet goed maken.

Auschwitz

Met het gefluit van een locomotief in de verte, keken we allemaal terug naar het jaar 1945.

Ik zocht altijd naar een gelegenheid over Auschwitz te schrijven, maar vond haar niet. Ik wist niet waar ik het over kon hebben, want de gegevens die ik had, waren niet van mij, ik had een fictief beeld in mijn hoofd, dat ik door films had vergaard.

Auschwitz stond ver van ons vandaan en omdat we er niet bij betrokken waren, hadden we er ook niets over te zeggen.

Nu zie ik het anders.

Reza Khan was de vader van de sjah van Perzië. Hij was een ambitieuze man en had grote dromen voor het land: nationale spoorwegen die van de Perzische Golf tot aan de grenzen van de Sovjet-Unie reikten, een nationaal radiostation, een universiteit voor Teheran, de vrouwen bevrijden van de chador, het stichten van de eerste nationale olieraffinaderij, vechten met de ayatollahs om de moskee en de staat gescheiden te krijgen. En Hitler zag alles en hij stuurde in het geheim Goebbels naar Iran met een vertrouwelijke boodschap voor Reza Khan: 'Wij zijn Ariërs, de Duitsers zijn Ariërs, maar de Iraniërs zelfs nog meer. Reza Khan en Hitler zijn gebroeders.' De Iraanse politici waren trots dat ze broeders waren van Hitler en Goebbels, ze wisten nog niets van Hitlers duivelse plannen voor de Iraanse spoorwegen, waarmee hij tot aan de rug van Rusland kon rijden.

De relatie tussen Reza Khan en de nazi's was stiekem zo gebroederlijk dat toen zijn kroonprins de eerste Iraanse radiozender officieel wilde openen, de kleine ruimte van het radiostation was bezet met nazi's in burger, die de jonge kroonprins met gejuich ontvingen.

Reza Khan was te ver gegaan en de geallieerden zagen alles en vielen Iran binnen. De Britten bezetten de zuidelijke provincies en de Sovjet-Unie veroverde de noordelijke provincies en Reza Khan werd naar Egypte verbannen, waar hij stierf.

De kroonprins werd de sjah van Perzië. Er werd niet meer over de Duitsers gesproken, niet over Hitler en niet over Auschwitz.

Decennialang heerste er een stilte, maar in 1976 werd opeens een film over de Tweede Wereldoorlog op tv uitgezonden. Het ging over een Joods gezin in Amsterdam: *Anne Frank*.

Het was een indrukwekkende film, ook al kwam het meer over als een fictief verhaal. Bovendien: waar lag Amsterdam ook al weer? En waar lag Nederland?

Een jaar later, toen in het vaderland de revolutie begon en de sjah gedwongen het land verliet, werden er opeens honderden boeken over de misdaden van de nazi's gepubliceerd. Het waren allemaal boeken die in de tijd van de sjah verboden waren. Tegelijkertijd werd er een serie films over de Holocaust in de bioscopen vertoond.

Dit gebeurde allemaal in de korte tijd van het machtsvacuüm, nadat de sjah was weggegaan en voordat de ayatollahs de macht in handen kregen.

Maar er is een waarheid: de Iraanse intellectuelen, schrijvers, kunstenaars en filmmakers hebben altijd over de Holocaust gezwegen. Eigenlijk is het een stille afspraak tussen de kunstenaars in het Midden-Oosten om niet te dicht bij het onderwerp te komen en dat komt door de rol van Israël in het Midden-Oosten.

Die stilte moet verbroken worden. De Holocaust was een van de grootste menselijke tragedies en dat komt door het beest dat in de mens zit en nog altijd in staat is om misdaden te plegen.

Ik denk aan hen die omgekomen zijn in Auschwitz en aan hen die er nog altijd onder lijden.

De rechter

Samir A. is weer op vrije voeten, hij is achttien en werd als een gevaarlijke terrorist beschouwd.

Toen hij werd gearresteerd, werd er meteen een nationaal terreuralarm geslagen.

In zijn woning werden jihadteksten, een nachtkijker, een kogelwerend vest, grondstoffen voor explosieven, patroonhouders voor een automatisch geweer en plattegronden van de Tweede Kamer, Schiphol, een kerncentrale en het ministerie van Defensie gevonden.

Maar de Rotterdamse rechtbank sprak hem vrij na negen maanden voorarrest.

Iedereen was geschrokken van zijn vrijlating. Ik ook.

Van de rechter mocht hij meteen zijn tas pakken en terug naar huis gaan, naar zijn vrouw en zijn zoontje.

Zelfs Samir A. had niet verwacht dat de rechter hem vrij zou laten.

Er stond een groep fotografen bij de gevangenispoort en ze verdrongen elkaar om hem op de foto te krijgen. Samir A., die nog duidelijk in de war was door zijn plotselinge vrijlating, raakte slaags met hen en sloeg de fotograaf van *De Telegraaf* neer.

De Telegraaf publiceerde een foto op de voorpagina waarop hij hun fotograaf ongenadig sloeg.

Als je de foto ziet, denk je meteen: De rechter is de fout in gegaan. Die kerel is in staat om een automatisch geweer te pakken en te schieten. Hij is een echte terrorist.

Onmiddellijk ontstond er een golf van afkeer op de radio en de televisie over de vrijlating van Samir A. Iedereen wilde hem weer achter de tralies hebben.

Waarom?! was de vraag op straat. Waarom heeft de rechter hem vrijgesproken als de politie zo veel harde bewijzen als patronen van een automatisch geweer en de plattegrond van het parlement in zijn woning heeft gevonden?

De rechter: 'Ze waren kennelijk bestemd voor het plegen van enig misdrijf.' Maar: 'Hij heeft het niet gedaan!'

Deze vijf woordjes 'hij+heeft+het+niet+gedaan' vormen samen een krachtige zin. Het is de rechtstaat in zijn totale menselijke vorm.

Het komt niet uit de mond van een zwakke rechter, juist andersom, het is een parade van de macht. De rechtbank heeft laten zien dat het land niet bang is voor de Samir A.'s.

Het zijn de woorden die een helende werking hebben.

Samir A. heeft niets gedaan, maar zou hij een misdaad begaan nu hij is vrijgelaten?

Ja, dat kan! Maar misschien doet hij het ook niet. Zou Samir A. de rechter in verlegenheid brengen met een misdrijf? Ja, dat kan! Maar misschien ook niet.

Zal Samir A. een terroristische daad plegen met een automatisch geweer dat ergens verborgen ligt?

Niemand weet het, wij niet en ook de rechter niet.

Wie met de gedachte over een terroristische daad rond-loopt, gaat voor de dood en is niet bang voor twaalf jaar cel-straf.

Een straf, hoe hard ook, kan Nederland niet beschermen tegen de terreur. Maar wat de rechtbank van Rotterdam heeft gedaan, is een stevige stap ter bestrijding van de terreur.

De Rotterdamse rechtbank heeft ons allemaal, ook de potentiële terroristen, aan het denken gezet.

Samir A. is geen mens van steen, hij is een jonge vader. Hij zal met een gebogen hoofd nadenken.

Hij heeft nog geen misdaad gepleegd, op zich is dat al een feest. Wij moeten hem de ruimte geven om terug te keren in de samenleving.

Daarom vraag ik de fotograaf van *De Telegraaf* om de aangifte die hij tegen Samir A. bij de politie heeft gedaan, in te trekken. Het zal een mooi gebaar zijn en een helende werking hebben.

Laat ze de democratie leren!

Laat Samir A. begrijpen dat we in dit land geen geweer en geen kogelwerend vest nodig hebben.

Humboldt's Gift

Saul Bellow, de grote Amerikaanse schrijver, overleed ander-halve week geleden op 89-jarige leeftijd. Hij was een van de meest toonaangevende schrijvers van de afgelopen eeuw.

Ik lees voornamelijk Nederlandse literatuur, laat alle an-derstalige boeken liggen. Ik lees zelfs niet meer in mijn eigen taal (behalve de klassiekers). Het is een dilemma waarmee ie-dere schrijver kampt die van schrijftaal veranderd is.

Met plezier lees ik het werk van grote geëmigreerde wereldschrijvers, want hun onderwerpen boeien me. Nabokov bijvoorbeeld, die het altijd over zijn Rusland had, altijd dat verleden, altijd die vlinders van zijn jeugd.

Joseph Brodsky is mijn andere favoriete schrijver, de thematieken waarover hij schrijft zijn precies de onderwerpen die mij ook bezighouden.

In zijn boek *Anderhalve kamer* beschrijft hij een kamer en een halve kamer waar hij met zijn ouders in de voormalige Sovjet-Unie woonde en waar hij zijn eerste Russische gedichtenbundels geschreven heeft.

Hij en Nabokov kwamen allebei in Amerika terecht en kregen beiden een Nobelprijs voor hun werk.

Laatst wilde ik de boeken van Saul Bellow lezen. Ook hij kreeg de Nobelprijs voor zijn oeuvre en met name voor *Humboldt's Gift*.

Ik wilde *Humboldt's Gift* in het Nederlands lezen want als ik een boek in een andere taal lees, lees ik een boek minder in het Nederlands. Daardoor blijf ik achter terwijl er nu geen tijd is om achter te blijven.

Ik ging op zoek naar het boek, maar geen boekhandel in de stad had *Humboldt's Gift* – noch in het Nederlands noch in het Engels. Zelfs de boekhandels in Rotterdam en Den Haag niet.

Ik ging naar de bibliotheek, daar kon ik het niet vinden, ook niet in de regionale bibliotheken.

De Koninklijke Bibliotheek in Den Haag had een oude pocket in het depot, je mocht erin kijken, maar je mocht hem niet meenemen.

Op een avond na een lezing in Amsterdam, liep ik in de regen naar het station. Ik zag licht in een oud antiquariaat branden. De eigenaar, die achter zijn winkel woonde, was bezig met het binden van een boek. Ik klopte op zijn raam, hij tilde zijn hoofd op en keek naar mij. Ik gebaarde of ik iets mocht vragen, hij gebaarde dat de winkel dicht was, ik gebaarde dat het een korte vraag was, hij kwam overeind en deed de deur half open.

'Saul Bellow, *Humboldt's Gift*', zei ik kort.

Hij liet me binnen, liep naar een kast achter in de winkel en zei:

'Op een avond in 1978 kwam een man met een hoed mijn winkel binnen en vroeg: "Heb je iets van Saul Bellow?" Ik had vijf Engelstalige boeken van Bellow, daarom zei ik: "Ja, daar!" De man pakte de boeken en zei: "Mag ik ze signeren?" Het was Saul Bellow zelf. De boeken staan nog altijd hier, ik heb ze nooit verkocht.'

Hij overhandigde me de rode, nieuwe, originele, gebundelde, eerste Engelstalige Amerikaanse druk, met een geel lintje, een met potlood gesigneerde *Humboldt's Gift*.

'Een tientje!' zei hij.

Ik stopte het boek in mijn tas en rende om de trein op tijd te halen. De volgende dag keek ik op mijn horloge en telde de uren terug. Precies op het moment waarop ik *Humboldt's Gift* in mijn tas gestopt had en naar de trein gerend was, was Saul Bellow gestorven.

Gisteren zag ik dat *Herzog* van Saul Bellow in Verse Ramsj stond. Jammer, het is tijd voor een nieuwe Nederlandse vertaling van *Humboldt's Gift*.

Welcome to America

Alle passagiers van een KLM-vlucht stonden in een lange rij voor de paspoortcontrole op het vliegveld van New York. Gewapende Amerikaanse agenten stuurden ons één voor één naar de douanebeambten die met een grote colt aan hun rechterzij, een doosje met reservekogels in hun linkerzak, een paar handboeien aan hun riem en een klein microfoontje aan hun kraag achter het dikke glas zaten.

Je moest je linkerwijsvinger op een soort modern inktkussentje drukken. Het was geen inktkussentje, maar een roze plastic plaatje waar je je vinger heel hard op moest drukken. Je vingerafdruk verscheen dan op het scherm om vervolgens te worden opgeslagen. Daarna moest je recht in de lens van een webcam kijken die de iris van je oog opnam. Ten slotte stelde de desbetreffende agent een serie psychologische vragen om je gedrag te testen.

Ik drukte mijn linkerwijsvinger zo hard mogelijk in de roze nepinkt, keek keurig in de webcam en antwoordde zonder enkele vorm van verdacht gedrag de vragen. Maar de agent stopte mijn Nederlandse paspoort in een plastic mapje en drukte op een bel. Er verscheen een forse zwarte agent met een automatisch geweer hangend aan zijn zij. Hij zei: 'Sir!' en hij begeleidde me naar een kamer waar tientallen verdachten zaten te wachten, als patiënten op een vroege maandagochtend bij de huisarts. Ik mocht in een aangewezen stoel plaatsnemen. Twee uur lang gebeurde er niets, de gewapende agenten kwamen en gingen en het leek alsof we niet bestonden. Langer kon ik niet wachten. Ik kwam overeind en liep naar een grote agente die achter een computer zat.

'Ma'am, excuse me. I have a lecture, I can't wait any longer.'

Ze nam me mee naar de chef-agent.

'Je komt uit Irak', zei de chef.

'Nee, ik kom niet uit Irak', antwoordde ik. Hoe kwam hij bij dat idee?

'You are making a mistake, sir. I was born in Arak, it's a city in Iran. Arak has nothing to do with Iraq!'

Met mijn uitleg werkte ik mezelf in de nesten. Arak, Irak, Iran. Allemaal verdachte plaatsen. De chef stuurde me terug naar de stoel en ze vergaten me weer. Na nog eens anderhalf uur te hebben stilgezeten, liep ik weer naar de chef: 'Sir, I am a writer, there is a festival downtown, the PEN Assocation has invited me for a lecture. Look, the invitation. You can phone them and ask if you want.'

'What is the PEN? A factory?'

Geduldig legde ik hem uit dat PEN een vereniging van Amerikaanse schrijvers was, maar mijn uitleg hielp niet, geen agent daar had ooit iets over PEN gehoord. Ik noemde Saul Bellow, Salman Rushdie, maar die laatste naam had ik niet moeten noemen, want Salman zat in de richting van Osama. Ik werd weer teruggestuurd naar de stoel.

Het was donker geworden toen ze me uiteindelijk lieten gaan. Ik ging de lezing nooit meer halen, stond met mijn koffer machteloos voor de deur. Een politieauto stopte voor mijn neus. Het was de chef-agent.

'What's wrong?' vroeg hij.

'You, America, did the same with Iraq. You made a mess of it and then told them: you can fix it yourself.'

De agent zette een groot rood zwaailicht op het dak van zijn auto en zei: 'Get in.'

Ik stapte in en hij reed als een gek door de drukke avond van New York langs honderden gele taxi's en bracht me precies op tijd bij mij lezing.

'Welcome to America!' zei de agent met een zacht saluut.

Amsterdam-Kopenhagen

De reis van een kleine Nederlandse literaire delegatie naar Kopenhagen, schrijvers wier werk in het Deens vertaald was, kreeg toevallig drie keer een historisch tintje.

Er heerste een lichte feeststemming in de Nederlandse ambassade in verband met vierhonderd jaar Nederlands-Deense betrekkingen. Ooit, tijdens de protestante opstand in Denemarken, was de katholieke Deense koning naar Nederland gevlucht, maar wat de verdere betrekkingen waren wist niemand van ons.

We kregen wat informatie van een van onze hoge diplomaten in Kopenhagen tijdens de welkomstcocktail. Maar ik had het idee dat zijn gegevens niet betrouwbaar waren. Toen hij mijn hand hartelijk drukte, zei hij het volgende:

'Met genoegen heb ik uw boek *Kopspijkers* gelezen en ervan genoten.'

Hij loog niet, hij praatte in een politiek correcte taal. Mijn boek heet *Spijkerschrift* en we weten allemaal wat Kopspijkers is.

De tweede historische gebeurtenis was de volgende: op het moment dat de Nederlandse literaire delegatie het centrum van Kopenhagen binnenreed, werd onverwachts door de stadsradio aangekondigd dat de geliefde prinses van het Deense koninkrijk zwanger was.

De Denen schitterden van geluk. 's Avonds verscheen de schone prinses op het journaal en ze zwaaide het volk toe.

De dag daarop waren de kranten allemaal een kilo dikker dan normaal.

De prinses was een Australische. De knappe en ietwat vulgaire Deense kroonprins had haar tijdens de Olympische Spelen in Sydney ontmoet. Hij had zijn telefoonnummer via een van zijn bodyguards aan haar gegeven.

Nu waren wij daar en Denemarken was zwanger.

Ten slotte was er de viering van de tweehonderdste verjaardag van Hans Christian Andersen.

Als kind had ik al veel achting voor de befaamde Deense sprookjesschrijver. In mijn fantasie zag ik hem altijd in gezelschap van eenden en zwanen met een sierlijke ganzenveer in zijn schrift schrijven.

In het centrum van Kopenhagen had men iets moois gedaan, ze hadden een spoor van voetstappen op de grond getekend.

Als je die voetstappen volgde kwam je langs de vele huizen waar Andersen ooit geslapen had, want hij had nooit een vaste slaapplek. Pas toen hij 62 werd, kocht hij voor het eerst een bed.

Een middag lang volgde ik al die voetsporen en bezocht de huizen.

Ik dacht altijd dat hij een aardige, lieve kinderschrijver was, maar daar klopte niets van. Hij was een arrogante en zelfs gierige schrijver. Als hij bij mensen ging slapen, was hij niet meer weg te slaan. Hij zat net zo lang aan je eettafel totdat je hem met een schop tegen zijn kont het huis uit zette.

Andersen was veertien jaar toen hij van het eiland waar hij geboren was naar Kopenhagen ging. Hij zei tegen zijn moeder: 'Ik ga om groot te worden.' Aanvankelijk wist hij niet wat hij wilde worden, dus begon hij met zingen, en mensen vonden hem aardig. Omdat hij zwierf, bood men hem een bed aan om een nachtje te blijven slapen. Ooit vertelde een dienstmeisje aan haar bazin: 'Hij ligt al twee nachten en dagen in bed, zijn maag knort van de honger, maar hij komt het bed niet uit.'

Ik liep een park in waar een groot standbeeld van hem stond. In zijn linkerhand hield hij een kinderboek vast, maar zijn rechterhand stak zinloos in de lucht. Het standbeeld was gemaakt toen hij nog in leven was, hij wilde het zelf goedkeuren. Bij de oorspronkelijke versie stond er een meisje voor hem en aaide hij haar over haar hoofd. Maar hij vond dat meisje maar niets, ze moest van hem weggehamerd worden. Er waren slechts twee lege voetafdrukken van het meisje achtergebleven.

Wageningen!

Vier mei, dodenherdenking. Vijf mei, het bevrijdingsfeest. Wanneer zal het verdriet van Nederland ook mijn verdriet worden? Wanneer wordt zijn feest mijn feest?

Op 5 mei reed ik naar Wageningen, waar ik voor een vrijheidsdebat was uitgenodigd. Het was een mooie dag, het was rustig op de snelweg en de zon scheen zacht.

Ik wilde een uurtje eerder aanwezig zijn om het nationale bevrijdingsfeest mee te maken. Ik heb de défilés vaak op tv gezien toen prins Bernhard nog leefde en in een jeep stond om de oude veteranen te salueren.

De Tweede Wereldoorlog had ook mijn vaderland bereikt. De treinen van de geallieerden denderden diep in de nacht dwars door het land naar de grenzen van Rusland om de nazi's te omsingelen, terwijl de Russen in Leningrad tegen hen vochten.

Verder had deze oorlog geen spoor in onze geschiedenis achtergelaten. We hebben geen babyboomers, geen oorlogsliteratuur, geen monument en geen gedicht voor de gevallen soldaat.

Ik zou ruim op tijd zijn aangekomen in Wageningen, ware het niet dat ik vlak voor de stad in een zware file, waar geen beweging in kwam, belandde. Toen ik na anderhalf uur eindelijk de stad bereikte, werd ik door een veiligheidsagent tegengehouden.

'Als u geen doorgangskaart hebt, kunt u de stad niet in!' zei hij. Een discussie had geen zin, en 'ik kom voor een bevrijdingsdebat' bleek onvoldoende.

Ik wilde best mijn auto ergens buiten parkeren en net als de massa te voet de stad in gaan, maar er stonden al honderden auto's langs de weg en er was geen leeg plekje meer om mijn auto weg te zetten.

Wanhopig zocht ik in mijn tas tussen mijn papieren naar een bewijs en opeens haalde ik als een goochelaar een kaart tevoorschijn: 'Agent! Alstublieft! Doorgangsbewijs 2005!'

Ik plaatste het duidelijk zichtbaar achter de voorruit van mijn auto en reed langs de drukke straten naar het centrum, waar het legerorkest hard speelde. Er marcheerden soldaten van de speciale eenheid en duizenden mensen wapperden juichend hun oranje vlaggetjes naar prins Willem-Alexander, die op dat moment in een helikopter boven de stad vloog.

Het was opmerkelijk dat ik als enige met de auto door die drukke straten reed en merkwaardig dat de agenten de weg voor me vrijmaakten en niemand vroeg waar ik naartoe wilde. Hoe kwam ik aan dat Doorgangsbewijs 2005?

Misschien kwam het door een vraag die me al lang bezighield:

'Wanneer kan het verdriet van dit land mijn verdriet worden, wanneer haar stilte mijn stilte?'

Op een gegeven moment sloeg ik af naar rechts en reed een rustige, smalle laan in. Daar sloeg ik onwillekeurig af naar links en reed zachtjes een gazon op, en opeens gebeurde er wat er gebeuren moest. Een groep oude Canadese veteranen met zonnebril stond als monumenten stil onder een paar bomen. Ik, die mijn kennis over de Tweede Wereldoorlog in oude bioscopen van het vaderland had vergaard, werd onverwachts getroffen door een levendig deel van die oorlog.

Ik vergat het debat, stopte de auto, zette de motor uit, stapte uit, deed mijn lange zwarte jas aan, zette mijn pet op en liep naar hen toe. Ik groette hen en drukte hun oude handen.

Zij waren het die ooit met parachutes uit de vliegtuigen waren gesprongen, zoals ik het in de bioscoop had gezien. Zij waren het die de lange grafkuilen hadden gegraven, die een gewonde op hun schouders hadden gedragen, die een laken over het gezicht van de soldaat hadden getrokken die gevallen was.

Het dwaallicht

Tijdens mijn tocht door de Nederlandstalige klassiekers kwam ik wederom een parel tegen: *Het dwaallicht* van Willem Elsschot (1882-1960). Het verhaal is in 1942 geschreven, maar het is nog altijd modern en actueel. Het is een boek van 54 bladzijden dat je in één keer, op de bank zittend, kunt uitlezen. Ik zie *Lijmen*, *Het been* en *Kaas* van Willem Elsschot als woorden die vleesgeworden zijn in de Nederlandse taal.

Gisteren moest ik lange tijd langs de grachten, waterlelies, windmolens, paardebloemen en meren fietsen om in te zien waarom ik *Het dwaallicht* zo mooi vind. Ik kan veel over het boek schrijven, maar ik beperk me tot een fractie van het verhaal dat met de islam (Wat horen we nu? Willem Elsschot en de islam?) en met de oosterse cultuur te maken heeft. *Het dwaallicht* is een magisch verhaal waarin een verrassende ontmoeting tussen het Westen en het Oosten plaatsvindt.

We zien hoe de oosterse en westerse mens nieuwsgierig naar elkaar op zoek gaan, maar elkaar niet kunnen vinden. Het verhaal speelt zich af in een tijd waarin de Nederlanders nog geen Afghaan, Irakees of Marokkaan op straat tegenkwamen, maar het past wonderlijk bij het Rotterdam, het Den Haag en het Amsterdam van nu.

Op een regenachtige novemberavond in 1938 verlaten drie Afghanen hun schip in Antwerpen en gaan de stad in op zoek naar Maria van Dam. Ze hebben Maria van Dam op het schip ontmoet en hebben haar geschenken gegeven: zes pakjes sigaretten, een sjaaltje en een pot gember. Op haar beurt heeft Maria haar adres aan hen gegeven en ze gevraagd om bij haar langs te komen: Kloosterstraat 15. Maar omdat de Afghanen haar huis niet kunnen vinden, laten ze kletsnat het adres aan Laarmans, een voorbijganger, zien.

Opeens ziet Laarmans zichzelf door het hart van Bombay slenteren, lusteloos en gebroken, op zoek naar Fathma die hij nooit kon vinden. Hij beslist met de ontheemde Afghanen mee te gaan om ze de weg te wijzen.

Onderweg naar Maria raakt Laarmans met Ali Khan, de leider van het gezelschap, in gesprek over Jezus en de heilige Maria.

'Heeft ze nog meer jongens of meisjes?' vraagt Ali Khan verbaasd.

'Nee, slechts één zoon', antwoordt Laarmans.

'Zeer eigenaardig,' zegt Ali Khan, 'hij heeft de vorm van een mens en moest dus tastbaar zijn, zodat zij die durfden, de hand konden geven aan de schepper van het heelal ... Onze Allah heeft geen zoon, geen vrouw, geen vader en geen moeder. Hij is alleen. En nooit zal iemand hem tekenen, want wie hem zien wil, moet eerst sterven.'

De lange zoektocht naar Maria van Dam levert niets op. Voor de Afghanen is ze een parel, onbereikbaar, maar voor Laarmans is zij een 'knap mokkel' dat de Afghanen bedrogen heeft. Een hoer net als Fathma in Bombay, die onder een rode lamp in een huisje genesteld moet zijn; de zevenendertigste rechts, vijftiende links, negende rechts, zevende links en dan een bochtige steeg door. Hij zou haar nooit ontdekken.

De rest van het verhaal is een mooie zoektocht naar de mens.

Het dwaallicht is een verhaal dat je makkelijk tussen de geheimzinnige vertellingen van duizend-en-één-nacht kunt stoppen om het door de mond van Sheherazade aan de sultan te vertellen.

Het boek is een vergeten oud juweeltje in de schatkist van de Nederlandse taal. We moeten het allemaal opnieuw lezen. Vooral nu de ontheemden niet meer met z'n drieën, maar met z'n duizenden in Rotterdam, Den Haag en Amsterdam in het donker op zoek zijn naar Maria.

De gelukkigste studenten ter wereld

De studenten zijn weer terug, het is altijd plezierig om in een stad met veel studenten te wonen. Ze geven warmte aan de stad en verjongen de omgeving. Zij zijn degenen die het land gaan besturen, die de steden gaan bouwen en die nieuwe robotjes naar Mars en Venus zullen sturen.

Het is een voorrecht van de bewoners van de stad dat ze worden bediend door studenten in hun vrije tijd.

Peter is een student die drie keer per week 's avonds achter de bar staat van het studentencafé op de hoek. Hij haalt binnenkort zijn bachelor media- en kennistechnologie, voor zijn master heeft hij een nieuwe studierichting gekozen, iets over DNA en informatica.

'DNA?! Wow!' reageerde ik toen ik hem sprak in de bar. 'Je gaat Gods schrift, Gods codes ontcijferen.'

Een glaasje bier drinken in zo'n café is meer dan een gewoon cafébezoek. Je opent een gesprek en zover de andere klanten dat toelaten, ga je de wonderlijke wereld van de moderne wetenschap in.

In het weekend zie ik vaak een studente in het bejaardentehuis werken, als ik er voorbij loop. Ze schenkt de bejaarden koffie in en ik heb gezien dat ze zorgvuldig hun nagels knipt.

'Het is ontroerend mooi wat je doet. Hoe heet je?' vroeg ik haar.

'Marietje! Maar ik drink te veel koffie met ze mee. Dat moet ik niet doen.'

In het buurthuis leren twee studentes de oude mensen e-mailen en op het internet surfen. Ik heb het van achter het raam gezien. Onbegonnen werk, maar ze doen het met veel geduld.

Afgelopen vrijdag arriveerden de nieuwe studenten in de stad. Honderden jongeren die net de middelbare school hebben verlaten. Je zag ze overal licht aangeschoten in groepjes door het centrum lopen. Eén middag kwam ik ze samen met oudere studenten tegen bij het meer. Het was sportdag, maar ze lagen allemaal in het zand met een flesje bier in hun hand. In de omringende weilanden renden de koeien achter elkaar aan door de keiharde muziek die uit de grote boxen kwam.

's Avonds had ik een lezing voor deze studenten. Het was de bedoeling dat ik om acht uur zou beginnen, maar ze waren allemaal moe en hadden net gegeten. Degenen die nog op hun benen konden staan, waren bezig met een bierwedstrijd: wie drinkt het snelst.

Ongelooflijk, een meisje sloeg in één teug een glas bier achterover.

Iemand van de organisatie bood me ook een glas aan: 'Nee, dank je. Mag ik een kopje thee?'

Het duurde ontzettend lang voordat ik de thee kreeg. Wie drinkt in godsnaam thee op een studentenvereniging? Ze moesten het blijkbaar ergens anders vandaan gaan halen.

Uiteindelijk werd het toch een mooie lezing en ik bleef gezellig met ze praten.

Ik zie dagelijks dat het genieten van het leven de slagzin van het studentenleven is. Ze proberen alles uit het leven te halen. Ik zie ze vaak dronken in de nacht.

Ze zijn nonchalant over het leven alsof ze het niet zo belangrijk vinden, maar ik zie aan hun houding dat ze bang zijn. Ze zijn jong, maar nu al bang om oud te worden. Ze zijn de gelukkigste studenten van de wereld, maar ze hebben last van overvloed, last van het geluk en last van de tijd.

's Avonds laat stuurden ze me dronken van een bierwedstrijd terug naar huis. Onderweg in het donker was ik bang om oud te worden.

Gaza

Israël ontruimde de laatste nederzettingen in de Gazastrook. Daarmee kwam er een einde aan 38 jaar Israëlische bezetting.

De Palestijnen bereiken straks hun zee, Albahre Medittarane:

Water
verbindt mij
met jouw naam.

De muur van Israëlische soldaten is weg. De Palestijnen kunnen ademhalen.

Ik omvat het met de poëzie van de Palestijnse dichter Mahmoud Darwish:

Straks gaan we naar huis, zongen we
Naar de schepen,
Naar smaragdglans van onze olijfboom in de nacht.

De afgelopen tijd hoorden we het gehuil van de kolonisten. Ze verzetten zich tegen het ontruimingsplan van Sharon. De boze, fanatieke Israëliërs wilden niet weggaan en de jonge vrouwen die daar geboren waren, keken met een hand voor hun mond verbijsterd naar de bulldozers. Ooit was het hun huis, hun leven.

Maar de Israëlische soldaten zetten ze vastberaden uit hun huizen en markeerden het huis met een kruis.

De gelovigen hielden elkaars handen vast en neurieden met een tora in hun hand. Maar niemand kon hen helpen. Ze moesten allemaal weg.

Toen ze vertrokken waren, viel er een zak vol zand van mijn schouders. Ik rechtte mijn rug. Ik ademde.

's Avonds toen ik langs de bakker wandelde, wilde ik de bakkerij binnengaan om een doos gebak te halen en mee naar huis te nemen. Maar ik aarzelde. Ik deed het niet.

Er viel niets te vieren. Het was tijd voor stilte. Tijd om na te denken. Er was iets gebeurd wat je niet met rede of redeneren uit kon leggen. Alleen met religie, met geloof is het te verklaren.

Sharon heeft een offer gebracht. Gaza! Sharon, onder wiens verantwoordelijkheid ooit gruwelijke bloedbaden in Sabra en Sjatila zijn aangericht, gaf Gaza terug.

En de kolonisten begrepen het.

Ze verzetten zich, maar ruimden toch hun spullen op en trokken zich al neuriënd terug.

Abbas heeft een offer gebracht. Een compromis. Maar Hamas begrijpt het en doet zwijgend mee.

Sharon is een oude vos. Je moet hem nooit vertrouwen. Abbas weet het. Maar er is geen andere weg. Voor niemand. Ook voor mij niet. Ik doe wat ik niet mag doen. Ik breng een offer. Ik bewonder de vos.

Hij is oud geworden. Veel tijd heeft hij niet meer. Hij moest de beslissing nemen. Een historische metamorfose. Sharon wil een mens worden.

Er loopt gelukkig geen kolonist meer rond in de Gaza-strook.

Groet ons huis, vreemdeling,
Onze koffiekoppen
Staan er nog.

De verandering in mijn houding is niet uniek. Het maakt deel uit van een groter geheel.

De Arabieren zijn een doelwit, zei Sharon ooit, een doelwit

dat je het eerst moet raken, voordat je zelf geraakt wordt.

Aarzelend voelt de islamitische wereld geluk. De pijn is een stukje verminderd.

Als Sharon de rest van de bezette Palestijnse gebieden ontruimt, zal hij zelfs het hart van de Al-Qaidaleider Abu Musab al-Zarqawi bereiken. Hij is uit hetzelfde hout gesneden als ooit Sharon.

Ik, die nooit naar Israël wilde gaan, wil naar Israël reizen. Als ooit de Palestijnen in hun huizen gaan wonen, zal ik in staat zijn om de wonderen te zien die de Israëliërs in Israël hebben verricht.

Maar laten we het over nu hebben. De bulldozers die op dit moment in Gaza aan het werk zijn, doen me pijn. Waarom vernielen ze de lege huizen? Waarom doden ze de bomen?

Ze verwonden de grond van Gaza.
Het geeft niets.
Als ik opnieuw beginnen moet
Ga ik naar dezelfde roos.
(Darwish)

Katrina

Katrina heeft ons allemaal beziggehouden. New Orleans is verwoest. Er zijn vijfentwintigduizend doodskisten klaargezet.

Gecondoleerd.

Ik denk aan de mensen die in één klap hun huizen, hun dekens, hun kussens, hun foto's en het speelgoed van hun kinderen achtergelaten hebben en weggevlucht zijn.

Mijn groet aan hen die opeens in provisorische kampen op een matrasje moeten slapen.

Katrina roept pijnlijke herinneringen bij me op.

Je zit thuis, je kunt je niet voorstellen dat je ooit gedwongen weg moet. Je hebt je kinderen bij je, je hebt je buren, je hebt de taxi's, de bussen in de stad. Je hebt je eigen bomen, de kruidenier, de vrouwen uit de straat, maar ineens, van de ene op de andere dag, zie je ze niet meer. Niemand, niets.

En als je ze ooit weer ziet, zijn ze veranderd. Dan zijn ze de oude niet meer. En jij ook niet.

Iedere avond zit je 's avonds op de bank in de woonkamer en kijkt televisie. De tsunami raast over het scherm en doodt duizenden mensen, maar jij zit veilig op je bank.

Een massa sjiitische pelgrims is op weg naar het mausoleum van de heilige imam Moesa. De dood grijpt ze op een smalle brug, duizenden van hen vallen in de rivier en ze kunnen niet zwemmen.

We dachten altijd dat zulke gebeurtenissen vroeger plaatsvonden, ver van ons vandaan en altijd bij anderen. Maar dat geldt niet meer.

Bagdad lag ooit ver weg, nu niet meer. Ieder moment kan een scène van de oorlog in Irak ook onder ons raam plaatsvinden.

Je zit veilig in je stoel en je kunt je niet voorstellen dat een zeebeving, die in het Verre Oosten een ongekende ravage heeft aangericht, elk moment golven langs je zojuist gelapte, schone raam kan laten razen.

Je ziet de fiets van je dochter aan de lantaarnpaal voor het huis staan. Ze is thuis, denk je. Je moet er niet aan denken dat haar fiets morgen onder water zou staan. En dat het water als een woeste rivier door je straat zou bewegen.

Katrina heeft ons er pijnlijk aan herinnerd dat het bestaan tijdelijk is. Niets is zeker. En niets staat vast.

Er lag een oceaan tussen Katrina en mijn huis. Ze kan me

niet bereiken, dacht ik. Maar ze bereikte me en ik dacht meteen aan mijn dierbaren en aan mijn computer.

Snel maakte ik een paar digitale kopieën van mijn manus-
cript. Mijn computer, mijn diskettes zouden geen milliseconde
de weerstand bieden tegen zo'n orkaan.

Ik vertrouwde de rustige gracht voor mijn raam niet meer,
ik vertrouwde de aarde niet meer. Ik stuurde mijn teksten
naar mijn eigen mailadres en bewaarde ze, verborgen in de
lucht.

Daarna pakte ik de hoorn van de telefoon en belde mijn
oude moeder in het vaderland: 'Sorry, sorry moeder. Ik was
u niet vergeten, maar ...'

Katrina had me wakker geschud.

Ten slotte ging ik naar de bank en stuurde, voordat het te
laat was, wat geld naar mijn bejaarde oom. Ik had het te lang
uitgesteld, door telkens te zeggen: 'Ik heb het druk.'

Katrina is weg, maar ze heeft ons dicht bij de essentie van
het leven gebracht.

De zon scheen lief achter het raam. De fiets stond levens-
lustig tegen de lantaarnpaal. De buurvrouw liet haar hond uit
langs de stille gracht.

Mijn teksten lagen ergens veilig verborgen in de lucht.

Leven is verrukkelijk. Ik denk aan New Orleans.

De weblogs

Het internet heeft het leven mooier gemaakt, het is een bos
verse bloemen op je werktafel.

Deze digitale democratie is verrukkelijk. Weblogs hebben
een bijzondere verandering teweeggebracht in een deel van
de wereld dat onderdrukt wordt. Een opluchting.

Er zijn miljoenen mensen op de wereld die dagelijks hun weblog bijhouden. Iran en de Verenigde Staten staan boven aan de lijst van meeste webloghouders. President Bush hoeft zich dus geen zorgen te maken over de democratie in Iran.

Het is een ongekend verschijnsel in de vijfentwintighonderd jaar lange schrijfgeschiedenis van het vaderland. De oeroude Perzische koningen lieten ooit hun woorden met een hamer en een spijker hoog in de bergen in de rotsen hakken. Ze hadden de behoefte om zich te uiten, om hun woorden te laten zien: 'Ik, Dariush. Koning der koningen! De koning van een groot land. Van daar waar de zon opkomt. Tot daar waar de zon ondergaat.'

Het is niet zo dat in Iran iedereen een computer in huis heeft, maar de internetcafés hebben de deuren naar een wonderlijke digitale democratie geopend. De Iraniërs luchten massaal hun hart door middel van weblogs. Na honderden jaren onderdrukking uiten mijn landgenoten hun mening voor het eerst zonder angst. Het is een revolutie in de oude Iraanse cultuur dat ze tegenwoordig, precies veertienhonderd jaar na de komst van de islam, zonder zware culturele censuur kunnen praten.

Het is zo verrassend, zo interessant, zo boeiend om een volk te horen dat door de eeuwen heen niet mocht praten en nu plotseling kan zeggen wat het wil.

De verhalen zijn origineel. De woorden zijn als een vers stuk vlees. Je leest hun woorden niet, je eet ze op. Ze bespreken alles: hun leven, hun werk, de ayatollahs, hun oude moeders, hun gevoelens en seks. Ze schrijven over hun lichaam, alsof ze het voor het eerst in het daglicht hebben gezien.

Iraanse mannen vertellen dingen op hun weblog waarbij je je handen voor je ogen houdt om het niet te lezen. De Iraanse vrouwen schrijven zo openhartig over hun geheimen dat ik mijn hand voor mijn mond houd van verbazing.

Het is afgelopen met grootayatollah Khamenei, de leider van de Iraanse Islamitische Republiek en de paus van de sji-itische wereld. Vijf jaar geleden, toen de journalist Gandji een artikel over hem schreef, liet hij Gandji arresteren. Gandji woog toen 83 kilo, nu weegt hij 54 kilo! En dat allemaal door een artikeltje.

Tegenwoordig maakt men de ayatollah dag en nacht belachelijk op het internet. Maar hij kan niemand meer arresteren.

Tot vorig jaar stuurde deze ayatollah honderden gewapende bebaarde mannen in het donker de straten op om op de satellieten op de daken te schieten en de mensen ervan te weerhouden om naar de westerse televisie te kijken. Nu kijkt iedereen over het web naar alles wat hij wil van de wereld.

Alle boeken die hij ooit onrein had verklaard, zijn nu gratis beschikbaar.

'Afgelopen zaterdag sprak de nieuwe Iraanse president Ahmadinedjad tijdens een bijeenkomst van de Verenigde Naties. Hij is niets. Hij is niemand. Wie heeft die engerd in New York toegelaten?' las ik op een log.

Mijn landgenoten zijn heerlijk gek geworden.

Precies als de oeroude paarden die eeuwenlang in het donker van een stal gevangen zijn gehouden, rennen ze nu vrij door de groene weilanden van de weblogs.

Wie zich uit, wordt niet ziek. Wie geen zelfcensuur hanteert, gaat niet bij een huisarts langs. Wie schrijft, wordt koning. De koning der koningen!

Transvaalkwartier

Een bebaarde man van een jaar of zestig, met een zwart jasje en een islamitisch hoofddeksel, zat in bibliotheek Transvaal-kwartier bij de krantenafdeling. Hij las aandachtig een versie van het kinderboek *Dolle koeien*:

'Hé boef, doe niet zo mal', zegt Menno. Gauw gaat Men-no een paar stappen opzij. Klaartje buigt haar kop om-laag en beweegt snuivend met haar poten in de grond. Met zijn fiets aan de hand probeert Menno haar te kal-meren. 'Houd je een beetje rustig, stomme koe! Wat mankeert je toch vandaag?' zegt Menno.

De bibliotheek was vol. Nog nooit had ik in Nederland zo veel gesluierde vrouwen onder één dak gezien. Ik liep langs de boekenkasten. Er lag een simpel boek voor volwassenen open op een van de planken. Ik pakte het:

Anja heeft een tas.
De tas is groot.
Jan speelt met de tas.
Er kan veel in.
De kaas zit in de tas.
En het meel ook.
Jan heeft een lap op zijn oog.
Hij wil iets uit de tas,
maar hij kan het niet zien.
Dat is rot.

De mannen en vrouwen in de bibliotheek woonden alle-maal al lange tijd in Nederland, maar ze waren pas net begonnen met het leren van de taal.

De Nederlandse taal is charmant als het door een jonge gesluierde vrouw met een kind in haar armen wordt gesproken. De woorden klinken archaïsch en bescheiden als een
oude Arabier ze uitspreekt. Ik had daar een lezing en er werd
een nieuwe collectie simpele boeken, cd's, computers en ba-
siswoordenboeken voor anderstaligen aangeboden. De bibliotheek schitterde van geluk. Het leek alsof er een bijzonder
kind geboren was.

Transvaalkwartier, Hobbemaplein 30 in Den Haag, is één
van de levendigste bibliotheken waar ik ooit geweest ben. Zij
is schoon en simpel. 's Avonds brandt er licht achter de ramen
en is men er druk bezig. Het is een betrouwbare plek geworden voor de jongens en meisjes van immigrantenfamilies. De
kinderen gaan ernaartoe om hun huiswerk te maken. De bi-
bliothecaressen leren hen computeren en de vrijwilligers helpen hen bij het maken van hun werkstukken. Samen knippen, plakken en plastificeren ze.

Het wordt soms zo druk in het gebouw dat het lijkt dat de
mensen vers brood voor hun ramadan komen halen. Het is
een gezellige plek. Ik zag iets ongekends in de houding van
de mannen die daar boeken zaten te lezen. Ze lazen de boeken niet. Ze inspecteerden de woordjes:

Ik pak een sok
En trek hem aan
Er zit een gat in.
Ik trek de sok uit
En pak een andere,
Die sok is heel.

De kleine kinderen speelden tussen de boekenkasten terwijl
hun moeders naar een boek zochten. Ook de manier waarop
die vrouwen naar een boek zochten, vond ik ongewoon. Het

leek alsof ze tussen de boeken naar hun zojuist verloren oor-
bel zochten. De directrice liep op hoge hakken langs de kasten en hielp de klanten die even niet meer wisten welk boek
ze zouden moeten lezen.

Transvaalkwartier is het goedkoopste filiaal van het land. Je
betaalt tweeënhalve euro en krijgt een pasje voor het hele jaar.

Ik heb een bil
En nog een bil
Samen heet het mijn bips.
Mijn bips is groot
Ik pas een rok
Een gele rok
De rok past niet
Mijn bips is te groot
Rotbips!
Ik baal!

Morgen begint de Kinderboekenweek. Ik ga naar Transvaal-
kwartier in Den Haag.

Ramadan

Bij het morgenlicht!
Bij de nacht wanneer
het stil is!
Bij de vijgenboom
En de olijfboom!
We hebben de mens
In de mooiste gestalte geschapen!
De Koran, vertaling Kader Abdolah

Ramadan is de maand waarin de Koran is geopenbaard.

De Iraniërs in Nederland doen niet mee aan de ramadan. De islam heeft deze traditie met geweld aan de Perzen opgelegd.

Het is merkwaardig. Zodra Iraniërs hun land verlaten, laten ze de islamitische gewoontes van hun schouders vallen. Wel houden we vast aan onze eigen oude Perzische feesten. De viering van de lente bijvoorbeeld. In het vaderland is het land nu echter compleet gewijd aan ramadan.

Ikzelf kom uit een grote traditionele familie. De islam was alom aanwezig. De Djomè-moskee van de stad was van ons. Mijn oom was de imam van de moskee. Vanaf mijn kindertijd ging ik met hem mee en luisterde met bewondering naar zijn preken. Hij was een geboren verteller. De mystiek van de Koran en het surreële leven van de heiligen trokken me als een magneet naar de moskee.

Tot mijn vijftiende bleef ik naar de moskee gaan, maar er vonden twee dingen in onze religieuze stad plaats die mijn leven veranderden:

I. Er werd een bioscoop geopend in de stad en er werd een film getoond: *De koe*!

II. De oudste boekhandel van de stad plaatste voor het eerst een roman, een novelle in de vitrine: *The old man and the sea* van Hemingway.

De cinema was in onze familie verboden voor ons. Toch ging ik, om *De koe* te bewonderen. De dag daarop kocht ik de novelle. Ik ging nooit meer naar de moskee. En las ook nooit meer de Koran.

Ik was al die herinneringen vergeten totdat afgelopen woensdag minister-president Balkenende op de televisie verscheen. Hij sprak de moslims in Nederland toe voor ramadan. En hij feliciteerde ze.

Ik vond het een historische daad van hem. Ik prijs zijn moed. Met dat vriendelijke gebaar bereikte hij het hart van de moslimgelovigen in Nederland. Ik moest lachen en mocht hem plots. Zo simpel is het.

Balkenende deed het net als de sjah, de laatste Perzische koning. Hij gedroeg zich ook vaak onwennig als hij zijn volk wilde feliciteren met ramadan. De korte vriendelijke toespraak van Balkenende was een officiële erkenning van de aanwezigheid van een miljoen moslims in Nederland. En een bevestiging van ramadan als een Nederlands feest.

Wat hij deed, zal beter werken dan duizend geheime camera's op Schiphol.

Ramadan is voor iedereen in dit land! Of je nu vast of niet vast!

Hoe kan ik nu van het dak van de moskee naar de Tweede Kamer in Den Haag springen?

Minister Bot van Buitenlandse Zaken zei (bijna) het volgende over de oorlog in Irak: 'Achteraf gezien was het een foute beslissing!'

Alleen dat. En om die reden werd hij (bijna) gewurgd in het parlement. Gedwongen nam hij het terug. Wat een lelijke daad van de parlementariërs. Het deed me aan het parlement van de ayatollahs denken. Nog erger, de geschiedenis herhaalde zich.

Galilei zei: 'En toch draait de aarde om de zon.'

De kerk zei: 'Kniel! Neem het terug!'

Mijnheer Bot! Hoe oud bent u? 65? 70? 75? Hoelang wilt u nog leven? Honderd jaar?

Recht uw rug! En vertel nogmaals de waarheid: 'De oorlog tegen Irak was een fout!'

Ga dan naar huis! U wordt onsterfelijk! Doen! Leer ons een les!

Dingen

We leven met de dingen; spiegels, fietsen, schoenen, bomen. We kunnen bijna niet meer zonder ze. Soms praten we tegen ze en soms hebben we ze lief.

Ik zeg tegen mijn fiets: 'Jij weer! Een lekke band!' Maar ik praat niet tegen de koelkast. Ik klop zachtjes op de schouder van de oude boom langs de gracht en groet hem: 'Mooi dat u er bent.'

Maar ik wissel geen woord met het televisietoestel.

Met mijn auto praat ik niet. Tegen zijn spiegels wel.

Ik heb een navigatiesysteem in de auto. Het is een vrouw, een Engelse:

Right turn ahead
After 800 meters keep left
stay in the left lane,
Exit ahead
After 100 meters you have reached your destination.

Het is een plezier om haar in de auto te hebben. Met haar verdwaal ik niet meer. Ze toont menselijk gedrag. Als het stormt, trilt haar stem. Als de regen hard tegen de voorruit slaat, wordt ze bang. Dan zwijgt ze. En als we op de ring van Antwerpen rijden, verdwalen we samen.

Ik praat met haar. Ze luistert geduldig. Ze verwijt me nooit mijn slechte rijgedrag. Ze wordt nooit boos, ze corrigeert me. Soms hoor ik haar zeggen: 'Je bent moe. Stop bij die benzinepomp. We halen een kopje koffie.'

Ik had nooit gedacht dat een apparaat zo menselijk dicht bij mij zou kunnen komen. Ik vertrouw haar.

Laatst heb ik toevallig een eigenaardig tweedehands horloge gekocht. Ik was in Milaan en was verdwaald. Ik kwam op een rommelmarkt terecht waar men ouderwetse apparaten verkocht.

Een oude man die ergens op een hoek stond, had slechts een antiek horloge bij zich. Hij hield me tegen en zei in gebrekkig Engels:

'Tijdens de Tweede Wereldoorlog ruilde een soldaat van het Rode Leger van Stalin zijn horloge voor mijn Italiaanse schoenen. Wilt u het kopen?'

Het was een horloge uit de tijd van Lenin en in plaats van dat het twaalf uren aangaf, had de wijzerplaat vierentwintig uren. En dus wijst het de tijd totaal anders aan dan we gewend zijn. Er staat CCCP op, met een hamer en een sikkel. Maar het horloge was op, deed het niet meer. Toch betaalde ik wat hij er voor vroeg en deed het om.

Thuis maakte ik het horloge schoon en wond het op. Verwonderd zag ik dat het tot leven kwam en begon te tikken.

Nooit heb ik zo genoten van een horloge. Lenin, Stalin, de oude communistische tijd en de jaren van de Tweede Wereldoorlog liggen er allemaal in verborgen. Ik zorg goed voor dit bejaarde communistenhorloge. Ik kus het op het grijze hoofd.

Ik heb nog een machine, een werktuig bij me. Het is het wonder van een apparaat. Een lichaam. Mijn lichaam. Ik praat ermee. Ik kijk naar hem in de spiegel. Ik zie dat hij niet alleen mij, maar velen in zich verborgen heeft. Ik dacht altijd dat ik één individuele IK was. Slechts één persoon. Maar het is niet waar. Ik zie mijn voorvaderen, voorouders, de deeltjes van de mannen, van de vrouwen die niet meer zijn, in mij.

Ik voel me goed bij die gedachte. Ik wandel met hem, met het lichaam dat me draagt. Ik fiets, ik loop hard met hem.

Ik stop soms tijdens het wandelen en kijk naar de handen,

mijn handen. Een wonder, een ik, vele ikken. Het is prachtig dat wij mogen zijn, dat wij een fiets hebben, dat wij soms een horloge mogen dragen dat tikt.

Made in Holland

Onze tijd! Samir A. is opnieuw gearresteerd. De broer van en de vrouw van en een vriend van een andere terreurverdachte zijn ook gearresteerd.

Bij Samir A. zijn er bivakmutsen gevonden.

Bij anderen zijn er andere dingen gevonden.

Maar gelukkig is er bij geen van hen een kogel gevonden.

Samir A. blijft met verdachte personen telefoneren, hoewel hij weet dat hij wordt afgeluisterd door de AIVD.

Er is iets bijzonders aan het gebeuren in dit land. De AIVD zoekt, achtervolgt, neemt op, tapt af, bedenkt plannen, maakt rapporten en komt tot de conclusie dat ze moeten arresteren.

De AIVD doet haar werk goed. De AIVD groeit erdoor.

Samir A. en zijn vrienden waren ooit aan het puberen, maar ook zij zijn gegroeid. Ze hebben in de praktijk diep kennisgemaakt met de democratie. Ze weten hoe het systeem in elkaar zit en hoe het werkt.

De AIVD doet er goed aan deze verdachten nauwkeurig in de gaten te houden.

En de reactie van de advocaten, die alles op alles zetten om de gearresteerden vrij te pleiten als de AIVD geen harde bewijzen voor hun arrestatie kan leveren, is correct. Oh, wat een schoonheid, de democratie!

Maar Samir A. moet één ding duidelijk begrijpen. Deze democratie is net zo heilig als de Koran die hij in zijn binnenzak draagt.

En het is de plicht van alle immigranten om deze democratie als een heiligdom te beschermen.

We moeten echter ook niet paniekerig reageren op de bivakmutsen van de onnozele Samir A. die kat en muis speelt met de AIVD.

De Arabieren vielen ooit massaal Spanje binnen met een zwaard in hun rechterhand en de Koran in hun linkerhand. Ze bleven daar zeshonderd jaar wachten om Italië binnen te dringen, maar het lukte hun niet. Uiteindelijk ondergingen ze een metamorfose en werden ze zelf Spanjaarden.

Wat hier de afgelopen tien jaar gebeurd is, is niets in vergelijking met wat er ooit in Spanje plaatsvond.

Gebroken de handen van Mohammed B. die de cineast Theo van Gogh vermoordde. Het doet nog altijd pijn, pijn, pijn.

Ik wil iets zeggen wat misschien niet gezegd mag worden.

Het kon niet anders. De tijd was er dat er een Mohammed B. moest komen. Als hij niet gekomen was, was er een Mohammed C. gekomen.

In Nederland was de tijd rijp voor Ali B. Anders was er een Ali C. gekomen.

Het is wat het is. En we moeten onze tijd durven leven.

Ik heb een verwerpelijke mededeling. Mohammed B. is van ons. Hij is van ons allemaal. Het maakt niet uit of we blank zijn, donker of zwart.

Samir A. is *made in Holland*.

Deze harde waarheid moeten we onder ogen kunnen zien.

We moeten onze tijd beleven zonder paniek en zonder afschuw.

Dat is de essentie van onze tijd. Wie het niet begrijpt, mist de boot. Nederland is mooier dan ooit, gezonder dan ooit, vitaler dan ooit.

De scholen zitten vol met donkere leerlingen. Op de universiteiten lopen vele talentvolle immigrantenjongeren. En vele immigranten hebben een waardige plek veroverd bij Shell, Philips, KPN, ABN Amro en de Postbank. Ze werken niet als gastarbeiders, maar als hardwerkende nieuwe Nederlanders, als projectleiders, als managers.

We mogen niet constant treuren om de immigranten. We moeten ook leren genieten van deze essentiële verandering in het land. Als we het niet doen, gaat onze tijd voorbij. En hebben we die niet geleefd.

De waarheid van Ahmadinedjad

De nieuwe Iraanse president bracht de Iraniërs wederom in verlegenheid met zijn harde taal. We zijn weer terug bij af.

Wie is die man? Waar is hij mee bezig? Wat moeten wij, Iraniërs, met hem?

Ahmadinedjad komt uit de laagste lagen van de samenleving. Hij is de president van de armen en de vertegenwoordiger van de radicaalste vleugel van het islamitische regime.

Op zich is hij een fatsoenlijke man met een goed hart. Hij bedoelt het ook allemaal goed. Hij is een rechtvaardige man die de wereld wil verbeteren.

Zijn aanhang ziet hem als Gods gekozene. En eigenlijk roept hij niets vreemds:

'Waarom mag Amerika alles en wij niets?'

Een logische vraag.

'Waarom mag Israël alles doen en alles zeggen, maar wij niet?'

Wederom geen rare vraag.

Hij zegt: 'Waarom mag Israël kernwapens bezitten, maar wij niet?'

Ook dat is waar.

'Waarom mag de president van Amerika alles doen en alles zeggen wat hij wil, maar ik niet?'

Ahmadinedjad is, als je het zo bekijkt, de enige president in de wereld die de waarheid spreekt. En de enige die geen blad voor zijn mond neemt. Hij is eerlijk, zijn eerlijkheid heeft iets weg van de eerlijkheid van de heiligen.

Hij heeft de arme gezinnen beloofd dat hij een deel van de opbrengst van de verkoop van de olie onder hen zal verdelen. Dat zal hij ook zeker doen. Hij is een man die zijn beloftes zal nakomen. Inmiddels is de prijs van de olie flink gestegen. Het is een sterk bewijs voor zijn aanhang dat Allah hem mag en hem bijstaat. Ik mag die simpele man ook.

Een huwelijk is bijna onmogelijk geworden voor de arme mensen in het vaderland. De moeders kunnen de bruidsschat van hun dochters niet meer betalen en de vaders kunnen de kosten van de trouwerij van hun zoon niet dekken. De president heeft de ouders beloofd dat hij geld zal geven. En hij doet het. Zo'n lieve president is nergens meer te vinden op aarde.

Ik heb de president de afgelopen tijd beter leren kennen. Hij is een man die nooit zal liegen. Ik ben ervan overtuigd dat hij nooit iets gestolen heeft en nooit naar een andere vrouw gekeken heeft. In het gewone leven zou je op hem kunnen rekenen als een buurman. Maar er is één probleem. Het is erg riskant om de leiding van het land aan zo'n heilige te geven.

De waarheid van de president is niets waard. Hij is goed, hij is lief, maar hij praat onzin. Hij begrijpt het niet.

Eerlijk zijn is geweldig, de waarheid is mooi, maar door de waarheid van Ahmadinedjad wordt het land geïsoleerd. Het maakt het land ziek en veroorzaakt nog meer armoede, nog meer analfabetisme, tirannie, honger en ongelijkheid. De Iraanse vrouwen worden erg onder druk gezet in het regime van zo'n godvrezende president. Hij zal het land tot aan de rand van faillissement leiden. Gelukkig hebben we in Iran een onmetelijke oceaan van aardgas en aardolie, anders leden we hongersnood door de politiek van deze sukkels.

Ik mag het niet zeggen, maar de president vermaakt me als een clown met zijn eenvoud. Ik geniet ervan. Maar we moeten oppassen met hem.

Laat hem zeggen wat hij wil zeggen. Laat hem doen wat hij wil doen in het vaderland, maar hou het kernwapen uit zijn buurt.

Ahmadinedjad beschouwt zich als de knecht van Allah. En knechten worden erg gevaarlijk als ze de macht in handen krijgen.

Parijs

Wie had gedacht dat zich klassieke scènes van een oosterse revolutie zouden voordoen in Parijs, de bruidsstad van Europa?

De rellen hebben iets weg van de Iraanse revolutie tegen de sjah, van Irak tegen Saddam. Er is heftige oproer ontstaan in de achterstandswijken van Parijs en de woede van de steenwerpende migrantenkinderen heeft om zich heen gegrepen naar andere Franse steden. Honderden auto's zijn in brand gestoken, gebouwen zijn in vlammen opgegaan en hier en daar is er geschoten.

Er is sprake van een nieuwe bepalende beweging in Europa. Het is een globale actie die het oude, krappe Europese kader wil breken om ruimte te maken voor de onder druk gezette immigranten. Het is een opstand die pas begonnen is.

De rellen zijn onderdeel van een moderne protestbeweging. Het zijn niet de volwassen immigranten die in opstand zijn gekomen, niet de vaders of de moeders, maar de jeugd! En de armoede, de vernedering, de werkloosheid en de uitzichtloosheid zijn oorzaken van het verzet.

Het is een nieuw element in de Europese geschiedenis. Wat in Parijs heeft plaatsgevonden, dient als introductie voor de rest van de Europese landen. Parijs is een voorbode. Maar de ingrediënten voor zo'n oproer zijn ook in Nederland aanwezig.

Maar waarom zijn het de kinderen van de immigranten die in opstand zijn gekomen in Parijs?

Omdat zij met hun eigen ogen zien dat hun ouders het niet meer aankunnen. Ze horen alles en ze zien dat ze net als hun ouders niet welkom zijn in de stad waar ze geboren en getogen zijn. Ze voelen de bittere vernedering op hun tong. Ze zien dat hun oudere broer, hun oudere zus niet wordt uitgenodigd voor een sollicitatiegesprek. Ze weten donders goed dat ook zij straks genoegen moeten nemen met een status als werkloze, tweederangs burger.

Tot een paar jaar geleden waren zij immigrantenkinderen, maar ze hebben plotseling een nieuw stempel op hun voorhoofd gedrukt gekregen: moslim!

Afgelopen woensdag kwamen er tijdens de herdenking van Theo van Gogh slechts enkele honderden mensen opdagen. Het was een wijs gebaar van Amsterdam: de dader is gearresteerd, en hij heeft een zware straf gekregen. Politie en justitie zijn druk bezig om de terreur te bestrijden, wij gaan verder met het leven.

Maar er is een groep van zogenaamde vrienden van Van Gogh, die nog altijd met een mond vol haat praten. Ze wachten op een tweede moord om hun gelijk te krijgen. Het is tijd dat ze leren van Parijs.

Ze beledigen de immigranten, ze provoceren de fanatieke moslims: 'Kom! Dood me als je kunt!'

Het is merkwaardig dat Van Gogh er steeds nieuwe vrienden bij krijgt na zijn dood. Iedereen die hem ooit aan de andere kant van de gracht zag lopen, meldt zich als een vriend aan en begint met etteren.

Ze moeten ophouden met hun geëtter. De profeet Mohammad is een pedofiel, een geitenneuker, een pervers mens. We weten het nu allemaal wel.

Ophouden!

'De Koran is een kutboek', riep een onnozele onlangs op het journaal. Oké. We hebben het gehoord. Nu ophouden, na Parijs!

Het heeft niets meer met de vrijheid van meningsuiting te maken, het is pure provocatie.

De immigrantenkinderen zijn erachter gekomen dat hun ouders niet meer in staat zijn ze te beschermen tegen de vernedering. Ze hebben het roer overgenomen. Laat af en toe zachte woorden horen!

Grootmeester Rumi

Er zijn taken in het leven die speciaal voor jou bestemd zijn. Je moet ze daarom doen. Want je komt op een plek of punt waar alleen jij ze nog kunt doen.

Ik sta hier nu met poëzie van de Perzische grootmeester Rumi in mijn handen. Ik heb het voorrecht om zijn gedichten in het Perzisch te kunnen lezen en ik wil ze delen, maar het kan niet. Zijn poëzie is een wilde, zingende rivier. Als ik haar vertaal, stopt de rivier.

De middeleeuwse Rumi is van iedereen. Madonna is een van zijn volgelingen. Rumi heeft het enkel over de liefde, over het heelal en over wijn. Door hem kom je in aanraking met het zijn, met het bestaan.

Zijn leven is een lange zoektocht geweest naar de plek waar we vandaan komen en waar we naar terugkeren. Achthonderd jaar is verstreken sinds de dag dat hij stierf, maar zijn poezie is sterker dan ooit aanwezig in de moderne tijd, in het Midden-Oosten, in het Westen en vooral in Amerika. Het lijkt alsof de drukke, haastige, consumerende Amerikaanse maatschappij Rumi nodig heeft om haar tot rust te manen.

In Perzië worden zijn liederen overal geneuried, zowel door de grootmoeders als door de meisjes. Als je verdrietig bent, of verzadigd met liefde, biedt Rumi een toevlucht:

Ik denk aan jou
Dag en nacht!
Ik leg mijn hoofd op je schoot
Dag en nacht!
Ik maak de dag en de nacht
zo dwaas als mezelf
van jouw liefde
Dag en nacht.
Ik zal de nacht en de dag
nooit met rust laten
Dag en nacht.
Ik zal niets eten
tot ik mijn vasten met de suiker van
Je lippen breek.
Dag en nacht.
Ik ben een dorstige aarde geworden
wachtend op je regen
Dag en nacht.
Jouw geest is de geest van de dag
de geest van de nacht geworden
Ik wacht
Ik wacht
Ik wacht

Ik wacht op jou
Dag en nacht.

Ik heb mijn best gedaan om het gedicht te vertalen, maar er is bijna niets van wat het was overgebleven. Een oud Perzisch gezegde luidt echter: 'Liever nu een harde klap dan de belofte van ooit een koekje.' De poëzie van Rumi is een weerspiegeling van een onrustige geest van verlangen, nieuwsgierigheid en hartstocht.

Badeh is wijn in het Perzisch. 'Badeh bedeh' betekent 'geef me wijn':

Geef me wijn
Maak me niet kapot
Zodat er niets van mezelf overblijft
Badeh bedeh
Nu is de tijd van vreugde
Blijf daar niet gewoon staan
Geef me wijn!
Badeh bedeh
Jij bent jij
En je bent ook mij
Verlaat me niet! Blijf in mij
Badeh bedeh
Jij bent de vogel
Ik ben het jong
Geef me niet aan elke roofvogel
Geef me wijn!
Badeh bedeh.

De komende maanden zal ik een poging doen om een Nederlandse bundel van de gedichten van Rumi te maken. Eigenlijk kan het niet, maar het moet kunnen. Ik moet ze een tijdje laten bezinken:

Ik was dood
Ik kwam tot leven
Ik was gehuil
Ik werd gelach
Toen het koninkrijk der liefde kwam,
werd ik zelf het koninkrijk.
Ze zei:
'Wegwezen! Je bent nog niet dwaas genoeg
van liefde.
Je verdient dit koninkrijk niet!'
Ik ging en ik werd zo dwaas dat
ik met het gerammel van een ketting
aan mijn enkel terugkwam.

Rumi is de mens die alleen in het heelal staat, hij doet een poging om ermee in contact te komen.

Droomtraditie

De droom! Gisternacht heb ik iets moois gedroomd. Iets merkwaardigs.

Het is een Perzische gewoonte om over je dromen te praten. Zodra je wakker wordt en zegt dat je gedroomd hebt, staat er altijd iemand klaar om je droom te verklaren. 'Heb je een dode gedroomd? Dat brengt geluk.'

De oude droomtraditie is zo verweven met het dagelijks leven dat er geen ruimte overblijft voor de theorieën van Sigmund Freud.

'Heb je een spiegel gedroomd? Dat is het teken van hoop.'

'Heb je goud gedroomd? Dan weet je wat je te wachten staat.'

'Galoppeerde er een paard in je droom?'

Volgens de droomregels praten de doden niet en ze raken je niet aan. Een omarming zal daarom nooit plaatsvinden. Want als ze je omarmen, nemen ze je met zich mee. Heb je een slechte droom gehad, dan praat je er met niemand over. Dan vertel je het enkel aan het stromende water.

Ik heb het er niet eerder met iemand over gehad, over deze droomtraditie. Is het in Nederland ook zo? Dat de doden stil zijn als ze je een bezoekje brengen? Raken ze je niet aan? Omhelzen ze je niet?

Het verbaast me dat deze eeuwenoude regels niet gelden hier in Nederland. De immigratie doet iets moois met de immigranten. Zij die nog niet terug kunnen keren, gaan bijna elke nacht terug naar huis. Het is wonderbaarlijk dat wie ik ook mis, wie ik ook wens, wie ik ook wil zien, in mijn dromen langskomt. Alle vrienden van toen, verre familieleden, de vrouw van de kruidenier, de kat van de buurman en de vleermuizen die elke avond piepend over het huis vlogen. En de doden.

Schrijver Henk van Woerden stierf plots vorige week. We hadden een afspraak, hij zou langskomen. Ik weet dat hij zal komen, ik zal Perzische thee voor hem klaarzetten in mijn slaap.

Een paar jaar geleden kwam ik een oude vriend, Heybat, op de dijk tegen. Hij is geëxecuteerd. Hij droeg een baseball-cap en fietste. Ik had hem nooit eerder met een fiets gezien, daarom herkende ik hem niet. Maar toen hij zijn pet af deed, zag ik het.

Er gebeurde iets ongewoons in die droom. Volgens de regels blijft er altijd een bepaalde afstand tussen de dode en de persoon die droomt. Maar hij liet zijn fiets staan, opende zijn armen en omarmde me. Ik was buitengewoon blij door die onverwachte ontmoeting, maar in mijn slaap dacht ik het al: 'Ik ga dood!'

De immigratie beschermt me echter, ik ging niet dood.

Gisternacht was ik weer in het vaderland en ik liep te voet naar huis. Eenmaal in onze wijk zag ik Theo van Gogh bij de kruidenier staan. Hij zag er blij en gezond uit en rookte zijn sigaretje.

'Wat een verrassing! Wat doe jij hier, Theo?' We gaven elkaar een hand en we omarmden elkaar.

De eend

Het leven is mooi en de natuur een wonder. Gisternacht was ik laat thuis na een lezing. Ik kon niet meteen naar bed, dus ik bleef voor de televisie zitten. Er was een documentaire over vlinders op. Een vlindertje worstelde moeizaam om uit zijn cocon te komen. Hij duwde met zijn dunne broze pootjes de zijdedraadjes weg, kroop naar buiten en bleef bevend aan een takje hangen. Toen strekte hij zijn mooie tedere vleugeltjes uit in de zachte lentezon en gaapte een paar keer uitgebreid. Hij rolde zijn zwarte vochtige roltong open in de lucht, bewoog zijn tere voelsprietjes en vloog onverwachts weg.

Waar wilde die pasgeborene naartoe gaan? Hoe durfde hij het wilde bos in?

De vlinder vloog over de bomen, stak een grote plas over en passeerde een kraai. Een zachte wind blies hem terug naar de plas, maar hij bleef halsstarrig zijn eigen weg volgen. Hij vloog nog een reeks lange bomen over en kwam plots bij een veld vol wilde bloemen. Hij maakte een rondje en streek neer op een paars-geel-wit bloempje. Onhandig stak hij zijn tong uit en begon te zuigen. Wonderbaarlijk!

Ik wilde over de kinderen van verstandelijk gehandicapte ouders schrijven, maar de vlinder schoot me te binnen.

De afgelopen tijd is er discussie in de media geweest over zwakbegaafde ouders. Deze laaide op toen bekend werd dat in een gezin ouders een baby zwaar mishandeld hadden – van zwakbegaafdheid bleek hier overigens geen sprake.

De vraag rees of geestelijk gehandicapten kinderen mochten krijgen, en of ze in staat waren om hun kinderen te beschermen. De discussie zakte snel weg, maar in gedachten was ik er nog mee bezig.

Ik kan nog altijd niet geloven dat zwakbegaafde ouders hun kinderen kunnen mishandelen. Het is iets wat niet in hun aard past.

Ze hebben van nature een ongewoon sterke band met hun kinderen. Net als de natuurlijke band die de vlinder met de bloem had. Het hebben van een eigen kind is iets wat zwakbegaafde, dove en blinde ouders intensief in contact brengt met het leven. Het redt hen van isolement en verbindt hen met de straat.

Zonder negatief te klinken, wil ik zeggen dat deze kinderen niet voor zichzelf zijn geboren. Ze worden geboren om hun ouders te dienen. De ouders planten zich zo diep in hun geest dat de kinderen nooit los kunnen komen van hen.

Dezelfde avond nog zag ik een stukje over een wilde vogel, een type eend. Ze had zeven kuikens gekregen en zwom nu onrustig om ze heen. Ze kon ze niet beschermen, ze waren met te veel. Opeens deed ze iets wreeds. Ze begon agressief met haar snavel op de kopjes van de kuikens te slaan. Wie de harde klappen niet kon weerstaan moest achterblijven. Drie van hen raakten hun evenwicht kwijt. Moeder eend liet ze achter en trok met de overige kuikens het bos in.

In traditionele samenlevingen worden gehandicapte ouders en hun kinderen warm ontvangen door families. Daardoor wordt de last van het gezin van de schouders van de ouders gehaald. Maar duidelijk is dat dat in de moderne samenlevingen niet meer mogelijk is.

Wat medewerkers van consultatiebureaus doen is goed, maar het is nooit voldoende. Het gezin heeft iets meer nodig.

Het is het recht van zwakbegaafde echtparen om kinderen te krijgen als zij nadrukkelijk die wens hebben. Maar als ze zover komen, is het bijna de plicht van hun families om ze niet alleen te laten zoals de eend dat deed.

De nestbevuilers

Nederland is druk bezig met de berechting van de terreurverdachten. Deze rechtszitting heeft een aparte lading: hoewel de meeste verdachten hier geboren en getogen zijn, keuren ze de democratische wetgeving af en kiezen ze voor Allah.

De verdachten hebben een muur opgetrokken tussen zichzelf en de rest van de samenleving.

De kennis van de gearresteerde jongemannen over de Koran en de islam is beperkt. Ze halen hun puberale wetenschap uit lelijke en letterlijk vertaalde Nederlandse teksten van de oude Arabische schriften.

En met die oppervlakkige internetkennis hebben ze een soort achterlijke versie van de islam in de achterstandswijken van Rotterdam en Den Haag gecreëerd. Een soort rotreligie om zich te kunnen afzetten tegen de rest.

Op de eerste dag van de hoorzitting stonden vijf jonge, zwartgesluierde vrouwen buiten de rechtbank van Amsterdam. Ze waren waarschijnlijk de vrouwen, zussen of vriendinnen van de verdachten. Ze voerden actie en ze haalden alle voorpagina's van de kranten en het journaal.

Maar ze lieten niets van hun gezicht zien en ze stonden nadrukkelijk met hun rug naar de camera's. Een van hen hield een protestdoek voor haar gezicht waarop stond: 'Allah is ons genoeg, de beste beschermer! de Koran, soera 3 aya 173.'

Ze hadden als het ware met hun lange chadors een zwart gordijn tussen zichzelf en de rest van de bevolking getrokken.

Er moet geen ruimte zijn voor de gedachten van die rare mensen die voorlopig achter de tralies zitten. Want ze vertegenwoordigen niemand behalve zichzelf met hun armzalig cultuurtje.

Als die vrouwen geloven dat hun man of hun broer onschuldig is, moeten ze zich niet verbergen achter hun chadors. Ze moeten juist hun gezicht laten zien en hun stem laten horen.

Wat ze nu doen, is dom. En het betekent dat ze niets hebben begrepen van de samenleving waarin ze geboren en getogen zijn.

Het is heel zwak en getuigt van geestelijke armoede als je in Nederland woont en denkt dat alleen Allah je genoeg is en alleen hij je zou kunnen beschermen.

Het is niet Allah die de verdachte mannen verdedigt – Nederlandse advocaten doen dat. Die zijn hard bezig voor de verdachten, maar eigenlijk zijn ze bezig om de democratie te beschermen. En zo hebben ze de afgelopen tijd een mooi gezicht van Nederland laten zien.

Die vrouwen kennen de macht van de media verdomd goed, ze keren hun rug naar de samenleving, maar tegelijkertijd gebruiken ze een van de belangrijkste pijlers van de Nederlandse democratie, namelijk de camera's, om hun zieke versie van de islam te presenteren.

Degenen die met zulke gedachten rondlopen, willen angst zaaien. Ze zijn bezig om hun denkbeelden te verspreiden onder jongeren. Maar die ruimte en vooral die aandacht mogen ze niet krijgen. Ze zijn wat ze zijn, de vertegenwoordigers van niemand.

Ik wens een rechtvaardige berechting voor hun mannen. Ik geloof dat de democratie geen wraak neemt op hen. Ik geloof dat hun advocaten hun krachten zullen bundelen om, indien ze onschuldig zijn, hen vrij te pleiten.

Het mag een keer afgelopen zijn met het asociale gedrag van die mannen en die vrouwen. Want heel veel moslims lijden schade door hun gedrag. Weg met hun verstikkende islaampje, weg met die overbodige, angstzaaiende zwarte chadors. Als ze verder niets te vertellen hebben dan dat nietszeggende protestdoek, zijn ze niets meer dan een groep valse huichelaartjes die hard toegesproken moeten worden.

De kerstboom

Luister hoe de rietfluit klaagt
Hij klaagt over de scheiding:
Sinds ik uit het riet doorboord ben
Opdat ik kan zeggen hoe ik lijd van verlangen
Treurt iedereen om mijn leed
Ieder die van zijn oorsprong verdreven is
Zoekt naar de tijd van samenzijn
(Rumi)

Sierlijk en vol licht staat hij in ons huis, de kerstboom. Het is allang een gewoonte geworden, een verlichte boom in de lange nachten van onze woonkamer.

Afgelopen woensdag liep ik tijdens Lichtjesavond door de stad. Het Nieuwe Kerkplein, waar de koningen, koninginnen en Johannes Vermeer begraven liggen, stond vol mensen, overal brandden lichtjes en geurde de glühwein. Ik zag de kerstboom, mijn kerstboom bij een provisorisch kerst-stalletje staan met daarnaast Maria met haar kind in haar armen.

'Is de boom te koop?' vroeg ik aan de man die bij de stal stond.

'Nee, die boom hoort bij de kerststal.'

'Daarom wil ik hem juist hebben.'

Ik wist dat niemand zo'n vraag zou stellen over de boom die naast Maria in de stal stond. Maar een van de eigenschappen die de immigratie met zich meebrengt is dat je de grenzen passeert en vragen stelt die normaal niet gesteld worden. 'Je mag hem hebben,' riep de man echter, 'maar pas aan het einde van de avond, als alles is opgeruimd.'

Laat in de avond ging ik terug naar de man. Het plein was nu verlaten, de lichtjes waren gedoofd, en Vermeer rustte uit in de kelder van de kerk. De man tilde de Maria en Jezus en de twee schapen in zijn bestelwagen. Ik betaalde en zette de lange, mooie, zware kerstboom op mijn schouder en ging naar huis.

De geur van de verse groene naalden vulde mijn hoofd. Hij was zo sterk dat ik me een fiere, groene boom voelde die door de nacht liep. Misschien kwam het door de geest van het plein, of door mijn nieuwe boek dat daar in het licht van de vitrine van de boekhandel lag. Of misschien doordat de boom de vijftiende kerstboom was die ik naar huis sjouwde sinds mijn verblijf in Nederland. Of doordat het sjouwen van een kerstboom geleidelijk een traditie geworden was voor mij.

In mijn oude gewoontes paste het beeld van een gekapte jonge boom op mijn schouder niet, laat staan hem mee naar huis nemen. Niemand zaagt een jonge boom om in mijn land. Maar de immigratie ondermijnt de oude gewoontes.

Je hebt je eigen feesten en je maakt je de feesten van het nieuwe land eigen. Je hebt je eigen liedjes en je leert de liedjes van je nieuwe buren. Je laat je eigen boeken in je oude huis achter en plaatst nieuwe boeken in een nieuwe taal in je boekenkast. Toen ik de kerstboom plaatste en de lichtjes aan deed, merkte ik dat er iets ontbrak. De oorspronkelijke bewoners waren iets historisch vergeten bij het vieren van het feest. De spiegel. Het symbool van het licht. Ook was er altijd een boek aanwezig op onze winterfeesten: de gedichtenbundel van de middeleeuwse dichter Rumi:

Ik denk aan jou
Dag en nacht!
Ik leg mijn hoofd op je schoot
Dag en nacht!
Ik maak de dag en de nacht
Zo dwaas als mezelf
Dag en nacht.
Ik zal de nacht en de dag
Nooit met rust laten
Dag en nacht.
Ik ben een dorstige aarde
geworden
Wachtend op je regen
Dag en nacht.

Stenenwerpers

Er zijn driehonderdzeventig mensen vertrapt tijdens de Satantocht in Mekka, toen duizenden gelovigen elkaar onder de voet liepen.

Gecondoleerd, hadji's! Ik hoop dat de rest van de tweeënhalf miljoen pelgrims heelhuids naar huis terugkeert.

Maar nu dit: is het een ramp? Is het een hartverscheurende gebeurtenis?

Het spijt me, maar de keuze ligt bij hen als ze nadrukkelijk dood willen. Het is geen natuurramp of vogelgriep, het is geen varkenspest, maar een hadji-kwestie. Doodgaan is geen issue in Mekka. Wie in Mekka sterft, gaat namelijk rechtstreeks naar het paradijs.

Een groot aantal orthodoxe hadji's wenst een waardige dood in Mekka. In dat geval word je meteen naar de tuinen van geluk gebracht waar de mooie vrouwen met kannen vol wijn op je wachten.

De plek waar elk jaar vele doden vallen, is een nauwe doorgang waar de hadji's drie maal zeven steentjes tegen Satan gooien. Wie erin slaagt eenentwintig steentjes te gooien, wordt rein en gezuiverd van de zonden die hij in zijn leven begaan heeft. Het is de favoriete plek van de stoere hadji's die vele zonden hebben begaan. Nu of nooit, denken ze, en intussen vertrappen ze elkaar om zich naar voren te dringen.

Het is niet zo dat iedereen naar Mekka mag of gaat. Mekka is slechts bestemd voor de rijke moslims. En met name voor mannen.

Dit zijn voornamelijk handelaars. Er bevindt zich geen gewone ambtenaar, stratenmaker of leraar tussen de pelgrims. Tenzij je werkt voor het foute islamitische regime en de reiskosten als een soort bonus vergoed krijgt. Deze handelaars verdienen extreem veel geld, waarover ze geen cent belasting betalen. Ze moeten minstens de helft van hun rijkdom aan de staat geven, maar niemand die dat ooit gedaan heeft of zal doen. Vandaar dat er zo veel armoede, ziekte, honger, analfabetisme en onwetendheid is in de islamitische wereld.

Deze mannen vormen het grootste deel van het kwaad. Ze hebben de traditionele economie van tapijten, goud, graan, thee, katoen, fruit, vet en vlees in handen. En van nature zijn ze tegen de democratie, tegen elke vorm van vernieuwing. Er ligt altijd slechts één boek op hun bureau: de Koran. Dit boek misbruiken ze en gebruiken ze om hun dagelijkse misdaden tegen hun arme geloofsgenoten goed te praten. Ze zijn de grootste geldschieters van de imams. Khomeini kwam door hun hulp aan de macht. En zo steunen ze nu de gevaarlijke, fanatieke Ahmadinedjad, de huidige president van Iran.

Kortom, zij zijn de hoeksteen van een achterlijke islam. Het zijn deze mannen die eenentwintig steentjes willen gooien. Nu of nooit. En zo wassen ze hun miljarden aan zwart geld wit in Gods huis.

Ons kent ons. De hadji-dieven worden begeleid door de corrupte Saoedi-Arabische prinsen. Het grote ritueel gaat alleen maar over goud en geld. De hadjimarkt in Mekka is de grootste markt ter wereld waar goedkope souvenirs, die geproduceerd zijn in China, verkocht worden. Allah merkhorloges en andere souvenirs waar de prinsen miljarden mee verdienen. Allemaal leugens, allemaal duistere handelspraktijken in Gods huis.

Kaäba, Gods huis, is het mooiste huis ter wereld. Het is een historisch, melancholisch huis, dat de oeroude profeet Ibrahim met zijn eigen handen voor God gemaakt heeft. Ooit moeten corrupte, traditionele handelaars voorgoed uit dit sprookjeshuis geveegd worden.

Lijmen

De Afghanen en vooral de Afghaanse bergen kennen we nu goed, dankzij Osama bin Laden. En we hebben dankzij de Amerikaanse invasie en de camera's van CNN een deel van die geheimzinnige Afghaanse grotten op de televisie gezien.

De bergen, historische bergen die door de eeuwen heen

met hun diepe donkere grotten een labyrint van verdediging boden aan de Afghanen.

Het zijn goddelijke grotten waarin ooit de oermens woonde. Vele duizenden jaren later, toen de geschiedenis in beweging kwam, viel Alexander de Grote het Perzische rijk binnen. Hij vernielde en verbrandde alles. Gejaagd namen de Perzen hun kostbare spijkerschrift en zochten hun toevlucht in de donkere grotten aangezien Afghanistan altijd een deel van het rijk vormde. Een paar duizend jaar later, toen de mohammedanen met hun Koran en hun groene vlaggen het Perzische rijk binnenvielen, vernielden ook zij alles. Alle heilige vuurtempels werden met de grond gelijkgemaakt. In die tijd geloofden de Perzen in Zarathoestra en was het vuur heilig, maar de mohammedanen doofden alle Perzische vuren. Een groep trouwe Zarathoestra-geestelijken nam het oorspronkelijke heilige vuur en vluchtte de donkere Afghaanse grotten in om het te redden. De mohammedanen bezetten het hele rijk en het werd verboden om Perzisch te spreken. Tweehonderd jaar lang viel er een stilte in het land, niemand durfde op straat Perzisch te praten.

Al bleven er een paar verborgen plekken in het rijk waar men de oude Perzische taal koesterde als het heilige vuur. In de grotten kon het zwaard van de islam de taal niet bereiken.

Het Perzische alfabet werd gedwongen veranderd, maar dankzij de bergen bleef de oorspronkelijke taal bijna intact bewaard in Afghanistan. Veertien eeuwen na de invasie van de islam wordt nog altijd in dat deel van Afghanistan het oude Perzisch gesproken. Hun taal klinkt zo oud, zo vertrouwd en zo mooi als de pure klanken van de natuur.

De Afghanen, de Afghaanse bergen en het labyrint.

Eerst poogde Alexander de Grote tevergeefs de grotten binnen te dringen, daarna kwamen de Romeinen, de Grieken, de mohammedanen, Djengis Khan en vele eeuwen later de Russische communisten. Toen kwam Amerika onder leiding van Bush. En nu zijn bijna de Nederlanders aan de beurt.

Maar de grotten zijn altijd onbereikbaar gebleven voor de buitenlandse troepen. Onbetreedbare plaatsen voor vreemdelingen.

Ik weet dat Nederland niet wil, maar het moet.

Een goede reis. Wees toch lief voor de bergen en doe voorzichtig! Schiet niet richting die geheimzinnige grotten. Maar stuur een signaal: 'We doen niets. We moesten komen, daarom zijn we hier. We zullen bruggen bouwen, kassen neerzetten, tomaten kweken, en een paar scholen, en een ziekenhuis voor jullie bouwen. Wij zijn Hollanders, heel anders dan anderen.'

Gelukkig is er plotseling iets nieuws uit de lucht komen vallen. Osama bin Laden heeft de Amerikanen een langdurig bestand aangeboden.

Sommigen vinden het een truc, anderen vinden het onzin, niets nieuws. Maar het is een zwak lichtje in het absolute donker. Terroristen zijn mensen van vlees en bloed. Zij hebben ook kinderen.

Nederland is een meester in lijmen. De Nederlandse troepen moeten juist nu naar Afghanistan en zij zijn de enige geschikte mensen die op dit moment een brug kunnen slaan.

Straks bivakkeren ze op een steenworp afstand van de grotten, op een steenworp afstand van misschien wel Osama bin Laden. Dus schiet niet, maar verras de wereld met een meesterlijke zet. Gezegend nieuws. Een bestand. Laat de oude geest van de grotten je behoeden!

'Zit!' zegt Verdonk

Op straat! 'Je hebt je in Nederland gevestigd en dan spreek je Nederlands. Punt', zei mevrouw Verdonk.

Op straat alleen Nederlands. Punt!

In welke taal spreek ik als ik met een landgenoot wandel op straat?

Dat heeft niets met mevrouw Verdonk te maken. Maar het is verstandig als de immigranten die de taal nog niet goed beheersen Nederlands met elkaar praten. Het heeft een positieve werking als je jezelf af en toe belachelijk maakt op straat. Er gaat een wereld voor je open. Probeer het zelf eens!

Maar mevrouw Verdonk, wat gaat u doen als ze weigeren? Als ze hardnekkig in hun eigen taal blijven spreken op straat? Oppakken, zou u zeggen. Ik zie het al voor me. Arresteren en dan een zware werkstraf opleggen. Zo wilt u het graag.

'Zit!' zegt mevrouw Verdonk.

En ze legt een gedichtenbundel van mevrouw Annie M.G. Schmidt op hun schoot en dwingt ze hardop voor te lezen uit het gedicht 'Ik ben lekker stout':

Ik wil niet meer, ik wil niet meer!
Ik wil geen handjes geven!
Ik wil niet elke keer zeggen:
jawel mevrouw, jawel meneer,
Nee, nooit meer!

Laatst hield ik een lezing voor een groep immigrantenvrouwen. Een zaal vol gesluierde dames die de taal machtig was en onderling Nederlands praatte. Ze klaagden over het feit dat er geen Nederlanders waren met wie ze hun taal konden oefenen.

Ik zei: 'Uw dochter, uw zoon, uw lievelingszoon, dat zijn toch Nederlanders. Bewonder ze, kus ze en liefkoos ze in het Nederlands.'

Ze moesten lachen.

Ik zei: 'U hebt geen Nederlandse nodig, u bent een Nederlandse, uw gesluierde vriendin die bij u langskomt is een Nederlandse. Klets met haar in het Nederlands.'

Ze keken elkaar aan en lachten.

Ik zei: 'Praat in bed met uw man in het Nederlands. Hij is een Nederlander.'

Ze moesten nog harder lachen. Allah, Allah.

Maar mevrouw Verdonk, wat gaat u doen met die vrouwen? Allemaal in de bus zetten en naar Marokko sturen? Zo wilt u het graag.

Wat wilt u doen met die enge bebaarde moslimmannen die een Nederlands paspoort op zak hebben en op straat Arabisch spreken? Ze weten niets van mevrouw Verdonk en de enige die ze vrezen is Allah.

Ze moeten allemaal opgepakt worden en op een onbewoond eiland gezet worden, opgesloten in een kamp. Zo wilt u het graag.

'Zit!' zegt mevrouw Verdonk.

Dan drukt ze een Nederlandse vertaling van de Koran, zonder één Arabisch woord uit het origineel, in hun handen en ze zal hen dwingen om al die soera's uit het hoofd te leren.

Lees!! Hardop:

Bij de hijgend rennenden
En de vonken slaanden
En de 's ochtends dravenden
Die dan stof opwerpen
En dan midden in de slagorde doorbreken.
Nee, ik zal niet dienen wat jullie dienen.
En jullie dienen niet wat ik dien.

170

Gisteren was ik toevallig op de Haagse markt. Ik kon mijn oren niet geloven. Er sprak niemand Nederlands. Alsof mevrouw Verdonk niet bestond.

Pak ze allemaal op, mevrouw Verdonk! Omsingel de markt met pantserwagens, houd iedereen aan en neem ze allemaal mee naar dat lege voetbalstadion. Dan laat u een vrachtauto volgeladen met de boeken van Annie M.G. Schmidt binnenrijden.

Spreek in welke taal je je maar lekker voelt. Maar leer de Nederlandse taal stevig. Spreek in alle talen van de wereld op de straten van Amsterdam, Rotterdam en Den Haag, maar leer geloven dat de Nederlandse taal van jou is.

Het is je vlees geworden.

Mohammad was een gewoon mens

De Deense cartoonist heeft twaalf tekeningen van Mohammad gemaakt en van Ayeshe.

Fanatieke moslims zijn overal ter wereld uit protest de straten op gegaan en hebben in Syrië en Beiroet de Deense ambassade in brand gezet. Ik heb de cartoon van Mohammad gezien, maar ik was nieuwsgierig naar die van Ayeshe. Zij was de tweede vrouw van Mohammad, nog een meisje toen ze met hem trouwde:

Mohammad en Ayeshe waren op de binnenplaats bezig toen ze een groep muzikanten hoorden op straat. Ayeshe wilde kijken, maar dat mocht niet; Mohammad had muziek zojuist verboden verklaard. Maar Ayeshe was een beetje ondeugend en zei: 'Jij bent mijn man, ik wil ernaar luisteren.' Mohammad antwoordde dat God het verboden had, en dat als zij naar de muziek wilde luisteren, dat iets tussen haar en God was. Ayeshe herhaalde koppig: 'Jij bent mijn man.' Mohammad zwichtte en knielde neer en Ayeshe ging met haar schoenen op zijn rug staan, zodat ze over de muur van de binnenplaats naar de muzikanten kon kijken.

Mohammad is mij dierbaar. In mijn jeugd zag ik hem in mijn verbeelding immer op een kameel; een knappe man met een groene sjaal, wild zwart haar, bruine woestijnogen en een zwaard op zijn zij.

Hij leefde in de zevende eeuw, nog lang niet in de Middeleeuwen. Hij woonde niet in Europa maar in Mekka, in een chaotische samenleving waar de wet van de woestijn regeerde.

In die tijd hadden de vrouwen geen enkel recht, ze werden lager behandeld dan dieren. Elke man die het kon betalen had een aantal vaste vrouwen die bij hem in huis woonden en nog velen buiten het huis. Zonder een enkele maatschappelijke belemmering legden ze hun hand op elke slavin die ze maar wilden.

De kamelen hadden meer rechten dan de vrouwen in Mekka. Met hen werd omgesprongen als met een jeep in de woestijn.

Mohammad probeerde orde in de chaos te creëren, hij stelde voor alles een paar vaste regels op en zo openbaarde hij zijn Koran als wetboek:
– De vrouwen erven.
– Je mag je echtgenoot niet zomaar verlaten als je weer een andere leuke vrouw bent tegengekomen.
– Met geweld met een vrouw slapen die niet met je wil slapen, is verboden.
– Laat de vrouw met rust als zij zich niet lekker voelt.

Zijn wetten waren zo onaanvaardbaar dat de mannen hem in zijn slaap wilden doden.

Er was geen Eerste Kamer of Tweede Kamer of een feministische organisatie die iets voor de mensen kon doen. Iemand moest zijn stem verheffen: Mohammads Koran en zijn proza waren zo verfrissend als het internet van nu.

Hij was een aardse profeet, een interessante historische figuur, een poëet, een sluwe krijgsheer en een knappe Arabier met een zwak voor vrouwen. Dom van de tekenaars (cartoonisten) uit zijn tijd dat ze geen schets van hem op een steen hebben getekend, of op een kamelenbot.

In mijn jeugd tekende ik Mohammad met te veel liefde. De Deense cartoonist heeft hem met te veel afkeer getekend. Beiden door gebrek aan ware kennis.

Mohammad was geen terrorist. Het is idioot dat de moslims de Deense ambassades in brand steken, het is een duidelijk teken van onwetendheid. Ze weten niet dat het een groot goed is als een mens zich kan uiten, in welke vorm dan ook. Mohammad beweerde overal in zijn Koran dat hij een gewoon mens was. Als Europeanen de behoefte hebben om Mohammad zo af te beelden, dan moeten ze het doen.

De trots van Ljubljana

Heerlijk om een paar dagen niet in Nederland te zijn; weg van die cartoondiscussies, weg van de grenzen van de meningsuiting en weg van het zoveelste praatprogramma over Mohammad. Lang leve het vliegtuig dat opeens in Ljubljana landde.

Ik had geen idee hoe de stad eruit zou zien en al helemaal geen beeld van de Slovenen.

Wat deed ik in Slovenië? Er was een literair festival georganiseerd en onlangs was een bundel korte verhalen van Nederlandstalige schrijvers uitgegeven. Er moest dus iemand aanwezig zijn.

Het land is klein, heeft twee miljoen inwoners van wie er driehonderdduizend in de hoofdstad wonen. Het is heel vreemd om in Ljubljana te wandelen, het heeft niets speciaals terwijl het wel een hoofdstad is.

Er klopte iets niet. De straten zagen er stil uit, de markt was verlaten en de winkels waren leeg. Er ontbraken mensen. Maar wie?

De Marokkanen, de Turken, de gastarbeiders, de immigranten, die 26.000 asielzoekers die het land uit moeten en mevrouw Verdonk.

Er waren alleen Slovenen. Het gehele land was lekker van henzelf.

Zij hadden geen Mohammed B., geen Ali B., geen gesluierde moslims en geen *Shouf Shouf Habibi*.

Slovenië is het droomland van mevrouw Verdonk. Je hoort geen vreemde talen. Niets, er geldt maar één taal, het Sloveens.

Als je Ljubljana met Amsterdam vergelijkt, ziet Ljubljana er ziekig uit. Het lijkt alsof de stad aan bloedarmoede lijdt. Alsof het net gezuiverd is. Maar schijn bedriegt. De Slovenen zijn vreedzame mensen, met heel strenge regels, die het bijna onmogelijk maken voor een buitenlander om zich daar te kunnen vestigen. Ooit was het land de kleinste deelrepubliek van het grote Joegoslavië, maar in 1990 heeft het zich teruggetrokken om op eigen benen te staan.

Met een ongekende snelheid is Slovenië op weg naar een kapitalistische samenleving. Alle sociale zekerheden zijn weg. Gratis onderwijs, gratis ziekenhuis, gratis huisarts, gratis kinderopvang; allemaal als sneeuw voor de zon verdwenen. Amerika is de droom en Madonna zingt overal voor je. Binnenkort zal de euro het land binnenrollen, de angst is nu al te voelen op straat.

Het is mooi om tijdens deze overgang in Ljubljana te zijn. Overal zijn de sporen van de communistische tijd nog zichtbaar. Tito leeft nog in de oude socialistische betonnen arbeidersgebouwen. En hoewel Milošević niets met Slovenië te maken heeft en vastzit in Nederland, kom je hem toch onverwachts in een donker steegje tegen. Want vele mannen met een lange zwarte winterjas lijken sprekend op hem.

De Slovenen zijn trots op hun taal, de meeste straten zijn naar hun dichters vernoemd. In het centrum staat een standbeeld van France Preeren, de grote Sloveense dichter, samen met de godin van de poëzie, die een groen takje boven zijn hoofd houdt.

Het gaat echter niet goed met de schrijvers en dichters in het land. Van een goed boek worden slechts duizend exemplaren gedrukt en gedichtenbundels bereiken zelden de magische oplage van honderdvijftig exemplaren. De Slovenen kijken op naar Nederland. Ze zien het als een modelstaat. Daarom stond de bundel Nederlandse verhalen meteen in de toptien met een oplage van zevenhonderd.

Midden in de winkelstraat zag ik een vrouw staan met een stapel boeken in haar hand, een dichteres, ze verkocht haar gedichten.

Het was Svetlana Makarovič:

Als de knoppen van de takken openbarsten
Druk ik je op mijn hart
Pas dan kom ik achter wie je bent.
En als je komt,
zal ik je opnieuw maken
als een braambos
onder een stortbui in mei.

Geef ze Saddam maar terug

Dit blijft onder ons. Ik wil een weekje geen Irakees zien, zelfs mijn Irakese vrienden niet, want ik ben moe van al het geweld in Irak. Ik schaam voor wat ik zeg, maar ik wil ook een paar dagen mijn landgenoten niet zien. Met alle respect voor hen, het heeft niets met hen te maken. Ik wil niet geconfronteerd worden met mezelf.

Wat ik nu ga zeggen is noch verstandig, noch gepast. Maar ik wil de sjah van Perzië terug. Ik weet dat hij dood is, toch denk ik eraan. Ik mag het niet zeggen, maar doe het toch. We hebben collectief een fout begaan in het vaderland. De sjah was goed voor ons, meer dan goed zelfs.

Hij was een dictator, hij was corrupt, hij was een marionet van Amerika, maar met de wetenschap van nu, zou ik hem voor geen honderd imams inruilen.

Zo loopt het leven. We haalden hem neer en tegelijkertijd onszelf. We kregen wat we verdienden, een engerd als Ahmadinedjad. Hij is op maat gesneden voor ons, de Iranier. Voor ons is het duidelijk nog te vroeg voor de democratie. Nogmaals, dit blijft onder ons.

Hetzelfde geldt voor Irak. Ik hoop dat ik niemand kwets door dit te zeggen, maar de Irakezen hebben op dit moment geen democratie nodig. Sorry, mijn hartelijke excuses gaan uit naar de duizenden slachtoffers, maar de Irakezen verdienen nu niemand anders dan Saddam. Geef hun Saddam terug, nu hij nog leeft.

Het mag niet gezegd worden, behalve deze ene keer: helaas zal men daar nog lange tijd niet zonder dictator kunnen. We zijn nog niet volwassen genoeg. De sjah en Saddam zijn broodnodig.

Men heeft lange tijd gewacht op de modeldemocratie in

Irak, maar vorige week werd de gouden koepel van de elfde heilige imam in Samarra vernield, opgeblazen. Ik hield mijn adem in. De vijand heeft op de gouden koepel van Ali's tombe gemikt. Als die wordt opgeblazen, kan niemand een burgeroorlog in Irak meer tegenhouden. Want Ali is het begin en Ali is het einde voor de sjiieten.

Weg met het geweld. Weg met de soennieten en sjiieten, geef ons alstublieft onze eigen dictators terug.

Met het christendom zitten we nu in 2006, de islam is slechts veertienhonderd jaar oud. We hebben dus nog zeshonderd jaar te gaan voordat we de democratie bereiken. Dus weg met de opgedrongen democratie in Irak, lang leve *Shouf Shouf Habibi.*

Met plezier keek ik zondag naar Ap, Rachid, Mussi, Robbie en Samira. Het is het beste wat je kunt kijken op zondag.

De jongens gaan gezamenlijk tekeer tegen die eeuwenoude en nu lachwekkende vaste regels van de islam die nooit aan de moderne tijd kunnen worden aangepast.

De acteurs zijn origineel, hun verhaal is nieuw, hun acteren is natuurlijk en het product verfrissend. Ze maken door zelfspot de moslimgelovigen lekker belachelijk. En dat is nodig, in Nederland moet er een andere islam komen dan die we nu in Iran en Irak hebben. Het doet velen pijn, maar het is goede pijn.

De jongens slaan ook de harde Nederlandse clichédenkbeelden over de immigranten kapot. Het is prachtig om te zien.

Shouf Shouf is nog lang geen kwaliteitsproduct, maar het is een frisse wind in de wereld van de Nederlandse cinema en tv. Als ze zichzelf blijven zullen ze *Goede Tijden* overtreffen. Ik kijk al uit naar de volgende aflevering, ben benieuwd wat ze weer bedacht hebben. Kijken naar hen is een remedie tegen het geweld.

Stemmen?

Morgen zijn de gemeenteraadsverkiezingen. Op ons raam hangt een poster van de PvdA. Ik weet niet wie hem opgehangen heeft, maar hij staat mooi en het is oké, want de PvdA is een goede partij.

Ik mag Wouter Bos en de andere leden van de PvdA die ik hier en daar tegenkom. Ik zie ze allemaal als broers. Ik vertrouw ze en voel me relaxed bij hen. Af en toe als ze in de buurt een bijeenkomst hebben, loop ik eventjes binnen. Ik luister, drink een pilsje en ga er dan weer vandoor.

Ik mag ze nog steeds, maar tegenwoordig spreken ze me niet meer aan. Ze zijn te voorzichtig geworden en daar is niets mis mee, maar ik houd van een partij met meer lawaai, meer durf en meer blingbling.

Wouter Bos doet alles perfect, maar ik heb een beetje moeite met mensen die alles perfect doen, of perfect proberen te doen.

Hij denkt te veel na, is bang om een foutje te maken. Hij loopt voorzichtig, vreest dat hij onderuit gaat en geen premier wordt.

Maar wie is de tweede man als Wouter per ongeluk op het ijs valt? De mens is kwetsbaar!

GroenLinks. De leden van die partij beschouw ik als mijn zussen en zusjes, allemaal jonge sympathieke vrouwen met een groot groen hart. Ze zijn lief, maar hun hart is zwak. Is er bij GroenLinks misschien een coup gepleegd tegen de mannen? Ik hoor en zie ze niet meer.

Eigenlijk moet ik voor de SP kiezen, een echte communistische partij. Zij zijn geen communisten, maar socialisten, toch zie ik het zo.

Jan Marijnissen is een betrouwbare, rechtvaardige man,

maar het verleden heeft me geleerd dat je met eerlijke mannen niets bereikt. Ik heb zeven vrienden, kameraden uit het verleden. Ze waren stuk voor stuk net zo warmhartig als Jan Marijnissen, maar ze zijn allemaal óf gearresteerd, óf gedood, óf gevlucht. En zij die gevlucht zijn, werken nu als taxichauffeur in Berlijn en Brussel.

Het CDA? Nee, nooit. Ik vind alleen hun groene sjaal mooi. Ik vertrouw de religieuze partijen niet. Een oud Perzisch gezegde luidt: 'Wie eenmaal door een slang gebeten is, blijft altijd bang voor een touw.'

Balkenende is een aardige man, maar ik zal nooit dicht bij hem kunnen komen. Het ligt niet aan hem, maar aan mij. Ik ben een keer gebeten door een slang.

Jozias van Aartsen van de VVD vind ik sympathiek. Hij is zichzelf, vandaag zegt hij iets, morgen neemt hij het tot aan het laatste puntje terug.

Hij heeft dromen om de leider van zijn eigen partij te worden en ooit minister-president. Ik mag hen die onbereikbare dromen hebben.

Maar bij de VVD lijkt het net of er altijd een carnavalsfeest gaande is, waar iedereen een eigen luidspreker heeft, zodat niemand de stem van Jozias van Aartsen hoort.

Eigenlijk zou ik het over het programma van de partijen moeten hebben, maar het maakt niet uit, in de praktijk gaan ze allemaal hetzelfde doen.

Stiekem dacht ik: als Hans Wiegel, die Hollandse heer, de oude beer, zich als kandidaat premier beschikbaar stelt, ga ik op hem stemmen. Want hij is een ervaren man, heeft veel meegemaakt, weet een beetje hoe het leven in elkaar zit.

Toch denk ik dat ik niet mag liegen tegen mijn lichaam. Ik ga stemmen. Het is een voorrecht.

Christenen en homo's

Tijdens de drukke dagen rond de gemeenteraadsverkiezingen kondigde mevrouw Verdonk plots aan dat ze twee groepen het land uit wilde zetten, namelijk de Iraanse homoseksuelen en de christenen die asiel hebben aangevraagd.

Haar besluit zorgde voor veel commotie en onbegrip: 'Hoezo opeens de homo's naar Iran terugsturen?' En de kamer stelde vragen.

Daarom worden de homoseksuelen voorlopig niet uitgezet, maar de ophef heeft de vvd wel een handje geholpen uit het dal na de verkiezingen te komen: Zie je? Mevrouw Verdonk van de vvd is vastberaden! Als die mensen weg moeten, dan moeten ze weg! Voor haar maakt het echt niet uit wie ze zijn. Ze is een vrouw van ijzer!

Ik ben blij voor de homo's en ik gun ze hun rust.

Merkwaardig is dat als Verdonk vertelt dat ze deze twee groepen het land uit wil zetten, iedereen ontzet is over de homoseksuelen, maar niemand iets zegt over de christenen.

Als er in Iran één gemeenschap is die collectief asiel mag aanvragen, is het de christelijke. Er worden zware lasten op hun schouders gelegd.

Ze mogen niets aanraken wat anderen eten of dragen. Dus moeten ze afblijven van handel in eetwaren en stof. Vandaar dat velen in garages en in de metaalhandel werken.

De kans om een baan te vinden is nihil voor een christelijke vrouw. Bovendien moet ze zich bedekken, net als een moslimvrouw. Op school volgen hun kinderen verplicht de Koranlessen van de imams.

Vierhonderd jaar geleden bracht Shah Abbas hen uit Armenië naar Iran om zijn hoofdstad Isfahan op te bouwen. Het waren allemaal vakmensen, kunstenaars en bouwmeesters.

Isfahan is de mooiste stad van de wereld geworden en dat komt door het werk van de Armeniërs.

Toen Isfahan gebouwd was, keerden ze niet terug naar huis, maar werden ze Iraniërs. Het is de wet van de immigratie.

Ze hebben een enorme bijdrage geleverd aan de Perzische cultuur: ze waren de eersten die de drukkerij, de cinema en stiekem drank aan het land hebben gegeven. Maar in de afgelopen vierhonderd jaar hebben ze nooit gelijke rechten gehad. Door historische onwetendheid zijn ze door mijn landgenoten in een isolement geplaatst. Sorry! Sorry!

De christenen in Iran zijn mooie mensen. Ze zijn betrouwbaar en ijverig.

Ik ben niet gelovig, maar Jezus zal Balkenende straffen tijdens de landelijke verkiezingen als hij de Iraanse christenen terugstuurt.

Als ik een lijst van de toptien van onderdrukte groeperingen in Iran zou maken, ziet deze er zo uit:

i.   De christenen
ii. Jongens onder twaalf jaar die bedreigd worden door pedofilie
iii. Vrouwen
iv. De bejaarden
v.   De bahai's en de Joden
vi. Vaders, die drie of vier baantjes moeten onderhouden om brood op tafel te zetten voor hun familie
vii. Dieren
viii. De journalisten
ix. De schrijvers, kunstenaars en filmmakers
x.   De homoseksuelen

De grens tussen pedofilie en homoseksualiteit is erg verwarrend in Iran en jonge jongens zijn hier massaal het slachtoffer van.

Het is heus onmenselijk om nog langer in dat land te wonen. Zonde dat zo'n oud prachtig land gegijzeld is door de imams.

Als het aan mij lag, riep ik: 'Mijn landgenoten! Verlaat Iran! Tegelijk! Laat dat mooie vervloekte land achter aan de ayatollahs. Blijf niet, bederf het leven van je kinderen niet! Pak je koffers en vlucht!'

Maar waarnaartoe?

Toen ik met deze tekst bezig was, hoorde ik dat Slobodan Milošević 's morgens vroeg dood in zijn cel is aangetroffen. Het deed me pijn.

Oostersch

De dauw hangt parelen aan takken en aan blaren in ket-
tingen en snoeren;
de kusmond van den wind, als hij ze wil roeren,
doet ze ontstellen, sidderen zonder bedaren
en stort ze allen neer, de wankelbaren.
(J.H. Leopold, *Oostersch*, 1922)

Vorige week was ik uitgenodigd op de universiteit van Leiden om een nieuw boek te bewonderen: *De Perzische muze in de polder.*

De Perzische afdeling van de universiteit is een oud hof waar de dames en heren de klassiekers behandelen. Een voor-beeld? Professor J.T.P. de Bruijn. Volgens mij is hij geen Ne-derlander meer, hij heeft een metamorfose ondergaan; hij is een oude Perzische meester geworden. Iemand die Saadi ver-taalt, iemand die constant met middeleeuwse meesters als Roedaki, Rumi, Hafez, Attar en Djami bezig is, kan zichzelf niet meer zijn, of wordt juist zichzelf.

De Perzische klassiekers zijn niet te vertalen. Iemand moet er zijn leven in stoppen om het mogelijk te maken.

Tijdens de lezing kwam ik een jonge vrouw tegen, een Nederlandse. Ze wilde *Sjahname* van Ferdowsi vertalen. Ik kon het niet geloven, die taak lijkt onmogelijk. Hoe kun je een boek van duizend jaar geleden met zo'n drieëndertigduizend strofen vertalen?

Het is een verhalende gedichtenbundel die eeuwenlang in de theehuizen door vertellers is verteld. Het is de geest van de Perzen. Wat heeft een Nederlandse met dat boek? Waar zoekt ze naar?

Een zwart-witfoto van J.H. Leopold, genomen rond 1901; hij heeft een hoed op, een ouderwetse das om, een lange jas aan en een sigaar in zijn hand. Hij is verloren in de poëzie van de middeleeuwse meester Omar Khayyam:

Vannacht sloeg ik de geglazuurde kom tegen de stenen,
Ik was stomdronken toen ik deze schanddaad bedreef.
De kom sprak tot mij in zijn eigen woorden:
'Ik ben als jij geweest, en jij zult zijn als ik nu.'

Leopold verdiept zich in die oude literatuur en er komt een blijvende bundel van hem uit, *Oostersch*:

De beek is een velijnen blad,
Een boek, een open letterschat,
Een gulden labyrinth, waarin
De vogels komen lezen, dat
De wind beschrijft,
De wolk die overdrijft,
Zet er de stippen en de tittelteekens in.

Sinds de zestiende eeuw bestaat er in Nederland belangstelling voor de Perzische taal en literatuur. Franciscus Raphelengius (1539-1597) kreeg ooit een Perzische Pentateuch in handen. Hij zag tot zijn verbazing de overeenkomsten met zijn moedertaal.

De Iraniërs leren de Nederlandse taal soms makkelijker dan anderen. Ze nemen de klanken en de grammatica meteen over. 'Nederlands en Perzisch staan beide dichter bij de oertaal', zeggen de heren in Leiden.

> O zoele westenwind, van waar die lieflijke geur, van waar
> die aangename muscusreuk, dien gij met u brengt?
> (H.A. Schultens, 1749-1793, naar Hafez)

De *Perzische muze in de polder* is een eerste poging de invloed van de Perzische literatuur in kaart te brengen. Het is een mooi boek geworden dat je als geschenk voor een vriend mee kunt nemen.

De Perzen kregen geen blijvende invloed op de Nederlandse literatuur, maar ze hebben voor een monument gezorgd dat tot in de eeuwigheid zal blijven: *De tuinman en de dood*, P.N. van Eyck:

> Van morgen ijlt mijn tuinman, wit van schrik,
> Mijn woning in: 'Heer, Heer, één ogenblik!
> Ginds, in de rooshof, snoeide ik loot na loot,
> Toen keek ik achter mij. Daar stond de Dood.

Opium

Op het journaal zag ik een buitengewone scène: een bezwete Afghaan sloeg met een lange stok de vruchten in een papaverveld kapot.

Wees niet zo gewelddadig met zulk oud kostbaar gewas! Goud behandel je ook niet zo.

Een Afghaan zou zoiets nooit doen, tenzij er een groep Amerikaanse soldaten in het veld staat samen met een cameraman.

Amerika wil de opium bestrijden in Afghanistan. Maar de Nederlandse mariniers die straks de Amerikanen in die gebieden gaan vervangen, moeten niet hetzelfde doen. Want opium is niet te bestrijden in Afghanistan.

Papavervelden kun je niet vergelijken met een illegale wietkwekerij op de zolder van een verlaten boerderij in Nederland. Papaver is een cultureel gewaardeerd gewas. Opium is het oudste medicijn dat de mens kent. Het is een soort aspirine die de pijn wegneemt, een slaapmiddel, en tegelijkertijd een sterk genotsmiddel.

Het roken van opium geeft je een dag lang een natuurlijk gevoel van geluk. Ik heb het zelf nooit geprobeerd, maar ik ken het van huis uit. Opium en poëzie horen bij elkaar. De dichters riepen plots vanuit een wolk opiumrook: 'Pen! Papier!'

Dus, mariniers, afblijven!

Je mag drugshandelaars oppakken en opsluiten, maar blijf van het papaverveld van de Afghaanse boer af.

In Afghanistan is de grond verslaafd aan opium. Ook de bomen, de kraaien, de katten en de mussen. Zodra iemand begint te roken, komen de katten in een rij voor de deur zitten soezen en kiezen de kraaien een mooi plekje in de boom en snuiven mee.

De Amerikanen willen de opium bestrijden. Nee, dat is hun taak niet en al helemaal niet die van de Nederlanders, want zelfs president Karzai rookt af en toe opium. Zonder dat genotsmiddel kun je de boel niet bij elkaar houden.

Als de president op werkbezoek bij de hoofden van Kandahar is, gaan ze niet rond de tafel zitten. Ze nemen plaats op de grond. Als eerste worden koninklijke borden van porselein met fijngesneden stukjes opium en een komfoor met vers vuur binnengebracht. Als de president niet meedoet, is hij geen Afghaan, maar een Amerikaan.

Om de opiumoogst in Afghanistan onder controle te houden, is een machtig centraal gezag vereist, een nationaal leger van ijzer en een verantwoord politieapparaat.

Dus, mariniers, afblijven!

Dat de Afghaanse vrouwen geen rechten hebben, wisten we, maar de mannen hebben ook niets. Geen bier, geen tv, geen cd, geen iPod, geen dvd, geen porno, slechts een dorre Amerikaanse democratie. Wat moeten ze dus doen als ze af en toe bij elkaar komen?

Iran heeft aardolie en de Perzische Golf. Irak en Saoedi-Arabië hebben de helft van de olievoorraad van de wereld. De arme Afghanen hebben niets. Geen olie, geen zee, geen vis.

De drugshandel is een andere kwestie dan de opiumplantage. Cuba heeft suiker, Afghanistan opium. Als men Afghanistan wil wederopbouwen, is de opium een voorwaarde.

Deze elegante oude plant is niet weg te denken uit de Afghaanse economie en cultuur. Als er ergens een bruiloft gevierd wordt, komen de mannen bij elkaar. De bruidegom rookt totdat hij overmeesterd wordt door het geluk, pas dan gaat hij zijn bruid bewonderen. Opium geeft mannelijke kracht, zeggen ze.

De Nederlandse mariniers hebben hier allerlei oefeningen gedaan met tanks en pantserwagens om zich voor te bereiden op Afghanistan. Het zou hun van pas komen als ze een aantal oefeningen zouden doen met een porseleinen bord en een komfoor juist ontstoken vuur. Het geeft genot en veiligheid.

Passion!

Waarom was het me niet eerder overkomen?

Iemand van de radio had me gevraagd of ik naar het stuk wilde komen kijken om er daarna over te praten. Het zou om half elf beginnen. Ik wist niet dat het zo druk zou zijn, dat de mensen al vanaf negen uur voor de deur zouden staan.

Ik kwam om tien voor half elf aan, er liep geen kip voor de kerk en ik dacht dat er niemand zou zijn, dat ik de enige was samen met een groep mensen die altijd kwam. Ik ging de kerk binnen. Opeens werd ik getroffen door zo'n duizend, tweeduizend mensen die allemaal in stilte zaten te wachten. Ik schrok.

Er was geen plek meer om te zitten, gelukkig was er eentje gereserveerd. Het begon: *Matthäus Passion*, J.S. Bach:

Komt, o dochters, helpt mij klagen.
Ziet hem – wie? – de bruidegom.
Ziet hem – hoe? – zoals een lam.
Ziet dan – wat? – ziet zijn geduld.
Ziet – waarheen? – op onze schuld.

Onvoorbereid werd ik meegenomen naar een wereld van verwondering, pijn en geluk met gezang, met koraal, met alt, met evangelie en fluiten.

Judas! Mijn vlucht uit het vaderland had plotseling een extra betekenis gekregen. Drie uur lang verloren, verdwaald in een eeuwigdurend verhaal, met een goddelijke muziek op weg naar Golgota.

Sopraan:

Bloed nu maar, o moederhart!
Ach, een kind dat gij hebt grootgebracht,
Dat eens aan uw borst heeft gelegen
Dreigt nu zijn Heer te gaan vermoorden
Want het is tot slang geworden.

Bach had zo veel instrumenten, zo veel mensen in het koor, zo veel poëzie, zo veel gezang en de sopraan in de kerk bijeengebracht om de dood van Jezus na te vertellen.

Ik zat daar op de eerste rij en dacht na: De Koran van de profeet Mohammad is de ultieme schoonheid als het aankomt op taal, en een wonder in de wereld van vertellingen. Het proza van het boek is muziek. Er ontbreekt een islamitische Bach om het te componeren. Maar dat mag niet. Mohammad heeft verraad gepleegd. Hij heeft muziek verboden.

Ik zat daar gedompeld in geluk en zong met koraal (koor I en II):

Wie heeft U zo geslagen,
Mijn Redder, en met plagen
U zoveel aangedaan?

Het Nieuwe Testament is door de mens geschreven. Namelijk: Mattheüs. Marcus. Lucas. Johannes. Vier mensen, vier verschillende versies.

Zo te zien, zo te horen, mag je verschillende meningen hebben. Maar de profeet Mohammad heeft zijn volgelingen verplicht tot slechts één versie. Zijn Koran is geen mensenwoord. Het is Gods woord. Niets meer, niets minder. Je mag er dus geen punt, geen komma in veranderen. Mond dicht, discussie gesloten!

Iedereen had het over de herinneringen die de *Matthäus Passion* opriep, maar ik stond daar blanco tegenover.

Merkwaardig genoeg zag ik de *Matthäus Passion* niet als een religieuze ervaring, maar als een deel van mezelf, een deel dat ik niet eerder gezien had.

Er bleef de hele tijd nog één stoel leeg naast me.

Ik wist niet voor wie die bestemd was.

Ik dacht aan de grote Nederlandse schrijver Gerard Reve.

Ik zat naast hem, nee, hij zat naast mij.

Iedereen stond op, Gerard Reve bleef zitten:

Als de tranen van mijn ogen
Niets vermogen,
O, neem dan mijn hart erbij!

Geluk en liefde komen altijd uit een onverwachts hoekje tevoorschijn, soms met pijn.

Waarom doet Iran het zo?

Nog vier dagen, dan moet Iran met een acceptabel antwoord komen op het ultimatum van de Verenigde Naties om definitief te stoppen met het verrijken van uranium. Zal Iran stoppen? Zullen de ayatollahs hun hoofd buigen voor de druk van Amerika? Nee, ik denk van niet. En zo simpel ligt het ook niet.

Waarom is Iran zo koppig? Waarom probeert president Ahmadinedjad iedereen bang te maken met zijn grote mond? Waarom kiest hij voor een harde, provocerende toon? Waarom geven de ayatollahs Bush de gelegenheid om tegen de wereld te zeggen: 'Kijk! Iran deugt niet! We moeten hen tegenhouden. Bombarderen!'

Zijn de ayatollahs dom? Onervaren? Politiek analfabeet? Nee! Absoluut niet! Ze zijn slim. Ze zijn sluw.

Amerika kent tweehonderd tot driehonderd jaar oorlogsgeschiedenis. Iran heeft minstens drieduizend jaar oorlogservaring in huis. Ze hebben met de Romeinen, de Grieken, de Arabieren, de Ottomanen, de mohammedanen, de Mongolen, de Indiërs, de Russen, de Irakezen en de Amerikanen gevochten. Daardoor is er een oude oorlogsliteratuur, een oorlogstaal ontstaan. Ze weten hoe het gaat en hoe ze het moeten spelen.

Iraniërs zijn een trots volk, ze gaan liever met z'n allen dood dan dat ze hun hoofd te snel buigen. Het maakt niet uit of de sjah spreekt of een moellah. Maar Bush is sowieso klein voor de Iraniërs. Te klein om ze bang te krijgen. Bush praat hard, maar Ahmadinedjad praat volgens de oorlogstraditie tien keer harder.

Bush wil de aandacht van de wereld verleggen van de oorlog in Irak naar Iran. Hoe dan ook Iran bombarderen. 'Kom! Bombardeer me!' roept Ahmadinedjad. Maar de bommen van Bush zullen slechts als manna werken voor de ayatollahs.

Zodra de Amerikaanse gevechtsvliegtuigen het Iraanse luchtruim binnendringen, hebben de ayatollahs gewonnen. Ze zullen meteen hun feestelijke imamjassen aandoen om als anti-Amerikaanse helden de geschiedenis in te gaan.

Geloof me, het wordt een feest als je bombardeert, Bush. Dus niet doen! Je helpt de Iraanse fundamentalisten met je bommen, je legitimeert hun aanspraak op de macht de komende vijfentwintig jaar.

Het Iraanse volk is de verliezer. Bush wil graag die twaalf of veertien Iraanse kerncentrales vernietigen. Het Iraanse regime zal niets verliezen. De meeste kerncentrales zijn niet eens noemenswaardige laboratoria, maar voetbalvelden, waar kinderen speelden toen Bush Bagdad aan het bombarderen was. Gooi maar weg, die foto van Ahmadinedjad in zijn witte laboratoriumjas met een mondkapje in zijn kerncentrale. Allemaal nep, allemaal een show om Bush te kleineren. Maar, bombardementen zullen de geringe vrijheid die de Iraniërs na vijfentwintig jaar worstelen met het regime hebben veroverd in één klap vernietigen.

'Kom! Bedreig ons! Sla ons hard!' roept Ahmadinedjad namens alle Iraanse fundamentalisten. Maar Bush, waag het niet!

Iran vormt op dit moment en de komende dertig, veertig jaar geen nucleair gevaar voor de wereld. Amerika en Europa hebben nog genoeg tijd om met de imams te praten.

Ayatollahs! Weg ermee! Ahmadinedjad! Eruit! Maar niemand mag mijn huis bombarderen. Praat met die verdomde imams. Er is ongetwijfeld een weg. De Iraniërs zijn vreedzame mensen. Ze willen geen oorlog. Ik hoef de ayatollahs niet, maar niemand mag ze bombarderen. Ze zijn verwerpelijk. Maar ze zijn onze verworpenen.

Laat het aan ons over. Wij hebben Bush niet nodig om democratie te krijgen. De imams zijn ons product. En we zullen een wijze moeten vinden om met hen te kunnen leven. De Perzen weten hoe ze op tijd een compromis moeten sluiten. Er zijn genoeg voorbeelden in onze geschiedenis. Praat met ze.

In Zeeland

Het was de maand van de vrijheid in Zeeland. Ik was een week op tour langs de scholen en bibliotheken. Het toeren was intensief, maar altijd boeiend, vooral geïnterviewd worden door scholieren. Hier een selectie van de vragen die ze me gesteld hebben:

- Houdt u van zuurkool? En spruitjes?
- Is het waar dat u met *Jip en Janneke* de taal geleerd hebt?
- In welke taal droomt u?
- Zijn uw verhalen autobiografisch of hebt u ze allemaal verzonnen?
- Waarom schrijft u?
- Hebt u Annie M.G. Schmidt ontmoet?
- In welke taal spreken jullie thuis?
- Wat was erg opvallend toen u in Nederland kwam?
- Wat vindt u niet leuk aan de Nederlanders?
- Hebt u de Koran gelezen? Waar gaat het boek over? Kunt u ons nu iets uit de Koran uit het hoofd vertellen?
- Gaat u ooit terug naar het vaderland als het weer kan?

Zuurkool? Ik moest even nadenken of ik het echt lekker vond.

De Koran? Ja, ik ken er een deel van uit het hoofd. Wil je het echt horen?

Annie M.G. Schmidt? Ik kocht een bos herfstbloemen en klopte op haar deur.

In Zeeland heb ik, naast alle steden, vele dorpen en gehuchten bezocht: Boerenhol, IJzendijke, Waterlandkerkje, Schoondijke, Zoutelande, Koudekerke, Biggekerke, Meliskerke, Aagtekerke en Domburg.

Al die mooie en soms moeilijke vragen werden door leerlingen gesteld die zich van tevoren voorbereid hadden. En ik gaf eerlijk en met plezier antwoord op hun vragen. Een van de gesprekken zal ik nooit vergeten. Het werd mijn pijn en mijn geluk tegelijk. Op een van de scholen zat een jongen van veertien of vijftien die me in zijn eentje interviewde. Hij had een gebrek, kon zich moeilijk uiten. Hij worstelde om de woorden onder controle te krijgen en het duurde soms lang. O, wat een gevecht, wat een overwinning. Ik was vereerd door hem geïnterviewd te worden, werd beloond voor mijn worsteling met de Nederlandse taal. Ik mocht hem meteen en ik hield nu van Zeeland, de provincie van gevecht, worsteling en overwinning.

Ooit had een visser bij de Oosterschelde deeltjes van Nehalennia in zijn netten gevangen. Nehalennia was geen Romeinse godin, maar een inheemse, een autochtoon in Zeeland.

Ooit de Romeinen, ooit de godin Nehalennia, nu ik.

Zeeland is een lang gedicht, mooi, weids, groen, beleefd en rustig. Pas nu, tijdens de prille lentedagen in Zeeland, begreep ik waar dat Hollandse gefilterde licht op de schilderijen van Rembrandt, Vermeer, en Van Gogh vandaan kwam.

Poëzie is de ultieme kunst voor mensen met een lager IQ, maar natuurkunde is de ultieme poëzie voor mensen met een hoger IQ. Zeeland is natuurkunde.

Het is een voorrecht om door die zesenhalve kilometer lange buis van de Westerscheldetunnel onder zee, onder de rivier te rijden.

Een privilege om over de opgespoten gronden te lopen, die na de ramp van 1953 met miljoenen kilo's zand zijn gecreëerd.

Zeeland is een grote roman. Waarom heeft nog niemand dat meesterwerk geschreven? Wereldliteratuur over het verdriet, het gevecht, het geluk en de wonderen van het Zeeuwse volk.

Misschien moet ik het doen, een buitenstaander die de

worsteling en de pijn gezien en meegemaakt heeft. Nehalennia, de inheemse godin van vruchtbaarheid van mens, dier en gewas, ligt misschien niet toevallig op de bodem van de Oosterschelde. Wie weet, heet wellicht mijn meesterwerk: *Zeeland*.

Otje

Het was alweer een lange tijd geleden dat ik haar voor het laatst gezien had. Nee, ik was haar niet vergeten, dacht aan haar. Ik verbaasde me erover dat men haar vergeten was.

Ze is het beste, het liefste meisje dat ik ooit gekend heb. Ze is teder, handig en zelfstandig.

Hoe oud is ze? Zes, zeven, acht jaar? Gelukkig weet niemand het precies. Ze is een Nederlandse, uniek, apart.

De afgelopen jaren was ze in de schaduw van Jip en Janneke gekomen, daarom hoorden we niet veel van haar. Vorige week zag ik haar plots met haar rolschaatsen in de vitrines van de boekhandels: Otje!

Het is de week van Annie M.G. Schmidt en *Otje* staat centraal.

Otje is het beste boek van Annie M.G. Schmidt, maar het wordt nog niet genoeg gewaardeerd.

Otje is in een tijdperk geschreven waarin vele dingen onmogelijk leken: Balkenende als president, bijvoorbeeld. Of dat de Koran als vers brood verkocht zou worden. Dat Ali B., die nog niet geboren was, rapper zou worden en dat in het buurland België een achttienjarige gek met een jachtgeweer vrouwen zou doodschieten die een zwarte huidskleur hebben of een hoofddoek dragen.

Otje en Tos hebben hetzelfde probleem als de immigranten: de zoektocht naar een huis. En een baan. En Otje doet precies wat de immigrantenkinderen doen, met name de immigrantenmeisjes. Ze gaan naast hun vader staan om ze te helpen.

Tos, de vader van Otje, is kok, maar omdat hij zijn papieren is kwijtgeraakt, kan hij geen baan meer krijgen. Niemand gelooft hem en daarom moet hij zwartwerken.

Maar iedere keer als de arbeidsinspecteur om de hoek verschijnt, moeten ze via de achterdeur wegvluchten.

Op zoek naar een baan gaan ze overal naartoe en zo komt Otje muizen, bomen, honden, bloemen, kraaien, katten, mussen en lijsters tegen.

Otje kan haar vader niet in haar eentje helpen; de muis Lodewijk, de kraai Kwark, de lijster Tiet, de hond Boef, de kat Betsie en de mus Toep schieten allemaal te hulp.

Otje van Annie M.G. Schmidt is een kinderklassieker geworden. Een boek vol tederheid en fantasie. Hoewel *Otje* een Hollands product is, is het zo on-Hollands als wat. Otje en Tos zijn geen model-Nederlanders. Ze zijn juist iets wat de Nederlanders niet zijn. Er is niets van de geest van de Hollandse handelaar of het calvinisme in dit boek terug te vinden. Het is Otje, vrij van handel en geloof.

Ze klaagt bij de vogels dat haar vader zonder papieren geen rust kan vinden. Met z'n honderden vertrappen de vogels alle regels van het protestantisme en de handel, en proberen ze om een papiertje voor Otjes vader te bemachtigen. Ze komen terug met verschillende stukjes papier in hun snavel: een geldbiljet, een liefdesbrief, een cheque, een vloeitje en nog veel meer.

'Wat zijn dit?' vraagt Otje verbaasd.

'Papier! Papiertjes voor je vader!'

Otje is een oeroud boek. Nergens in de wereld komt de mens zo dicht bij de dieren, de vogels, het water, de bomen en de brandnetels.

Over twee dagen zendt de AVRO de serie *Otje* uit. Ik ben benieuwd!

Otje bracht me ooit in aanraking met de geest van de Nederlandse taal en verbeelding. 'Denk erom, pappa. Als je me wil zien, kijk dan in je spiegeltje. En als je driftig wordt, kijk dan vooral naar mij. Dat helpt!'

Otje is mijn dochter. Ze hielp me toen ik het niet meer aankon.

Leugen, de hoeksteen van de vlucht

Niemand mag Hirsi Ali haar verzonnen vluchtverhaal verwijten.

Ze heeft volgens de wetten van de vlucht gehandeld.

Ze wilde niet in Somalië zijn: dat mag!

Ze wilde niet in Kenia zijn: dat mag!

Ze wilde geen Magan heten: dat mag!

Ze wilde niet de vrouw van haar man zijn: dat mag!

Ze wilde geen Hirsi Magan, maar Hirsi Ali heten: dat mag!

Anders kon ze niet weg, anders moest ze in Somalië of Kenia blijven en de vrouw van de man zijn die ze niet wilde.

Anders kon ze niet de persoon worden die ze nu geworden is: Hirsi Ali.

Het is niet zo dat iedereen liegt, maar de leugen is een overlevingsmiddel voor de vluchteling. De leugen is de hoeksteen van een vluchtverhaal. En dat weet iedereen.

Dat wist Hirsi Ali, dat wist Nawijn, dat wist de AIVD en dat wist mevrouw Verdonk, lang van tevoren.

De plicht van de vluchteling is een veilige plek te bemachtigen.

De taak van de IND is om de leugens uit het verhaal van de vluchteling te halen.

Heeft de IND dat niet gedaan, of heeft de IND niets kunnen vinden, dan moet hij de vluchteling een paspoort geven.

Het klinkt een beetje zot, maar de vlucht heeft zijn eigen wetten.

Als de vluchteling later bakker in Den Haag wordt, is dat geen probleem. Zijn leugen wordt vergeten en hij mag lekkere exotische gebakjes blijven bakken.

Gaat de vluchteling voor een van de belangrijkste organen van de democratie werken, dan moet hij zijn leugens opbiechten. Dat laatste heeft Hirsi Ali, met een vertraging, toch gedaan.

De nachtmerrie die mevrouw Verdonk Hirsi Ali bezorgd heeft, moet een diepere betekenis hebben.

Als het land een zwaargewicht als minister-president had gehad, was Rita Verdonk nooit zo rechtdoorzee geweest.

Balkenende komt net als een gewone burger pas tijdens het achtuurjournaal achter de gebeurtenissen in het land. Hij neemt vaak via de tv kennis van wat er gaande is in zijn kabinet.

De VVD is de andere oorzaak. De blindedarm van de partij is ontstoken. Ze moet vóór de verkiezingen naar het ziekenhuis.

Hirsi Ali, vergeet niet!

Vergeet nooit!

Verdonk heeft je in één nacht gewurgd.

Hirsi Ali! Vergis je niet. Het was niet mevrouw Verdonk die je doodde. Het was Nederland!

Elk mens heeft een zwakke eigenschap die in nood ontwaakt. Er loopt een ader van verraad onder de Nederlandse grond. Een pit van bedrog. Blader door de geschiedenis, dan zul je zien wanneer het zich openbaart.

Hirsi Ali is, voor één nacht, in de nachtmerrie gedompeld waarin 26.000 andere vluchtelingen gedurende tien, elf, twaalf, dertien, veertien, vijftien jaar zijn gedompeld.

Nederland heeft die duizenden mensen in gijzeling genomen, psychisch kapotgemaakt en vervolgens als schrikbeeld gebruikt.

Ze hebben allemaal gelogen, volgens mevrouw Verdonk.

Ze hebben de oorlog in Somalië niet meegemaakt, ze zijn niet uitgehuwelijkt, ze hebben valse gegevens opgegeven. Het zijn leugenaars! Daarom moeten ze allemaal het land uit worden gezet.

En helaas kunnen we niets voor hen doen.

Laten we daarom iets voor Hirsi Ali doen.

Ze moet Hirsi Ali blijven.

In haar oude paspoort heette ze Hirsi Ali. In haar nieuwe paspoort blijft ze Hirsi Ali heten.

Verhef je stem, Hirsi Ali!

Vergeet nooit! Ze hebben je vernederd.

Geef gezicht aan de vluchteling!

Zeg: 'Hier! Het paspoort! Ik heb het niet nodig. Ik ben een vleesgeworden paspoort, Verdonk!'

Een nieuwe lidstaat

Steeds vaker kom ik ze tegen, in Rome, in Berlijn, in Stockholm, in Kopenhagen, in Amsterdam, in Londen en ook in New York. De schrijvers, de mannen en de vrouwen, die van schrijftaal veranderd zijn.

Vroeger kwam ik er soms één tegen tijdens een literair evenement, maar ik zag het eerder als toeval dan als een verschijnsel. Vorig jaar was ik uitgenodigd voor een literair symposium, georganiseerd door PEN-New York, waarvan Salman

Rushdie de voorzitter was. Ik schrok toen ik de vergaderzaal binnenging. Er waren vele schrijvers, jonge vrouwen, jonge mannen, mannen die net grijs waren geworden. Allemaal gebukt onder de zware klus van een nieuwe taal.

Ze kwamen uit verschillende hoeken van Europa, maar ze waren van Aziatische, Afrikaanse, Indische, Chinese en Russische komaf. Merkwaardig! Ik ervoer het als een kennismaking met mezelf. Alsof ik voor het eerst in de spiegel keek. We waren donker, zwart, Chineesgeel, bruin en blank. Maar nu we de lange reis gemaakt hadden, waren we Europeanen geworden.

En niet zomaar een Europeaan, een nieuwe Europeaan.

Ooit waren een handjevol grote schrijvers (Beckett) gestart in een nieuwe taal, maar ze waren uniek. De schrijvers die ik tijdens het symposium ontmoette, waren geen unicum, ze vormden een golf. Het was een nieuwe beweging. En al hun werk had iets gemeenschappelijks. Ze waren ieder bezig zich een weg te banen door de literatuur van het nieuwe land. Ze keken totaal anders naar Europa dan de oorspronkelijke bewoners. En ze hadden hun Oosterse, Afrikaanse culturele bagage meegenomen.

Eigenlijk waren ze geen schrijvers meer, maar makers. Ze gaan anders met de taal om dan de autochtone schrijvers. Ze pakken woorden uit de nieuwe taal, en zetten ze met het cement van hun eigen cultuur in een nieuwe volgorde. Zo maken ze verse zinnen. En een nieuw verhaal.

Sinds die ontmoeting in New York zie ik ze overal. Vorige week kwam ik ze in Rome tegen. Een keur aan nieuwe gezichten. Energieke karakters, gevoed door hun wedergeboorte. Ik hoorde een nieuw geluid!

Europa heeft vijfentwintig lidstaten. Onlangs koos Montenegro voor onafhankelijkheid. Een nieuwe lidstaat binnen Europa met 678.200 inwoners. Welkom, Montenegro, maar er is ook een andere staat bijgekomen. Een staat met zo'n tien miljoen inwoners. Een staat die eigenlijk niet bestaat. Het is het land van de immigranten die over heel Europa verspreid zijn.

De bewoners van deze staat spreken buiten de deur een van de Europese talen:

'Hoe gaat het met je?'

'Goed!'

Maar thuis, in de woonkamer en in de slaapkamer spreken ze de taal van hun grootouders: *'Goebi? Goeb gabidi?'*

Ze zijn bezig te wortelen in de Europese grond. Ze zijn druk bezig hun kinderen over de brug te helpen. Ze proberen hun nieuwe identiteit op papier te zetten.

Deze mensen hebben verschillende routes moeten volgen om Europa te bereiken. Stuk voor stuk hebben ze andere ervaringen opgedaan. Maar als je hun boeken in een bibliotheek verzamelt, zul je iets verrassends ontdekken. Het lijkt alsof de boeken van één cultuur zijn, van één volk. Alsof ze over het geluk, het verdriet, het verlangen, het gemis, de hoop, de verlaten huizen en de verlaten doden van één volk gaan.

Het oude Europese continent is een staat rijker geworden. Een fictief land, een fantasieland. Een volk met hun oude liedjes:

Ik denk aan jou
Dag en nacht!
Ik leg mijn hoofd op je schoot
Dag en nacht.
(Rumi)

Concentreren op de bal

Voetballen? Nee, dat is niets voor mij. Ik kan het niet. Beschamend! Het lukt me niet om de namen van de voetballers te onthouden. Maar om dat goed te maken, zeg ik het volgende: ik ken het Nederlandse volkslied bijna helemaal uit het hoofd:

Wilhelmus van Nassouwe
Ben ick van Duytschen bloet,
Den Vaderlant getrouwe
Blyf ick tot in den doot …

Ik begrijp nog altijd niet hoe miljoenen mensen een wedstrijd tot het einde kunnen volgen. Nee, ik kan het niet. Ik geef toe, het is een afwijking.

Ik zak weg tijdens een wedstrijd, mijn gedachten dwalen af. Vaak knijp ik me in mijn handen om de bal niet te vergeten, om de bal te blijven volgen. Misschien doe ik iets verkeerd. Wat doen alle andere mensen? Kijken ze negentig minuten lang naar de bal? Of kijken ze naar de benen van de voetballers?

Tijdens een wedstrijd denk ik vaak na. Misschien ligt daar het probleem. Wat ik nu ga zeggen is misschien misplaatst, toch doe ik het. Ik kijk meer naar de bewegingen van de voetballers dan naar de bal. Ik zie de spelers eerder als mens (de mens) dan als voetballer. Ik denk meteen: 'Een koe zou nooit zulke bewegingen kunnen maken, een vis ook niet.'

Het slaat nergens op, maar ik kan het afwalen van mijn gedachten niet tegenhouden. Als een speler tegen de bal schopt, erachteraan rent, denk ik niet aan het doel, of aan een goal. Ik zie de bal dan als het symbool van de aarde, of de maan.

Toch heb ik gisteren voor het eerst in mijn leven vier uur lang voetbal gekeken. Eerst naar Servië en Montenegro tegen Nederland en toen naar Iran tegen Mexico. Ik zag het als een mooie overtreding van mijn principes.

Beschamend! Ik wist niets over het Iraanse elftal. In Iran krijgen ze nooit zo veel geld en aandacht. Meteen bladerde ik door de sportbladen op internet.

Ik zag hun foto's. Jonge mannen met zwart haar en donkerbruine ogen. Het was verrassend dat, op één na, geen van hen een snor had! En op één na waren ze allemaal lang en gespierd. Ja, en ze waren stuk voor stuk knap! Mooie bewegingen, man!

Ik overdrijf een beetje, maar dat mag tijdens het WK.

Toen de Iraanse voetballers speelden, dacht ik aan het gevecht van vrouwen met de ayatollahs. Voor Perzische vrouwen is het verboden om een wedstrijd live te zien. De geestelijken denken dat het een grote islamitische zonde is als de vrouwen naar de blote benen van de voetballers kijken. Maar de vrouwen doen alles om het stadion binnen te gaan. Ze zingen het Iraanse volkslied en ze rammelen aan de hekken! Het is een oorlog!

Er is een verwarring in mijn hoofd over het Iraanse volkslied. Eerst was het een lied van de tijd van de sjah. Nu is het een lied van de geestelijken. Maar ik kies voor een liedje van honderdvijftig jaar geleden:

Mijn geest
Mijn lichaam
Geheel, mijn land
Mijn land.
Allemaal onder een naam
Onder een teken
Met verschillende kleuren
En verschillende talen.

Luister naar de pijn!
De pijn van mijn woorden
Het is mijn land ...

Het is een lang lied, maar bij voorkeur moet het hardop ge-
zongen worden als Wilhelmus van Nassouwe in de vroegere tijden:

In Godes vrees te leven
Heb ick altyt betracht,
Daerom ben ick verdreven
Om Landt om Luyd ghebracht.

Wie was die Amerikaanse schrijver?

Jarenlang zocht ik hem, maar toen ik hem niet kon vinden,
nam ik aan dat hij een nietszeggende schrijver was. Iemand
die bij onze wijk, daar in de bergen hoorde.

Hij was een Amerikaanse schrijver uit mijn jeugd, maar
waar ik ook zijn naam noemde, niemand kende hem. En het
vreemde was dat ik zo'n dertig boeken van hem gelezen had,
in het Perzisch vertaald.

Ik was twaalf of dertien, en ik was moe van onze huisbiblio-
theek; allemaal oude boeken met bruine kaften. Ook moe
van de Koran.

De kranten hadden net onze stad bereikt en sinds een week
was er een kiosk op het bazaarplein geopend.

Het woord 'kiosk' klonk erg intrigerend. Er was iets in
onze samenleving gebeurd waarvan ik niet op de hoogte was.
Precies op de dag waarop ik geboren was, was Amerika voor
het eerst als supermacht het Midden-Oosten (Iran) binnenge-
trokken.

Amerika had de trotse Iraanse nationale regering met een militaire coup neergehaald en had de jonge sjah op de troon geholpen. Sindsdien stroomde de Amerikaanse cultuur het Midden-Oosten in.

Het had dertien jaar geduurd voordat de Amerikaanse kiosk onze religieuze stad had bereikt.

Ik werd meteen betoverd door die kiosk, want ik zag er iets wat ik nooit eerder gezien had. Een klein boek (een pocket) met op het kaft een foto van een man met een hoed en een pistool (de detective) en een jonge vrouw met een korte rode rok waaronder ze een klein pistool aan haar dij droeg (de secretaresse).

De spannende avontuurtjes van de privédetective en die verleidelijke secretaresse (god, hoe heette ze?) en de seks en het harde geweld trokken me als een magneet naar de kiosk. Ik kon niet meer slapen van geluk: 'Kiss me! Touch me! Kill me!'

De mannen van het boek waren anders dan de mannen van mijn omgeving en de vrouwen al helemaal.

Kortom, ik las alle boeken van die schrijver totdat ik Hemingway ontdekte. Ik kon het toen nog niet weten, maar met deze schrijver begon ik aan een enkele reis naar de wereldliteratuur en ik keerde nooit meer terug naar huis. Twintig jaar later liep ik Amsterdam in en las ik Multatuli.

Wie was die Amerikaanse schrijver die zo veel onvergetelijke, nietszeggende, goedkope, goddelijke, sensationele supermarktromannetjes heeft geschreven?

Ik wist het niet, kon me zijn naam niet meer herinneren. Mikie Espeline? Mikkie Speline! Mikki Hammer? Nee, onder die namen was niets te vinden in de boekhandels en bibliotheken.

Laatst zocht ik hem via Google. En ik voerde alle mogelijkheden die bij me opkwamen in voor zijn naam, maar ik vond geen indicatie.

Gisteren schoot opeens een naam me te binnen: 'Velda!'

God, wie was Velda ook alweer? En door een wonder her-innerde ik me een magisch citaat uit mijn jeugd: 'Toen hij zijn kantoor binnenliep, lag zijn geliefde secretaresse Velda bewusteloos op de grond.'

Ja, Velda, met haar korte rode rok waaronder ze een klein pistool verborgen hield. Meteen typte ik in Google: 'Vel-da'.

En ik kreeg het volgende: 'De Amerikaanse schrijver Mickey Spillane (88), de bedenker van de detective Mike Hammer, is gisteren in de staat South Carolina overleden.'

En daar stonden de wonderlijke titels die ik gelezen had:

I, the Jury
My Gun Is Quick
Vengeance Is Mine
Kiss Me, Deadly
The Girl Hunters

De pulpschrijver Mickey Spillane werd nooit echt gewaar-deerd, maar er zijn wereldwijd tweehonderd miljoen van zijn boeken verkocht.

Mickey Spillane was een groot schrijver.

Libanon!!!

Het is zo warm dat ik eigenlijk niet kan werken, maar ik klaag niet; ik ben een uitverkorene die dit mag meemaken. Ik druk op de stoel waarin ik zit om de haat naar de grond te duwen. De hittegolf mag me te pakken krijgen, maar de haat niet.

Waar ik ook kijk, zie ik de Israëlische oorlogsvliegtuigen, maar ik ben niet machteloos. Israël is machteloos. Israël pleegt verraad aan het Oude Testament. Ze zijn als Goliat, die David wil vertrappelen. Maar ze kunnen niet voorgoed de gebouwen en de mensen bombarderen, schieten, vernietigen en overwinnen.

Ik zweer bij de frisse lucht aan het begin van de avond dat het Israëlische volk ziek is geworden door het geweld dat ze decennialang hebben gebruikt. Letterlijk 'psychisch ziek'. Hoe komt het dat tachtig, negentig procent van de bevolking achter de misdaden van het leger staat? Hoe komt het dat de Israëlische ouders het toelaten dat hun kinderen hartjes en bloempjes op de bommen tekenen die dood zaaien?

Met een lange vertraging verscheen de engel Condoleezza Rice om de oorlog tegen te houden. Deze Condoleezza is de meest nietszeggende minister van Buitenlandse Zaken van Amerika ooit. Toen ze boven aan de trap van het vliegtuig stond, was ze al moe: 'Verwacht niets van mij. Ik heb niets! En het wordt niets!' Condoleezza Rice is een zwarte kraai die niets te melden heeft.

Wat wil Israël bereiken met het afvuren van zulke zware bommen op de huizen van Libanon? De Hezbollah uitschakelen? Dat is onmogelijk. De Hezbollah zit in het weefsel van Libanon.

We hebben hier een verkeerd beeld over het Midden-Oosten, onze visie is in Israël gebakken. De Hezbollah is geen gebouw dat je kunt bombarderen, ook geen brug of garagebedrijf. Hezbollah betekent letterlijk 'de Partij van Allah'.

Het is een politieke partij net zoals het CDA. Als je het CDA wilt vernietigen, moet je de gebouwen van Philips en Shell niet bombarderen. Dan moet je niet de Afsluitdijk vernietigen of bommen op de A1, A2 of A12 gooien. Het CDA zit in het weefsel van de samenleving. En zo is het ook met de Hezbollah.

Waarom gaf Amerika het groene licht aan Israël om Libanon opnieuw te vernietigen? Om Iran onder druk te zetten, uit te schakelen?

Iran is populairder dan ooit in de islamitische wereld. Ahmadinedjad, de president van Iran, wordt overal als held ontvangen. De Arabieren die hun corrupte emirs en sultans niet vertrouwen, zien Ahmadinedjad als de man die hun pijn verwoordt.

In de Arabische landen worden de Iraniërs als Perzische prinsen en prinsessen ontvangen: 'Iran?! Prachtig! Anti-Amerika! Anti-Israël!' Iran is populair in Irak. Iran is populair in Afghanistan. En dankzij wie? Dankzij Israël en Amerika!

Afgelopen vrijdag vloog premier Blair onverwachts naar zijn makker Bush in Washington. Elke keer als deze twee kerels bij elkaar komen, broeden ze gevaarlijke plannen uit waardoor nog meer dood en verderf worden gezaaid.

De eerste keer dat Blair naar Washington vloog, besloten ze samen de terroristen in de Afghaanse grotten uit te roken.

Toen Blair voor de tweede keer naar Washington vloog, bedachten ze een modeldemocratie voor Irak. We zijn daar nog altijd mee bezig.

Nu Blair voor de derde keer naar Washington is gevlogen, hebben ze besloten een stabiele vrede in het Midden-Oosten te stichten. Ik gooi de ramen open om de haat uit mijn huis te laten. Jammer dat ik dit moet meemaken.

De spiegels

Het begrip familie kende ik. Ik wist wat het betekende. Van Dale zegt: 'Familie: Alle bloedverwanten zoals vader, moeder, opa, broers, zusters, neven, nichten, ooms en tantes.'

En ik wist dat ze belangrijk voor me waren, dat ik voor het leven contact met ze moest houden.

De wij-cultuur kende ik goed en ik heb er de ik-cultuur aan toegevoegd. Ik, als een zelfstandige eenheid. Ik, met mijn eigen ervaringen, eigen dromen, eigen kindertijd, eigen plannen, eigen toekomst: 'Ik de unieke.'

Vorige week ontmoette ik mijn doofstomme oom, zijn vrouw en mijn nicht. Ooit woonden we samen. Ik had ze zesentwintig jaar niet gezien. Tijdens deze ontmoeting ontdekte ik dat de ik die wij zijn geen autonome eenheid is. Van dit korte samenzijn wil ik vier scènes delen:

Scène I: Toen ik 's morgens vroeg mijn oom in de tuin tegenkwam, gebaarde ik: 'Een goede morgen! Goed geslapen?' Dit gebaarde hij terug: 'De slangen! Ik heb over de slangen gedroomd en ik schrok wakker, en gooide de deken van me af. Ze komen vaak in mijn slaap!'

Verbaasd en in stilte keek ik hem aan. Dezelfde slangen kropen in mijn slaap. Ik dacht altijd dat het een persoonlijke nachtmerrie was, iets wat met mijn kindertijd te maken had, maar nu merkte ik dat die slangen in de nachten van mijn familie aanwezig waren.

Scène II: Eén herinnering uit mijn kindertijd vergeet ik nooit. Ik was een jaar of zeven toen ons buurmeisje van zes overleed. Ik stond naast haar en keek naar haar terwijl ze daar lag. Ik had slechts haar gezicht onthouden en een paar vrouwelijke handen die haar een nieuwe jurk aandeden. Altijd had ik gedacht dat dat een ik-ervaring was. Maar toen ik even met mijn nicht alleen was, zei ze: 'Weet je, één ding vergeet ik nooit: de dood van ons buurmeisje.' En ze vertelde precies wat ik gezien had, maar zij had de rode bloemenfiguurtjes van de jurk ook opgeslagen. En ze herinnerde zich de kamer nog en het tapijt waar het meisje op lag en dat haar moeder (mijn tante) haar de bebloemde jurk aantrok.

Zo gaf mijn nicht me de rest van de puzzel, een paar deeltjes van mij die bij haar verborgen lagen.

Scène III: Ik wandelde met mijn oom in het bos, hij is nu 83. Ik merkte dat zijn blik de hele weg naar iets zocht. Toen hij een gebroken tak op de grond zag liggen, boog hij zich voorover, pakte hem en maakte er een stok van en wandelde ermee.

Ik keek stil naar hem. Zijn zoekende blik, zijn manier van voorover buigen, en dat hij altijd met een stok wilde wandelen, was van mij. Mijn oom was een oude spiegel waarin ik mezelf zag.

Scène IV: Mijn oude tante stond midden in de kamer en toen ik de kamer in ging, zei ze onverwachts: 'Wist je dat de oude kraai dood is?'

Even wist ik niet waar ze het over had, maar toen begreep ik het. Ik was de oude kraai van ons huis vergeten. Hij was bijna honderddertig jaar oud. Ik bleef naar mijn tante kijken. Ze was een mooie antieke spiegel geworden waarin tientallen kraaien vlogen. Zo kwam ik erachter waar die kraaien vandaan kwamen in mijn slaap en in mijn verhalen.

Familie is een schatkist waarin jouw 'ik' wordt bewaard.

Een boek voor de zomer

Gelukkig is het nog zomer en hebben we tijd genoeg om ervan te genieten voordat het voorbij is.

We zijn uitverkorenen die niet hoeven te vluchten, die thuis mogen blijven. En wat een fijn gevoel dat de Libanezen terug naar huis keren om ook de rest van de zomer thuis te zijn.

En het mag zo genoeglijk warm worden dat we onze stoelen in de schaduw van een boom moeten zetten met een boek erbij.

Daarbij hoort uiteraard een schaal op tafel met alle soorten fruit. Net als de fruitschalen op de schilderijen van de meesters uit de zeventiende eeuw.

Eergisteren heb ik een nieuwe gedichtenbundel in mijn handen gedrukt gekregen: 'Voor jou! De derde druk al.'

Wilt u weten van wie ik het boek gekregen heb?

Van een prachtige dichteres.

Dus een boek voor de rest van de zomer.

Ik was haar enkele jaren geleden tijdens een lezing tegengekomen. En wilt u weten hoe oud ze was toen ik haar voor het eerst ontmoette?

Een jaar of honderd op het eerste gezicht. Ze kwam uit Afghanistan, of Pakistan, of Irak, ik weet het niet meer, maar het maakt niet uit voor de rest van deze zomer.

Ze kon nauwelijks Nederlands spreken, hield me bij mijn arm en zei: 'Abdolah! Ik wil ook schrijven. Nooit heb ik het gekund, nu moet het lukken. Anders ga ik dood.'

Zo ging het tot ze eergisteren een exemplaar van haar gedichten aan mij gaf. Wow! Een wonder! En ze leek wel vijftig jaar jonger.

De zomer is nog lang niet voorbij en ik geloof dat de warme zon van een paar weken geleden weer terug zal keren, zodat we opnieuw trek zullen krijgen in een flesje koud bier. Het mag Heineken zijn, Amstel, Hertog Jan, Grolsch, of het Hollandse abdijbier La Trappe blond. Het maakt echt niet meer uit voor de rest van deze zomer.

Met plezier wil ik een paar van haar gedichten citeren, maar het volgende stond in de colofon van het boek: 'Geen woord uit deze uitgave mag ergens vermeld worden zonder directe toestemming van de schrijfster.'

Heerlijk! Wat een machtige vrouw! Zelfs God heeft nooit zulke zware beperkingen opgelegd aan zijn meesterwerk. Maar het maakt niet uit deze zomer.

Om haar toestemming te vragen, zocht ik naar het adres van haar uitgever, maar tot mijn verbazing zag ik dat zijzelf haar gedichten uitgegeven had. Een uitgeverij zonder adres.

Naast elk gedicht stond een tekening. Uiteraard gemaakt door de dichteres zelf. Ook haar portret op de kaft was eigen werk, gemaakt in de spiegel. Het maakt niet uit, zolang ze maar gelukkig is met haar bundel en wonderen verricht die haar vijftig jaar jonger maken en voor een brede glimlach zorgen.

Ik heb veel over poëzie gelezen, dat het bijvoorbeeld een goddelijke manier van uiten is. Maar ik heb nooit geweten dat je met poëzie de diepe rimpels in je gezicht kunt laten verdwijnen.

Om u toch een beetje van haar taal te laten proeven, heb ik een oplossing gevonden: als ze ooit de Nederlandse taal goed genoeg beheerst en als het leven haar de tijd geeft, zal ze net zulke mooie gedichten maken als dit gedicht 'Leegstand' van Esther Jansma:

later
wil ik ook zo zijn, zo vanzelf
door leeftijd als gras overgroeid
scheef zitten in mijn stoel
en daar heel goed in zijn.

De nieuwe Nederlanders

Hoe ging het vroeger toen je als nieuwkomer een Nederlands paspoort kreeg?

Na vijf jaar verblijf in het land kon je naar het stadhuis gaan, daar vulde je een formulier in en na twee à drie weken werd je opgeroepen om je paspoort te komen ophalen.

Je werd ontvangen door een ambtenaar in een van die kleine gemeentelijke spreekhokjes. Je nam aarzelend tegenover hem plaats, terwijl hij stevig in zijn stoel zat met zijn handen rustend op een plastic hoesje waarin het nieuwe paspoort zat.

Er viel een ongemakkelijke stilte tot de ambtenaar het plastic hoesje opende. Hij haalde het paspoort eruit en reikte het je met zijn linkerhand en wat tegenzin aan, terwijl hij zijn rechterhand voor een ambtelijke handdruk vrijhield.

De staat heeft besloten om deze verplichting alsnog met wat muziek, liedjes en koekjes te vieren. Afgelopen donderdag woonde ik één van die feestjes bij.

En we weten hoe onhandig de Nederlanders met feestvieren zijn en vooral als het feest over de ongewenste nieuwe Nederlanders gaat!

In de gemeente was men eerst van plan om het feest met het Wilhelmus te laten beginnen, maar ze wisten dat ze de monden van de gasten niet open zouden kunnen krijgen met dat zware Nationale Lied. Ze moesten een alternatief bedenken. Maar wie was de belangrijkste persoon na Willem van Oranje?

De koningin? Of Máxima, die nog altijd de kleur van een nieuwe Nederlander heeft? Of Harry Mulisch, die ooit een soort nieuwkomer was? Allemaal goede opties, maar deze mensen hadden geen Nationaal Lied om uit volle borst te kunnen zingen.

Opeens schoot ze de juiste persoon te binnen.

Annie M.G. Schmidt natuurlijk, de heldin wier liederen net zo gewichtig waren als Wilhelmus van Nassouwe. En ter plekke verscheen er een groep muzikanten; jonge dames met goudblond geverfde haren en korte zomerrokjes, zingend en heupwiegend op de vloer van het stadshuis, zongen het nationale lied 'Sebastiaan':

O, Sebastiaan, nee, Sebastiaan,
Kom, Sebastiaan, laat dat nou,
Wou je aan een web beginnen
In die vreselijke kou.

Toen kwam de burgemeester met zijn mooie ketting en hij hield een officiële toespraak over de geschiedenis van Nederland, de geschiedenis van de stad, de geschiedenis van de naturalisatie, en toen over nog vele andere dingen waar de nieuwe Nederlanders niets van begrepen. Want ze moeten nog hard werken aan hun spreek- en luistervaardigheid. Vervolgens overhandigde hij aan elke nieuwkomer een tas. En wat zat erin?

Een oranje boekje over het Koninkrijk der Nederlanden. Een zakje lekkere balletjes van de stad. En een Nederlandse vlag. Met een vlaginstructie en een lang overzicht van de vlaggendagen vanaf de geboortedag van prins Carlos tot en met prinses Marilène.

Vervolgens verscheen Paul Gellings de stadsdichter van Zwolle in een splinternieuw pak. En hij las een lang gedicht voor, geschreven ter gelegenheid van de eerste feestelijke naturalisatieceremonie:

Vandaag is de dag waarop ik
Als een boom word geplant,
Mijn wortels verankerd in de bodem
Van dit ooit verre land.

Allemaal mooi! Maar:

Er moet een dag komen waarop die 26.000 in gijzeling genomen nieuwe Nederlanders ook een paspoort kunnen krijgen. Het is een belediging van onszelf dat we deze mannen, vrouwen en kinderen die hier geboren zijn soms dertien jaar lang in angst en onzekerheid laten wachten. We mogen ze niet meer zo vernederen en kapotmaken. Ze zijn van ons, ze zijn Nederlanders. Een paspoort is hun onvervreemdbaar recht!

Arak

Eindelijk is mijn geboortestad in het nieuws gekomen, als wereldnieuws zelfs. Ik zag een opname van de bergen, de bomen, de huizen en de mensen van de stad op CNN, op BBC. Wie kan geloven dat mijn verlaten, vergeten stad ooit alle tv's en kranten van de wereld zou halen? In mijn boeken heb ik vaak over deze stad geschreven, maar ik heb haar altijd een fictieve naam gegeven. De stad heet Arak en ligt aan de rand van een ketting schaalvormige bergen.

Arak is een lelijke stad, en heeft nauwelijks karakter, maar de omliggende dorpen van Arak zijn wereldberoemd. Wie een wonderlijk Perzisch tapijtje thuis heeft liggen, kan aannemen dat het uit de dorpen Saroeq, Djirja, of Farahan komt.

De enige, inmiddels allang overleden dichter van de stad heeft ooit iets moois over Arak geschreven. Over de wind die het zand meevoert en het over de hoofden van de bewoners gooit:

O á wind, o á wind, ach
Het zand in mijn ogen.
O mijn hart, o mijn hart
Een korrel zand zit daar
Op haar rode lippen.

Bush, de president van Amerika, heeft moeite om Arak goed
uit te spreken. Hij spreekt het uit als Irak. Het geeft niets, de
president houdt van democratie. Alle jongens van Arak hadden één droom: 'In de nieuwe Amerikaanse centrifuge werken.' Niemand wist wat centrifuge betekende, maar het was
iets groots, iets geheimzinnigs van Amerika in Arak. De sjah
van Perzië zat toen nog altijd stevig op zijn troon en Amerika
was de boezemvriend van het land. Zij, de Amerikanen, waren in het geheim bezig om iets onder de bodem van Arak te
bouwen. En wij dachten: 'Een gigantische centrifuge.'
    Aanvankelijk niet, maar later hadden ze onverwachts vele
simpele arbeidskrachten nodig; ze waren diep in de grond
rotsen tegengekomen die alleen handmatig verwijderd konden worden. Het werd meteen een spannend verhaal, want de
arbeiders moesten absoluut analfabeet zijn en ze werden vanaf het bazaarplein geblinddoekt naar de werkplaats vervoerd.
'Iran gaat door met het verrijken van uranium', meldde het
IAEA, de nucleaire toezichthouder van de Verenigde Naties,
afgelopen donderdag. 'Iran negeert ultimatum van V-raad',
stond er op de voorpagina van alle wereldkranten.
    De raadselachtige centrifuge kwam na de revolutie in han-
den van de ayatollahs terecht. Jarenlang werd er niets meer
over de centrifuge gezegd en Amerika was het vergeten.
Maar de ayatollahs waren stilletjes in de bodem van Arak met
godsgeheime, verdachte activiteiten bezig.
    Plots werd het verraden en haalde Arak het wereldnieuws.
    In het algemeen zijn de vrouwen van Arak niet zo mooi,
maar de enige en nu inmiddels overleden dichter van de stad

nam vaak beroemde gedichten van anderen over, voegde er
een Arak aan toe en maakte zo de vrouwen van Arak onver-
getelijk mooi:

God, ik durf het niet hardop te zeggen,
Maar het is waar dat u zelf de veroorzaker van proble-
men bent,
Anders had u de mond en tanden van Araks vrouwen
maar
Niet zo mooi moeten scheppen.

In Arak nemen de mensen al eeuwenlang genoegen met hun
vrouwen en hun vliegende tapijtjes. Een bom hebben ze niet
nodig. Iraniërs zijn vreedzaam van aard. Een atoombom past
niet bij ze. De Perzische cultuur en de Perzische literatuur
gaan enkel over de liefde, poëzie, wijn, vriendschap, en lief
zijn tegen elkander. De ayatollahs moeten maar stoppen met
dit gemene verstoppertje spelen voor de wereld.

Analfabeten

'Analfabetisme kost per jaar half miljard!' las ik in de krant.
'Niet iedereen vindt taal een feestje. Analfabeten beleven
weinig lol aan taal', beweert staatssecretaris Bruins.
De minister van Economische Zaken erkent dat hij het
probleem onderschat heeft: 'Tot voor kort dacht ik dat deze
groep mensen misschien slechts niet naar een Amerikaanse
detective kon kijken, maar … de kosten zijn aanzienlijk groter.'
Ik heb geluk gehad dat ik een lange tijd met analfabeten
heb gewoond. Ik ken ze van binnenuit. Ze zijn puur, niet

beschadigd door de pen en door de tekst van een ander. Ze hebben de deur dichtgedaan voor vele schriftelijke invloeden van buiten. Daardoor zijn ze heel dicht bij zichzelf gebleven.

Ik heb het niet over de miljoenen mensen die geen kans hebben gekregen om te leren lezen, maar over hen die niet over de drempel tussen de orale traditie en het schrift kunnen lopen.

Analfabetisme moet met alle kracht bestreden worden, maar het wordt nooit helemaal verdreven. Bovendien is het een foute berekening als de waarde van de analfabeten met geld gemeten wordt.

Hoeveel analfabeten heeft Nederland? Een miljoen? Bijna twee miljoen? Hoeveel analfabeten heeft Amerika? Twintig, dertig miljoen? En met hoeveel zijn ze in Azië en Afrika? Honderden miljoenen?

Als je de artikelen leest, krijg je een sterk negatief beeld van de analfabeten, die worden afgeschetst als de zwakkelingen van de maatschappij. Maar het is niet waar. Dit beeld is ontstaan in samenlevingen waar haast en geld de twee belangrijkste voorwaarden voor succes zijn.

Analfabeten zijn in vele opzichten stabieler en gelukkiger dan de mensen die kunnen lezen en schrijven.

Ze hebben een sterke visuele kracht; in plaats van een soort kopieermachine hebben ze een camera in hun hoofd.

Ze hebben scherpe oren, en vangen meer geluiden op dan hen die kunnen schrijven. Ze staan heel dicht bij hun eigen ik en daardoor zijn ze minder vatbaar voor psychotische toestanden.

De analfabeten zijn verbaal krachtig en gevoelig voor poëzie. En de meesten hebben een sterke vertelkracht. Het is niet toevallig dat de oeroude analfabeten wonderen konden verrichten door hun analfabetisme.

De duizend-en-één-nachtvertellingen zijn door analfabeten bedacht, en vormgegeven, zo ook *Roodkapje*. Zij hebben meer geduld dan geletterde mensen en met hun geduld hebben ze door de eeuwen heen de antieke teksten verteld en naverteld en bijgesteld totdat die teksten de juiste onveranderlijke vormen hebben gekregen.

De Koran is het product van de analfabeet Mohammad. Zijn proza is uniek, het heeft niets met het proza van de geletterden te maken. Zijn stijl is zijn eigen stijl, een soort druiven- of dadeltrosachtig proza.

Door zijn analfabetisme ontstaat er vaak chaos in zijn boek. Hij maakt veel fouten die analfabeten eigen zijn, kromme zinnen, onduidelijke alinea's en hij heeft alles aan elkaar geplakt als een oermens die nog geen punt of komma kent.

De Koran kun je als het ware als een wonder van een analfabeet zien. Misschien daarom verschillen de taal en stijl van de Koran zo grondig van die van de Bijbel.

De Koran is niet gecultiveerd, de Bijbel wel. Het is door de geletterde mannen geschreven. Door Matteüs, Marcus, Lucas en Johannes, allemaal mannen die besmet waren met de schriften van anderen.

Ik vergelijk de Koran met een wilde Spaanse stier, en de Bijbel met een Hollandse koe in de stal.

Het is fantastisch om met de analfabeten te leven, om hun gedachten als schrift op papier te lezen. Ze zijn boeiende mensen. En ze zijn helemaal niet duur!

Weg uit Afghanistan!

Wat moet ik met Afghanistan?

Niets, ik kan alleen eerlijk zijn.

Wat moeten wij met Afghanistan?

Wij? Wij moeten geen troepen meer naar Afghanistan sturen. Helemaal als we daar om niets moeten vechten.

Het was de bedoeling om er scholen en ziekenhuizen te bouwen, wegen aan te leggen, bruggetjes te maken. Kortom, aan de Afghaan een tractor te geven om hem in plaats van papaver tarwe te laten verbouwen.

Ik vind het verantwoord dat de meeste NAVO-landen geen extra troepen naar Afghanistan willen sturen.

Waarom zouden ze hun zonen sturen als het toch niets wordt?

Afghanistan was ooit een deel van mijn vaderland. Nu zijn de Afghanen onze goede betrouwbare buren in het oosten van het land en we mogen ze graag.

Ze hebben een groot hart, maar ze zijn meedogenloos als het om vechten gaat.

Vecht niet met ze. Het werkt niet. Ik ben eerlijk in mijn betoog.

Iran heeft ook veel geleden onder de Afghanen. Ik heb het dan niet over het Afghanistan van nu, maar dat van drie, vierhonderd jaar geleden.

NAVO-chef Jaap de Hoop Scheffer zei vorige week: 'Ze kunnen niet winnen!'

Luister niet naar hem want hij begrijpt niet wat hij zegt.

Toen hij chef van onze eigen CDA was, was hij al onwetend. Nu spreekt hij vanuit Brussel grote woorden als een middeleeuwse krijgsheer.

Hoe weet hij dat ze niet kunnen winnen? Hij is een oor, vangt slechts de geluiden op van de andere kant van de Atlantische Oceaan.

Neem de arme Afghaanse boer, die op blote voeten over zijn papaverveld loopt, niet klein. De Afghanen hebben nooit een oorlog verloren. Want ze hebben nooit iets gehad om te verliezen.

De democratie kunnen we aan niemand geven. Irak is het

voorbeeld. Voor Afghanistan geldt hetzelfde.

Democratie moet uit de grond van Afghanistan groeien net zoals de opiumplant. Door de grond met F-16's te laten doorploegen, groeit er geen enkele soort democratie in Afghanistan.

Het Afghanistan van nu verdient de taliban. De regering-Karzai is drie, misschien wel vier stappen vooruit gegaan. Hij moet terug. Wij moeten terug.

Karzai kan niets bereiken. En het zal geen verschil maken of Jaap de Hoop Scheffer met zijn F-14, F-15 of F-16 achter hem staat.

We kunnen veel theorieën bedenken, maar het geloof en de politiek, of de kerk en de staat, of de moskee en de staat kunnen de komende honderd jaar niet van elkaar gescheiden worden in Afghanistan.

Stuur geen troepen meer naar Afghanistan, want ongetwijfeld komt er een dag waarop we al onze troepen alsnog terug moeten trekken.

Met Amerikaanse oorlogsvliegtuigen kunnen we de taliban niet elimineren. De talibanstrijders komen niet vanaf de andere kant van de grens. Ze komen uit de grond van Afghanistan. De taliban zijn het Afghaanse volk.

Afghanistan moet eerst de taliban helemaal meemaken, verwerken, uitwerken, en dan pas een persoon als Karzai laten komen.

Amerika moet met de taliban praten. En helaas is er geen andere weg; de taliban moeten deel uitmaken van een nationale regering. De compromissen die Pakistan recentelijk met de taliban heeft bereikt, mogen gewaardeerd worden. Ze zijn gebaseerd op de harde werkelijkheid van de regio.

De Hoop Scheffer, denk af en toe eens na! Zoek een weg om de Amerikanen ervan te overtuigen om met de taliban te praten!

Voor Irak weet ik geen oplossing, het is een patstelling

geworden, we kunnen er niet blijven en we kunnen er niet weggaan.

Maar voor Afghanistan is er nog hoop!

Paus in de valkuil

Benedictus XVI citeerde een veertiende-eeuwse christelijke keizer die kritiek uitte op de profeet Mohammad: 'Laat mij zien wat voor nieuwe dingen Mohammad heeft gebracht, en jij zult alleen slechte en inhumane dingen vinden. Zoals hij heeft voorgeschreven in het geloof dat hij predikte en dat hij met het zwaard verspreidde.'

Het maakt in dit geval niet uit of het keizerlijke woorden zijn of pauselijke. En ik mag veronderstellen dat paus Benedictus XVI niet dom is. Ik geloof dat hij de Koran goed bestudeerd heeft. Maar de profeet Mohammad herhaalt onophoudelijk: 'Ik ben slechts een boodschapper. Ik geef alleen Allahs woorden door!' Hij beweert dat de teksten van de Koran allemaal uit het Lohe Mahfoez komen. En het Lohe Mahfoez is het Boek in den Beginne. En hij legt het zo uit: 'Het Boek in den Beginne staat in het geheugen van God gegrift.' De Koran zit dus in Allahs vlees.

De paus, de meester van de antieke teksten, zegt:

'Laat mij zien wat voor nieuwe dingen Mohammad heeft gebracht, en jij zult alleen slechte en inhumane dingen vinden.'

Ik shift-F7 naar de betekenis van inhumaan in Word: 'Onmenselijk. Barbaars.'

Paus Benedictus XVI ontkracht de Koran met zijn citaat. Want als we Mohammad geloven, dan zijn al die onmenselijke dingen niet van hem, maar van Allah. Het is Allah die de barbaarse dingen bedacht heeft. Het is Allah zelf die zwaarden uitdeelt.

De paus zegt: 'God houdt niet van geweld.'

Maar Allah geniet ervan.

De paus zegt: 'God houdt van rede.'

Maar in de Koran is er geen ruimte voor rede.

Zo keurt de paus de Koran af als Gods boek. En hij trekt de missie van Mohammad als profeet in twijfel. Bovendien haalt hij Mohammad uit de rij van Jezus, Mozes, Ibrahim en Jakob en de rest.

Met zijn ongepaste citaat heeft de paus het Vaticaan in een metrostation veranderd, als doelwit voor moslimterroristen. Hij stapte van zijn hoge goddelijke troon en ging op een lage tree naast Berlusconi staan.

Afgelopen vrijdag heeft hij alle ambassadeurs van de islamitische regeringen uitgenodigd om het te lijmen, maar er valt niets te lijmen. Want het zijn niet de regeringen die bepalen, maar de fanatici.

De fanatieke moslims zijn achterlijk. Het is zo beschamend als ze telkens weer met hun vuisten in de lucht en schuim in hun mondhoeken 'dood, dood, dood' roepen.

De paus heeft zijn mening geuit. Dat mag en het is mooi.

Ik zie Mohammad ook niet als boodschapper van Allah, ik zie de Koran als het meesterwerk van de persoon Mohammad. Het is een boek vol geweld, poëzie en schoonheid. Helaas hebben de paus en de keizer slechts het geweld gezien.

De moslimfanatici beseffen niet dat het uiten van je mening iets goddelijks is. Ze weten niet dat je mooi wordt als je je hart lucht, dat je haar beter zit als je je woord uit. En dat je sokken niet zullen stinken als je de mening van een ander duldt.

De moslims kunnen op hun beurt de leer van de Bijbel in twijfel trekken.

Eeuwenlang wordt er in de islamitische wereld al gerod-

deld over Maria. Nu kunnen ze het hardop tegen de paus zeggen:
- Maria heeft iets onzedelijks gedaan.
- Jezus kan nooit de zoon van Allah zijn.
- De Drie, of Drie-eenheid, of Drie in één is allemaal flauwekul.
- En het Vaticaan is het oord van geweld en inquisitie!

Dichter aan huis

Vorige week nam ik deel aan 'Dichter aan Huis' in Amsterdam; een serie lezingen die in privéwoningen plaatsvindt. Deze keer was het anders, want de lezingen waren niet in huizen, maar in ateliers van Amsterdamse kunstenaars georganiseerd. Er waren vele schrijvers uitgenodigd, de lezingen werden druk bezocht, kortom: de dag was mooi, de septemberzon scheen zacht en lief.

Tijdens zulke gelegenheden kom je veel collega's tegen, je schudt een hand en je vraagt hoe het met hem of haar is en je zegt altijd: 'Je ziet er goed uit. Fijn om je weer te zien!'

Ik kwam Joost Zwagerman tegen.

'Hoe is het met je?'

'Goed!'

'En met jou?'

'Ook goed!'

Hij was ietsje aangekomen, zag eruit als een vaderfiguur-personage, het paste bij hem, het maakte hem gewichtiger. Ik wilde het tegen hem zeggen, maar ik zei het niet; de moderne mens is gevoelig als het op gewicht aankomt. Bovendien had ik haast, wilde mijn tekst naar de krant mailen, zocht naar internet.

Ik zag Martin Bril in de zon op de stoep voor het wijk-cafeetje staan. Hij had zijn zomerse katoenen pak aan; sportief, vrolijk stond hij daar met een glaasje in zijn hand.

'Hé, Kader, je tekst over Evelien was mooi. Echt mooi!' riep hij.

Evelien had ik op tv gezien. Hij heeft haar gecreëerd. Zij is van hem. Ik was jaloers op hem.

Ik zag de dichter Al Galidi aan komen lopen, hij is een eeuwige asielzoeker.

Ik omhelsde hem. Na zeven jaar heeft hij nog geen verblijfsvergunning, maar eigenlijk heeft hij die niet meer nodig. Zijn poëzie is zijn paspoort geworden.

Even later liep ik tegen een wonder aan. Wie? Bart Chabot! Hij doet grappige dingen. Ik heb altijd respect voor hem, maar ik kan hem niet serieus nemen. Hij was vrolijk en praatte als altijd met zijn handen.

Hij had zijn zoon meegenomen, een jongen van veertien. Een knappe, gezonde, alerte, rustige, lieve jongen. Je geloofde haast niet dat hij de zoon van die drukke Bart Chabot was.

'Hoe is het met je, jongen?'

Het kwam zeker door het moment, plots nam ik Bart Chabot serieus. En ik wilde graag iets met vader en zoon gaan drinken, maar helaas kon het niet. Ik zocht naar internet om mijn column naar de krant te mailen, maar ik kon geen computer vinden. Ik zei tegen mijn contactpersoon dat ik echt even online moest en hij ging kijken of hij het kon regelen. Even later kwam hij terug: 'Ik denk dat ik een oplossing heb: de computer van Henk van Woerden!'

Wat een dag, wat een mooie dag, wat een pijnlijke dag. Henk van Woerden, een collega-schrijver die recent overleden was. Henk, met wie ik het altijd over Zuid-Afrika had als we elkaar tegenkwamen. Zachtjes klopte ik op zijn deur, zijn vrouw deed open, ik kuste haar en ik zag een groot portret van Henk op een tafel staan. Zijn vrouw leidde me naar

Henks werktafel en liet me alleen achter. Het was een vreemde belevenis, het voelde alsof ik op mijn eigen werkkamer zat. Ik ging in mijn stoel zitten en deed mijn computer aan en haalde mijn eigen documenten tevoorschijn. Het was onwerkelijk, ik voelde dat ik dood was, dat ik na mijn dood in mijn werkkamer teruggekeerd ben om een tekst naar de krant te sturen. Een vrouwelijke hand zette een glaasje thee voor me neer. Precies net als vroeger toen ik nog leefde.

Zwartboek

Het is de Tweede Wereldoorlog, het laatste bezettingsjaar in Nederland en het mooie Joodse meisje Rachel Steinn probeert naar bevrijd gebied te vluchten. Door verraad komt ze met haar familie echter in een val terecht. Ze worden door de Duitsers onder vuur genomen, iedereen gaat dood, maar zij weet te ontsnappen. Vervolgens sluit zij zich aan bij het verzet. Ze krijgt een nieuwe naam, en een opdracht. Ze verft haar haar en haar schaamhaar blond en probeert de hoge Duitse officier, Müntze, te verleiden. De rest van het verhaal is voorspelbaar.

Paul Verhoeven keerde na twintig jaar verblijf in Amerika terug naar Nederland om deze film te maken.

Wow, wat een film. Ik bedoel, wat een Nederlandse film!

Wie twintig jaar in een ander land woont, verandert:

I. Hij slaat de kern van de nieuwe cultuur op.

II. De nieuwe taal herstructureert de gang van zaken in zijn hoofd. Hij ziet dingen anders, denkt anders, en zijn relativeringsvermogen groeit.

III. Hij krijgt een helikopterview over zijn eigen land, eigen taal, eigen literatuur en eigen cinema.

Paul Verhoeven is veranderd en heeft *Zwartboek* op deze manier gemaakt.

De film is een samenstelling van alle klassieke filmscènes die filmmakers decennialang over de Duitse bezetting hebben gemaakt. Verhoeven heeft er een krachtige Nederlandse versie van gemaakt.

Met *Zwartboek* heeft Paul Verhoeven de Nederlandse cinema van Amsterdams naar New Yorks niveau gebracht.

Maar, hij is in een mooie, onvermijdelijke val gelopen; de val waarin alle geëmigreerde schrijvers en filmmakers lopen als ze terugkeren naar huis.

De immigrant die terugkeert, kent geen geduld. Hij wil alles wat hij in de afgelopen (twintig) jaren heeft geleerd in één keer, in één film laten zien.

Paul Verhoeven! Stop! Geef ruimte aan de kijker om wat adem te halen!

Wow! Veel scènes zijn zwaar aangrijpend.

Deze film zal de Nederlandse cinema geliefd maken in andere landen.

Mensen uit andere culturen zullen nieuwsgieriger worden naar Nederland. De acteurs en actrices hebben met hun zware, kwetsbare spel Nederland een mooi gezicht gegeven. Ik mag ze. Ik bewonder ze.

Ik heb maar één probleem met de film: een scenario dat op zware historische gebeurtenissen gebaseerd is, beperkt het bereik van de fantasie van de maker. Hij moet een beetje trouw blijven aan de werkelijkheid.

Het verraad in de film geloof ik. Maar, Paul Verhoeven, waren er ooit echt zulke heldhaftige Nederlanders die zo met een geweer, of zo met zulke automatische geweren tegen de nazibezetter vochten?

Zijn de Nederlanders, die Nederlanders, zo eerlijk en zo trouw geweest aan de goedheid van de mens? En zo kwaad op het onrecht? Waren er echt Nederlanders die bereid waren hun leven zo zonder twijfel op te offeren voor het vaderland, voor Nederland?

Of komt het door de manier van kijken van de immigrant die na twintig jaar naar het vaderland is teruggekeerd?

Of het waar is of niet, ik blijf geloven in je film.

Maar waar zijn die mannen, die vrouwen van toen gebleven? Waarom kom ik ze nergens tegen? Niet op straat. Niet in Den Haag. En ook niet in de kranten.

Misschien is die mooie Carice van Houten, met haar onvergetelijke acteren, een van hen.

Misschien is Thom Hoffman, met zijn indrukwekkende acteren, een van hen.

Misschien is Halina Reijn, die met haar ziel en lichaam speelt, een van hen.

Misschien is Sebastian Koch, de Duitse officier, een van hen.

En Paul Verhoeven! Zonder geweer, maar met camera.

Mooi Turkije

De Nobelprijs voor Turkije roept bij mij mooie herinneringen op aan de boeken van de geweldige Turkse schrijvers.

Ik heb veel van hen gelezen.

Mijn kleine jeugdbibliotheek in huis werd verrijkt door de heerlijke boeken van Aziz Nasin, en het was mijn geluk om de roman *Ince Memad* van de grote Turkse schrijver Yaşar Kemal in handen te krijgen. Na al die jaren heb ik nog altijd de magische sfeer van het boek niet vergeten.

De Nobelprijs uitgereikt aan Orhan Pamuk is een terechte onderscheiding voor de Turkse literatuur. Turkije heeft grote namen, grote boeken en een volk met een groot hart.

Ik feliciteer mijn Turkse vrienden, de schrijvers Halil Gür en Sadik Yemni, en ook de Turken in Nederland met deze geweldige overwinning van hun literatuur.

Tussendoor iets anders.

De Turks-Nederlandse studenten moeten hun mond nooit meer dichtplakken in dit land. Ze moeten juist hun mond openen en hun mening laten horen. Ze moeten hardop zeggen: 'Er was geen sprake van genocide!'

Of: 'Het was wel genocide!'

En dan moeten ze uitleggen waarom wel, of waarom niet.

Armenië was ooit (1454) een provincie van het Ottomaanse Rijk. De Armeniërs waren een ongewenst volk voor het rijk. En de Turken wilden hen altijd naar de provincie Syrië deporteren en ze niet meer op straat zien. De Armeniërs kwamen gewapend in opstand. Toen nam het rijk een definitieve beslissing: op 24 april 1915 werden duizenden Armeniers in Istanboel vermoord.

De Turkse historici houden het op 200.000 tot 500.000 slachtoffers. De Armeniërs hebben het over 600.000 tot 1,5 miljoen slachtoffers. Maar de Turken in Nederland willen de kwestie liever in de schoenen schuiven van de Turken in Turkije. Ze zeggen: 'Wij hebben het niet gedaan. En we weten er niets van.'

Ze mogen zeggen wat ze willen, maar ze moeten niet zo krampachtig reageren op de duizenden mannen, vrouwen en kinderen die hun grootvaders hebben vermoord. Juist de geëmigreerde Turken mogen, nee, ze móéten de Armeense volkerenmoord met duidelijke woorden erkennen. Juist de Turken in Nederland mogen, nee, ze moeten zich wegtrekken uit die zware schaduw van het grote valse Turkse nationalisme.

Het waanbeeld dat ze van Mustafa Kemal Atatürk hebben past niet bij het moderne Turkije. De Turken in Nederland moeten de karikatuur die de Turkse legerkolonels van Atatürk hebben gemaakt in de prullenbak stoppen. Het zal een eerste stap naar hun ware identiteit zijn. Het leger moet stoppen met de systematische uitroeiing van het Koerdische volk. Dat is een tweede stap naar de vormgeving van de Turkse identiteit.

Recent is er een Turkse vertaling van een van mijn boeken verschenen. De Turkse uitgever belde me op of ik voor de promotie naar Istanboel wilde komen. Ik zei meteen nee, ik durfde niet.

Er waren duizenden Iraanse vluchtelingen in Istanboel toen ik uit het vaderland naar Turkije was gevlucht. De Turkse politie had van Istanboel een nachtmerrie voor ons gemaakt. Ik wilde nooit meer terug. Maar toen ik gisteren *Istanbul* van Orhan Pamuk begon te lezen, wilde ik weer terug.

In mijn angstige nachten in Istanboel leerde ik gedichten van Nâzım Hikmets *Mensenlandschappen* uit het hoofd:

Ik schrijf het je.
De avond valt.
De kraaien komen uit school.
Dat zeiden ze toen ik klein was.
En je kleine Leyla zegt het ook.
Het is al behoorlijk donker.
Ik heb de lamp aangedaan
En in de spiegel gekeken.
De vrouw van een gevangene kijkt
Voortdurend in de spiegel.

Sorry

Er is een jaar verstreken sinds de Schipholbrand. Twee ministers zijn opgestapt, maar mevrouw Verdonk blijft hardnekkig in haar stoel zitten. Ze stapt niet op, ze stapt nooit op, ze weet niet wat dat is.

In de Dominicuskerk in Amsterdam werd een herdenkingsplechtigheid gehouden voor de elf slachtoffers. De kerk zat vol, overvol.

Ik leg de namen van die elf mensen in dit hoekje van de krant vast:

Taras Bilyk, Oekraïne, 30 jaar.

Robert Jules Arah, Suriname, 34 jaar.

Mehmet Ava, Turkije, 41 jaar.

Vladislav Leniev Petrov, Bulgarije, 31 jaar.

Lutfi Al Swaee al Swaiai, Libië, 32 jaar.

Oksana Nynych, Oekraïne, 29 jaar.

Kemal Sahin, Turkije, 51 jaar.

Gheorghe Sas, Roemenië, 21 jaar.

Dato Khidiritsje Kasolev, Georgië, 20 jaar.

Naiva Apensa, Suriname, 43 jaar.

Maribel Martinez Rodriguez, Dominicaanse Republiek, 30 jaar.

Je kunt het eigenlijk nooit meer goedmaken na zo veel nalatigheid van het kabinet-Balkenende. Hij gaat vrolijk van de ene verkiezingscampagne naar de andere. Het geeft niet. Ik doe een poging om het toch goed te maken.

De hoop zit in een moedige stap, een stap van durf, een stap naar frisse lucht.

Deze 26.000 vreemdelingen zijn gaandeweg van ons geworden. Hun uitzetting is een onmogelijke daad geworden. Er is slechts één uitzettingsweg: hen kapotmaken.

Maar zo maken wij onszelf ook kapot.

Dit probleem is van ons en wij moeten het zelf oplossen. Het liefst nu. Anders worden we straks onherroepelijk oud en wordt er niet meer naar onze mening gevraagd.

Het zou zwak zijn van onze generatie als we onze problemen niet zelf zouden kunnen oplossen en het aan onze kinderen overlaten. Indien wij het niet doen, worden we later bestempeld als een bange, radeloze generatie.

We zijn er allemaal verantwoordelijk voor, stuk voor stuk! Een generaal pardon is een onvermijdelijke stap. We moeten dapper zijn en die mensen terug naar het leven laten komen.

Sorry, vreemdeling!

Sorry dat wij jullie van een essentieel deel van jullie leven beroofd hebben.

Sorry voor zo veel vakantiereclames voor verre reizen naar de zon die niet voor jullie en jullie kinderen bedoeld waren.

Sorry dat we jullie geen kans hebben gegeven een avond met jullie kinderen naar een restaurant te gaan.

Sorry voor jullie nachtmerries.

Jammer dat wij jullie nooit de gelegenheid hebben gegeven om een nieuwe bank te kopen om er languit op te liggen en tv te kijken.

Jammer dat we jullie geen mogelijkheid hebben gegeven een keertje belasting te betalen.

Maar het komt allemaal goed. Ik ben de boodschapper van de blije tijding, de doorgever van het onvermijdelijke bericht. Dit land is ook van jullie! En natuurlijk van jullie kinderen!

Vluchteling! Verfris je geheugen! Je bent niet zielig, en nooit zielig geweest. Je bent een moedig mens die in een val is terechtgekomen.

Wie zijn huis verlaat, wie zijn doden achterlaat om opnieuw te beginnen is een bron van energie en is verzadigd van nieuwe ideeën.

Recht je rug, vreemdeling! Wees sterk! Je hebt niet voor

niets alles verlaten. Je bent gekomen om veranderd te worden en om te veranderen. Je bent gekomen om Amsterdam nog mooier, nog geheimzinniger te maken dan het al is.

Kijk in de spiegel! Recht je rug! Heb nog even geduld tot wij onze gemoederen bij elkaar kunnen roepen om de beslissing te nemen. Een generaal pardon voor jouw recht.

Halal

Wat moeten we doen met de islamitische vrouwen die geen hand willen geven en een nikab dragen? Moeten we hun nikab tolereren?

Nee, we moeten het niet doen. We moeten hun zo vriendelijk mogelijk hun zin niet geven. Nederland heeft zestien miljoen inwoners, daarvan zijn ongeveer honderd nikabdragers.

Moet de grote supermarktketen Albert Heijn halalvlees in de schappen leggen of niet? Het zou niet uitzonderlijk zijn. Overal in de wereld liggen biologische eieren naast fabriekseieren in de schappen. Verder bestaan er tientallen variaties, van mager dieetvlees tot kunstmatig vlees. Dus halalvlees zou geen kwaad doen als het naast varkensvlees in de koelkast ligt. Bovendien zou het chique zijn van Albert Heijn.

Varkensvlees?

Ik eet met respect wat ik als maaltijd op mijn bord krijg.

Laatst at ik in een restaurant een varkenspoot met een paar collega's van de krant. Ik vond het heerlijk, zonde dat de gelovigen het niet willen proberen.

In de Koran is vlees van dieren die hun tanden in een kadaver zetten, verboden. De varkens van de Hollandse boeren eten aardappelen en gras als ik me niet vergis.

Ik beveel u echt aan een keer een varkenspoot te eten in een traditioneel dorpsrestaurant. Het is exotisch lekker, het is iets ongekends in de categorie oosterse gerechten. De varkenspoot is kort, dik en vet. Het zal een blijvende herinnering zijn als u die vette, heerlijke zonde begaat.

Toch is het de traditie die bepaalt: wat je ooit thuis gegeten hebt, krijgt later een dominante rol in je eetpatroon. De grootmoeders hebben hun werk gedaan.

De afgelopen tijd waren we bezig met die ene moslimvrouw, de onderwijzeres, die plotseling geen hand wilde geven aan haar mannelijke collega's. Natuurlijk mag ze zelf weten of ze een hand wil geven of niet, maar ik vind het flauwekul, aandachttrekkerij, moslimspelerij. Wel of niet een hand geven heeft niets met de Koran te maken, het is een persoonlijke overweging. Het is een belediging om alles in de schoenen van de Koran te schuiven.

Vrouwen die plotseling een nikab willen dragen in Nederland, vrouwen die plots geen hand meer willen geven en mannen die een halalhypotheek eisen, weten heel goed waar ze mee bezig zijn. Ze willen een eigengebakken sharia in Nederland neerzetten. Maar zij mogen hun zin niet krijgen.

Als je zo gelovig bent dat je volgens de oeroude wetten van de islam wilt leven, moet je als non in een klooster gaan wonen. Niemand mag je dan dwingen om een hand te geven. Niemand mag je dan dwingen om je nikab af te doen.

Maar je kunt niet met zo'n nikab naar school gaan, laat staan lesgeven. Het is een school, geen pretpark. Als je het toch graag wilt, moet je bij een school in Saoedi-Arabië solliciteren. Dicht bij de Kaäba in Mekka. Halalhypotheek, halal handgeven, halal naar school gaan en halal glimlachen, het zijn allemaal wetten die niet deugen. De wetten van de taliban.

De vrouwen in Afghanistan snakten naar vrijheid, naar het afdoen van hun nikab om hun kinderen beter te zien en om beter in de keuken te kunnen werken. En precies die vrouwen willen hier in Nederland weer hun gezicht bedekken.

Miljoenen Iraanse vrouwen vechten al 27 jaar lang tegen de ayatollahs om de breedte van hun hoofddoeken te verkleinen en nu willen die vrouwen zich in Nederland onder een chador verstoppen.

Er mag geen plek zijn voor sharia in dit land. De wet is de Nederlandse wet. De islam volgt!

Terug naar Istanboel

Paus Benedictus XVI belde me op en hij vroeg me om samen naar Turkije te gaan.

Ik pakte mijn koffer en we gingen. Het was een gedurfde actie van ons. Mooi van hem. Ook mooi van mij.

Paus Benedictus wilde geen kogelvrij vest dragen. Ik ook niet. Wel reed hij in een auto met kogelvrije ruiten. Maar ik niet, ik liep op mijn gemak over het Taksimplein.

Toen ik het vaderland ontvluchtte, kwam ik in Istanboel terecht. In die tijd liepen er een miljoen gevluchte Iraniërs in de stad. En de Turkse politieagenten waren verschrikkelijk. Ze dachten dat de Iraniërs allemaal in paleizen woonden net als de sjah van Perzië en dat ze allemaal een oliereservoir onder hun huizen hadden. En de Turkse agenten eisten nu hun deel: ze wilden het goud zien. Ze lieten niemand met rust totdat ze een paar groene geldbiljetten kregen.

De Iraniërs hadden altijd een pakje lange rode Marlboro's in hun zak. Het was het enige middel waarmee je de wilde agenten koest kon houden.

Dus ging ik nooit meer terug naar Turkije sinds ik het land verlaten had. Istanboel was mijn nachtmerrie geworden, ik rende in mijn slaap door de donkere straten van de stad en een Turkse politieagent achtervolgde me terwijl ik zelfs geen peukje Marlboro bij me had.

Mijn laatste boek was vertaald in Turkije. Toen werd ik gebeld door de Turkse uitgever of ik voor de promotie naar Istanboel wilde komen. Ik zei meteen nee. Niemand gaat terug naar zijn nachtmerries.

Maar toen de paus belde, pakte ik mijn koffer en ik ging.

Mijn Turkse uitgever had een paar afspraken geregeld met de pers. Toen ze vragen stelden, begon ik telkens over die pijnlijke herinneringen, over die verschrikkelijke periode, over de politieagenten en de Marlboro te vertellen. Ik voelde dat het niet ging, dat ik er een bittere smaak van in mijn mond kreeg en dat zij zich ook ongemakkelijk voelden.

Waarom kon ik geen sfeer creëren tijdens de gesprekken? Ik wist het, ik was even vergeten te leven, vergeten om het leven persoonlijk vorm te geven. Ik moest over die bitterheid heen, ik moest die lelijke tijd achter me laten, ik moest iets moois vertellen, een brug slaan om naar de stad terug te kunnen keren. En ik vond het: Istanboel was een belangrijk deel van mijn leven geweest, een vruchtbaar deel zelfs. Ik had rust gekregen na dat gevaarlijke leven in het vaderland. En ik was opnieuw begonnen met schrijven. De winter was beangstigend, maar de zomer werd een heerlijk feest. Ik zou de granaatappels niet mogen vergeten, die ik met twee handen vast moest houden. Ook die grote paradijselijke vijgen niet en het verse warme brood elke ochtend en het donkerblauwe water van de zee en de mooie Turkse vrouwen die stiekem door het raam naar buiten keken en die grote walvis die op het zand was gestrand en die ik samen met de Turken in de zee had teruggeduwd.

Plots kon het niet mooier. En dan ook nog de Turkse vertaling van mijn boek, dat overal in de vitrines van de boekhandels in Istanboel lag. Ik ben teruggekomen om jullie te bedanken voor die tijd.

Toen ik dit zei, voelde ik dat ik het leven naar mijn hand had gezet. Alles werd mooier van binnen en ook van buiten. En toen keerden wij, paus Benedictus XVI en ik, gelukkig terug naar huis!

Koningin der kippen

We zijn meer mens geworden dan ooit in de geschiedenis.

Nederland werd de afgelopen tijd bedolven onder een serie felicitatiemails uit alle hoeken van de wereld, van Zweden tot Zuid-Afrika, van Australië tot de Verenigde Staten.

Maar voor wie?

Voor Marianne Thieme natuurlijk. Zij is mooier dan alle dieren van de wereld.

Laatst zag ik haar op de grond tussen duizenden kippen zitten. Marianne Thieme als koningin der kippen onder haar dienaren.

Waar zit zij nu? In de blauwe leren stoel in de Tweede Kamer. Prachtig! Maar wat gaat ze voor ons doen?

De PvdA, SP, GroenLinks, D66 en de ChristenUnie hebben samen 74 zetels, twee zetels te weinig om een parlementaire stap te zetten naar een generaal pardon.

Wie gaat nu die 26.000 asielzoekers redden, de mensen die als beesten zijn behandeld door het kabinet-Balkenende?

Marianne Thieme!

De Partij van de Dieren heeft onze manier van kijken naar de dieren veranderd.

Miljoenen jaren geleden, toen het beest mens werd, werd hij achtervolgd door de hond.

Nu, bijna 2007 jaar na de geboorte van Christus, heeft de hond de lege plek in het huis van velen ingenomen.

De hond is de oom geworden van de mens, de tante, de grootmoeder, de grootvader. Hij heeft een eenheid gevormd met de mens.

Ik heb veel vrienden onder de dieren.

Zal ik ze bij hun namen noemen: Oreon en Veerle, de honden van Rosalie in Maastricht. Ze krassen bijna het raam kapot als ze me in het steegje horen komen aanlopen. Ik praat met ze en ze weten waar ik het over heb en we rennen samen over de heuvels.

Een paar maanden geleden rende ik in de regen over de dijk, langs de boerderijen, langs de kassen, en langs een ver-laten weg, plots hoorde ik iets vreemds. Een ezel! Hoelang had ik al geen ezel meer gehoord? Hoe noem je het geluid dat een ezel maakt ook weer? Krijsen? Loeien? Of was het balken?

Ik stopte met rennen! Er stond een witte, schone ezel mid-den in de wei in de regen. Een Perzische ezel? Hier in dit vochtige klimaat? Hij hoorde daar niet thuis. Hij hoorde op een warme droge plek en hij mocht niet zo alleen zijn, moest met de andere ezels zijn, onder opa ezel, oma ezel en tante ezel. Sindsdien zijn we bevriend. Hij heet Olaq!

Nog een vriend? Een donkerbruin paard met diepzwarte ogen als de nacht, een arabier. Soms moet ik vijftien kilome-ter hardlopen om hem te ontmoeten. Verboden of niet, giste-ren klom ik over het hek en sprong op zijn rug en we galop-peerden in de regen langs de rivier. Hij heet Maral.

Nog een vriend? Hij is een oud hert met een groot histo-risch gewei. Soms, als ik het niet meer aankan, wandel ik in de nacht naar hem toe. Hij verschijnt uit het donker als hij mijn voetstappen hoort. We wandelen samen langs het hek en ik praat met hem. Hij heet Ahoe.

Toen ik dit schreef, landde er zachtjes een lieveheersbeestje op mijn bureau, liep naar mijn toetsenbord en klom op mijn rechterhand. Eenmaal daar opende het zijn dunne, doorzichtige, kleurrijke vleugels en vouwde deze weer samen en bleef uitrusten.

Het heeft me geluk gebracht.

TransPerzië

Het was laat in de nacht en ik deed de tv aan, maar haakte te laat in om de hele documentaire te kunnen zien.

Het is ongelooflijk als je soms niets van je eigen cultuur snapt. Dat de dingen zo mooi ingewikkeld in elkaar zitten dat het beter is dat je gewoon geniet en er niet verder over nadenkt, anders kun je niet meer slapen.

De documentaire ging over transseksualiteit in Iran. Ja, in Iran. Het ging over een aantal Iraanse vrouwen die man waren geworden en mannen die vrouw waren geworden of wilden worden. Het was extra ontroerend, want hun families werden er ook bij betrokken. Arme gelovige vaders en moeders met een zwarte chador om.

Aangrijpend, hartverscheurend mooi. Mooi is misschien niet het goede woord, het waren eerder schokkende menselijke taferelen. En het was indrukwekkend dat zelfs de imams er zo openlijk over praatten.

Er was een jonge vrouw, ze riep: 'Kijk naar mijn handen! Ik ben een man!' Zij was een man, geboren in het lichaam van een vrouw. Bevrijd me, haal me uit deze mummiekist. 'Ik heb een vriendin!' en ze gaf haar vrouwenkleren aan haar (zijn) vriendin. En deze kuste de kleding, rook eraan en deed ze aan. En dit in het Iran van de ayatollahs.

Heel toevallig had ik een maand eerder in het filmhuis *TransAmerica* gezien. Opnieuw schokkend, ontroerend en hartverscheurend.

De film gaat over een Amerikaan, een vader die een transformatie heeft ondergaan en vrouw is geworden. Niemand weet het en hij durft zijn (haar) geheim aan niemand te vertellen, niet aan een vriend, niet aan zijn vader of moeder en niet aan zijn hond. Hij kan zijn (haar) pijn niet delen. Hoe moet hij aan zijn zoon vertellen dat hij niet meer zijn vader maar zijn moeder is geworden?

TransPerzië was dragelijker, het deed pijn, maar tegelijkertijd kon je erom lachen, kreeg je tranen in je ogen en genoot je van de bovenmenselijke confrontatie in die Perzische woonkamer.

De zoon van de familie wilde een operatie ondergaan om een meisje, een vrouw te worden. Hij was de enige zoon van een familie met vier dochters. De moeder huilde, de vader stond machteloos tegen de muur. 'Vader! Ik ben je zoon niet, maar je dochter. Je hebt vijf dochters, vader!' zei de jongen.

De arme religieuze vader smeekte zijn zoon: 'Doe dit niet met mij, om Allah! Bespaar dit de familie en de buren! Blijf mijn zoon!'

Zwaar, maar lief! Het was prachtig dat ze de pijn met elkaar deelden. Echt Perzisch.

Een vreemd land, mijn vaderland. Alles is er bijna onmogelijk, maar een transseksuele operatie is mogelijk en de geestelijken hebben er geen bezwaar tegen. Maar hoe komt dat?

Volgens mij is de basis zo'n 27 jaar geleden gelegd toen de ayatollahs de macht overnamen. Toen de bejaarde Khomeini de leiding van het land kreeg, waren er veel essentiële vragen waar niemand een antwoord op had. Dergelijke vragen werden voor hem neer gelegd en de ayatollah gaf schriftelijk antwoord. Zijn antwoord werd als wet aangenomen.

In die periode wist een jonge vrouw een geheime afspraak met de ayatollah te maken, want ze wilde hem iets over Allah vertellen. Eigenlijk wilde ze hem een fout in Allahs meesterwerk laten zien. Niemand weet precies wat die vrouw aan de ayatollah heeft laten zien, maar de ayatollah noteerde de wet: 'De correctie is toegestaan. Allah is groot!'

Het vaderland is het sprookjesland.

2007

Dag vissen … Dag vissen! Dag, rode, groene en gouden vissen!

Een gelukkig Nieuwjaar.

Op naar een mooier, beter nieuw jaar.

Sommige oude gewoontes moet je nooit afleren. Dus begin ik het nieuwe jaar met een gedicht. Ik neem er een van de Perzische dichteres Forough Farrokhzad en geef het u als nieuwjaarscadeau:

Ik spreek over de boden van de nacht
Over de duisternis
Als je bij mij thuis komt, vriend
Breng een lantaarn voor me
En een venster waardoor ik
Naar de drukte van de gelukkige straat kan kijken.
(uit de bundel *Mijn minnaar*, vertaald door Amir Afrassiabi en uitgegeven bij De Geus in 2007)

Ik kan nog vele goede dingen wensen voor u, maar laten we het nieuwe jaar met een lange wandeling beginnen in de zon, in de kou, of in de regen. Het maakt eigenlijk niet uit. Het werkt altijd als je verdrietig bent.

Ben ik vandaag verdrietig? Ja, ik ben verdrietig om Saddam!

Ik gun dat touw, dat grofgeweven touw, om niemand zijn nek.

Ik wilde niemand aan die galg zien hangen.

Het was een middeleeuwse, barbaarse daad. Barbaars was ook hoe de sjiieten en Koerden dansten om zijn dood. Men hoort niet te dansen om het lijk van zijn vijand.

Saddam was een tiran en zelfs vijand nummer 1 van mijn vaderland. Hij vernielde de grote olierijke provincie Khoezestan en gaf bevel om tientallen zuidelijke Iraanse steden met de grond gelijk te maken. De Iraakse soldaten bombardeerden duizenden huizen met dynamiet en gooiden benzine over de groene dadelbomen en zetten ze in brand.

De oorlog tussen Iran en Irak duurde acht jaar. Er vielen duizenden doden aan beide kanten. Bijna alle Iraanse straatnamen zijn veranderd. Elke straat is naar een soldaat genoemd die tijdens de oorlog tegen Irak is gevallen.

Saddam gebruikte chemische wapens tegen de Iraanse troepen. Er zijn honderden nieuwe psychiatrische inrichtingen gebouwd in Iran om de soldaten op te vangen die door de wapens geestelijk zijn kapotgegaan. En toch wilde ik Saddam niet zo vernederd aan de galg zien hangen.

Ik wilde die galg, dat touw, niet naar 2007 meenemen.

Nuri al-Maliki, de premier van Irak, wilde nadrukkelijk het touw zien en de balk. Bah! Wat vies! Wat zijn die mensen achterlijk! Wat zijn ze klein!

Doden tijdens het offerfeest heeft nooit eerder plaatsgevonden in de islamitische wereld. Het valt buiten de traditie. De regering van Al-Maliki had het islamitische offerfeest als alibi kunnen gebruiken om Saddam te vergeven en om zijn straf tot levenslange hechtenis te verminderen. Zo kon Maliki zichzelf van een matige marionet verheffen tot leider die Irak bij elkaar wil houden. Maar nu viel ook hij als een lijk op de grond.

Afgelopen zondag werd de kist van Saddam met een Ame-

rikaans vliegtuig naar zijn geboortedorp gebracht en over-
handigd aan de hoofden van de stam Aboe Naser. Ze ver-
richtten een gebed en hebben hem naast zijn eigen zonen
begraven.

Ik ga even naar de veranda
Streel de gespannen huid van de nacht
Met mijn vingers
De verbindingen zijn verbroken
De verbindingen zijn verbroken
Niemand zal mij
Aan de zon voorstellen
Niemand zal mij
Meenemen naar het feest van de mussen
De vogel is sterfelijk
Denk aan het vliegen.
(Forough)

Het jaar 2007 is begonnen, vriend. Ik zal je aan de zon voorstellen, en je meenemen naar het feest van de gelukkige mussen.

De klusjesman

Rudolf kende ik lang, al sinds ik Nederland ken. In je moedertaal weet je normaal nooit welke woorden je van wie geleerd hebt, maar in een nieuwe taal onthoud je het. Dus ik
kan een handjevol woorden opnoemen die ik van Rudolf geleerd heb.
    'Eerst moet je het dempen', zei hij. Dempen dus.
    'Je bezeert je nek als je zo op de ladder staat.' Bezeren dus.

'Eerst plakken en dan glad trekken.' Glad trekken dus.

'Dump het laat in de avond in de container daar.' Dumpen dus.

Rudolf had absoluut niets met Adolf te maken. Maar als je op zijn laatste zwart-witfoto (die de politie op de tv toonde) zijn haar in een scheiding zou kammen, leek hij sprekend op hem. Rudolf was echter forser en sterker.

Overdag werkte hij op een kantoor. Maar 's avonds en op zaterdag en zondag werkte hij als klusjesman bij mensen.

Hij was vriendelijk, hardwerkend en betrouwbaar. En hij had een eigen kenmerk.

Hoewel hij zijn werk goed deed, ging er altijd iets mis. Zo liet hij zijn kenmerk achter. Dan werd je kwaad op hem, maar hij kon het bijna meteen weer goedmaken.

Ooit, toen hij een grote spiegel voor ons aan de wand wilde hangen, liet hij hem uit zijn handen vallen. (Hij had altijd geluk, de dingen gingen net niet helemaal kapot.) Alleen de onderkant van de spiegel was gebarsten.

Hij pakte meteen zijn glassnijder, hamer en zaag en maakte de spiegel een kopje kleiner. Zijn lichaamsbouw was eigenlijk alleen geschikt voor het grove werk.

Een ander keertje hielp hij mij om een hoop zand van buiten met een karretje naar binnen te brengen. Opeens had hij een beter idee. Hij deed het zand in een emmer en gooide het over de muur in de tuin. Dit hield hij heel de dag vol. Daar was niets mis mee, maar op een gegeven moment verloor hij zijn evenwicht en botste met zijn zware lijf tegen de dunne schutting en die scheurde. Bijna meteen greep hij zijn gereedschap en repareerde de muur. Zand erover!

De laatste keer dat hij voor ons werkte, werd echt de laatste keer.

Hij zette drie grote, volle emmers verf op elkaar, tilde ze op, zette ze tegen zijn borst en ging de lift in naar de vierde verdieping.

'Niet doen, Rudolf!'

'Makkie!' zei hij!

Eenmaal boven uit de lift, struikelde hij echter en de bovenste emmer, die met de rode verf, viel naar beneden en sprong open in de hal op de begane grond. De muren rood, de vloerbedekking rood, ik rood, Rudolf rood.

Vorige week verscheen opeens een zwart-witfoto van een man op de tv tijdens een politiebericht. Ik kon hem even niet thuisbrengen. 'Hé! Rudolf!'

'De man is in zijn auto omgebracht op een parkeerplaats langs de snelweg en de auto is in brand gestoken', luidde het bericht.

De politie vroeg of iemand hem kende, of iets speciaals over hem wist.

Rudolf had een kenmerk, dacht ik meteen. Hij heeft waarschijnlijk een klus gedaan voor boeven en is in een val gelopen. Hij was een eenvoudige man (vergis ik me?). En per ongeluk heeft hij iets doms gedaan, iets onherstelbaar doms. Maar wat?

Een muur omvergeduwd? Een spiegel? Heeft hij iets gezien wat hij niet mocht zien? Heeft hij een klusje gedaan dat hij niet zou mogen doen? Helaas was het zijn laatste klus!

Slet!

De Iraanse cinema of het Iraanse leven. Welke is reëel? Welke is een verbeelding?

Ooit moesten alle vrouwen in Iran een zwarte chador dragen van de ayatollahs, maar die tijd is definitief voorbij.

Op zoek naar een nieuw Iraans filmpje surfte ik YouTube af, waar je duizenden filmpjes kunt bekijken die gemaakt zijn door mensen met hun eigen camera of mobieltje en vervolgens op internet zijn gezet. Eén filmpje trok mijn aandacht: het was boeiend, het was de werkelijkheid die tot een cinemascène was gegroeid.

Het beeld was vaag, want het was een opname met een mobieltje vanuit een auto, achter het raampje.

Je zag een mooie, jonge, slanke vrouw (die eerder op een catwalkmodel leek) in een strakke spijkerbroek, een strakke mantel, met een klein hoofddoekje om en een donkere zonnebril op. (We zijn in het Iran van de ayatollahs.) Je kunt bijna zeggen dat ze geen hoofddoekje om had. Ze droeg een schoudertas die ze tegen haar borst klemde.

Maar wat maakte de vrouw zo interessant?

Opeens vloog ze op een zwartgesluierde vrouw af en begon haar te slaan en te schoppen tegen haar kont, midden op straat, in Teheran, waar honderden auto's per minuut langsrijden.

Nu waren al die auto's gestopt om naar deze scène te kijken. De gesluierde vrouw struikelde en viel op haar handen en voeten op de grond. Haar zwarte chador viel en haar rode pyjama werd zichtbaar. Zielig was ze echter niet, ze kwam overeind, sloeg haar chador weer om, stak haar rechterarm eerst in de lucht (naar Allah) en riep naar de jonge vrouw: 'Slet! Bedek je hoofd!' (Je hoorde haar eigenlijk niet, maar als je de taal en cultuur kende verstond je het.)

Honderden automobilisten zaten vol spanning achter hun stuur en keken aandachtig naar wat er zich afspeelde.

De jonge vrouw reageerde niet meer en het leek alsof de ruzie voorbij was, maar de zwartgesluierde vrouw sloeg op haar eigen kont en zonder aan de gevolgen daarvan gedacht te hebben, riep ze: 'Hoer! Deze is voor jou!' (Weer hoorde je haar niet, maar haar gebaren zeiden genoeg).

De jonge vrouw nam haar tas stevig in de hand en holde achter de gesluierde vrouw aan. (We zijn in het Iran van de ayatollahs en je moet vechten voor je rechten.) De gesluierde vrouw slaakte een harde gil en rende weg.

Je zou verwachten dat de jonge vrouw het hierbij zou laten. Maar blijkbaar niet, want het was geen cinema, maar de harde werkelijkheid midden op een drukke straat in Teheran.

De jongen of het meisje dat de scène met een mobieltje vastlegde, stapte op dat moment uit de auto om de rest op te nemen. Je zag nu ook de toeschouwers; de automobilisten die in hun auto's zaten en lachten. (We zijn in het Iran van de ayatollahs, maar het leek meer op een drive-in cinema met een oude scène van een Laurel & Hardy-film in New York.) De jonge vrouw achtervolgde de gesluierde vrouw en deze probeerde zich een weg tussen de auto's door te banen.

De laatste shot: De gesluierde vrouw is verdwenen. De jonge vrouw corrigeert, midden op straat tussen de honderden toeschouwers, haar make-up in haar tasspiegeltje. Iedereen steekt zijn arm uit het autoraampje en toetert. Een vrachtwagenchauffeur roept: 'Ghosham oemad abdji!' – 'Goed gedaan, wijffie!'

De auto's kwamen weer in beweging. Vroeger was het een ondenkbare werkelijkheid, maar nu een dagelijkse scène uit het leven in Teheran.

Iets wat ik zie

Bush zei in zijn jaarlijkse State of the Union dat Amerika het zich niet kan veroorloven in Irak te falen. Hij vroeg zijn voorstel voor uitbreiding van het aantal troepen in Irak een kans te geven.

Na zijn toespraak kwamen alle Republikeinse afgevaardigden overeind en applaudisseerden hartstochtelijk voor hem, terwijl de Democraten diep in hun stoelen bleven zitten.

Ik begreep niet waarom de Republikeinen gingen staan en Bush zo aanmoedigden met zijn beleid in Irak.

Het klonk meer zoiets als: 'Ik zie, ik zie wat jij niet ziet.'

Maar er is nog iets wat ze niet willen zien. En dat is de oude historische grond van het Midden-Oosten en de mensen die er wonen: de Palestijnen, de Egyptenaren, de Perzen en de Irakezen.

De oude geschiedenis heeft iets moois, iets geks met die mensen gedaan. Ze zijn trots! Soms zelfs onterecht trots.

Begin vorige eeuw reisde een Franse reiziger naar Iran, naar Perzië. Hij wilde Isfahan bewonderen. Ook wilde hij naar Shiraz (de stad van Cyrus) gaan en naar Yazd (de geboortestad van Zarathoestra).

Toen hij door Isfahan wandelde, wilde hij niet meer terug naar huis, hij wilde daar blijven. Hij zag iets op die oude historische pleinen, op de bazaars en in moskeeën, wat ook van hem was: een deel van hem waar hij naar zocht.

In de stad Yazd werd hij getroffen door een ander wonder. Vijfduizend jaar geschiedenis lag nog levend op straat, de huizen waren van klei en Zarathoestra leefde nog. Hij zette zijn reis voort naar de stad Shiraz om Persepolis te bewonderen. Persepolis was het paleis van de eerste Perzische koning ooit, nu is het een ruïne.

Alexander de Grote heeft het in brand gestoken en vernietigd. De oude zwarte rook van die verbrandingen is nog altijd te zien in de verborgen hoekjes van de ruïne.

Op de grote bouwstenen van de gangen, trappen en pilaren van het paleis staan afbeeldingen van de koningen, de soldaten, geweren, leeuwen en de heilige koe, met daaronder een schaarse voetnoot in spijkerschrift gebeiteld.

Cyrus, de eerste Perzische koning, is zo nauwkeurig in een

wand gehakt dat je de haartjes van zijn baard en de groeven in zijn gezicht duidelijk kunt zien. Ook zijn houding en zijn manier van lopen.

Moe en bevredigd van zijn zoektocht zit de Franse reiziger op één van die kapotte trappen, rookt zijn pijp en kijkt naar die verloren glorie.

's Avonds, als hij naar de bazaar van Shiraz gaat (deze bazaar is de bazaar uit de duizend-en-één-nachtvertellingen waar Sheherazade ooit ging winkelen) en tussen een menigte van Perzen wandelt, schrikt hij van een mooie ontdekking. Al die koningen die in de stenen van die ruïne gebeiteld waren, liepen nu levend op de bazaar. Honderden, duizenden koningen! Arme koningen, rijke koningen, bedelende koningen! En gekke koningen! Iedereen had de houding en de trots van de koning overgenomen.

De reiziger gaat in een theehuis zitten en noteert: 'De mensen in de oude landen, waar de mensheid voor het eerst schrijven, rekenen, geneeskunde, astrologie, geloof en politiek heeft voortgebracht, zijn ingewikkelde mensen met veel historische lagen. De geschiedenis laat ze niet met rust. Ze zijn constant met hun verloren antieke glorie bezig. Ik zie iets wat de anderen niet zien!'

Je moet je dus nooit in je hoofd halen om met tanks hun bazaars binnen te gaan om een modeldemocratie voor hen neer te zetten. Nooit!

Carnaval van haat

De afgelopen week stonden er grote foto's in de kranten van sjiitische mannen die het Ashura-feest vieren. De mannen waren halfbloot en sloegen met een ketting op hun schouders of smeerden klei op hun hoofd.

Nooit heeft het Ashura-feest zo uitgebreid de westerse media bereikt. Wat doen die mannen? Wie zijn ze? Het zijn de sjiieten die zulke rare dingen doen. Dit wrede deel van het feest was bijna verbannen, maar door de aanwezigheid van de Amerikanen in Irak is het gewelddadiger dan ooit uitgevoerd.

Ashura is geen feest, maar kondigt rouw aan: een carnaval van haat jegens de soennieten. Een soort machtsvertoon tegen de Arabieren! Hossein, de kleinzoon van de profeet Mohammad, kwam 1320 jaar geleden in opstand tegen Yazid, de zoon van de kalief Moawije. Yazid wilde zijn vader opvolgen, maar Hossein vond hem corrupt.

Hossein wilde zelf kalief worden, want hij was de zoon van Ali, de vierde kalief, en de kleinzoon van Mohammad en hij was ambitieus.

Maar Yazid greep de macht. En Hossein kwam in opstand, hij trok met zijn 72 gezworen kameraden te paard naar Yazid om tegen zijn leger te vechten. Iedereen zei: 'Doe het niet, Hossein! Yazid is gewelddadig!'

Maar Hossein kon het niet verdragen. Ze hadden zijn vader Ali vermoord en zijn broer Hassan vergiftigd. Dus hij ging. Yazid bedacht een plan om hem zonder gevecht kapot te krijgen. Hij omsingelde Hossein en zijn kameraden in de felle zon buiten de stad Karbala en onthield hun water. Hossein en zijn mannen gingen bijna dood van de dorst. Nu moest hij kiezen, of de dood door dorst of de dood tijdens een gevecht. Hij koos voor het laatste, maar zijn mannen, die door dorst zwak waren geworden, kwamen allemaal om. En Yazid onthoofdde Hossein.

Deze dramatische dood werd de hoeksteen van een nieuw geloof, het sjiitische, dat recht tegenover het soennitische staat.

Hossein ligt in Karbala begraven en zijn gigantische tombe

wordt gesierd door een gouden koepel.

De opstand van Hossein was een rechtvaardige strijd, maar ook een avontuur. Hij deed het uit pure koppigheid, met rampzalige gevolgen voor de nazaten van Mohammad. Zij werden allemaal gegijzeld en verbannen. Deze dood heeft ook het fundament gelegd voor straattheaters.

Voor het eerst in de menselijke kunstgeschiedenis begonnen de Perzische vertellers de dood van Hossein op de grote doeken te vertonen. Die doeken waren net zo groot als een bioscoopdoek. De vertellers lieten Hosseins verhaal in deeltjes op doeken schilderen en hingen deze op op het bazaarplein tijdens de Ashura. Vervolgens sloegen ze op een trommel om de mensen op te roepen voor de show.

De doekvertelling werd een van de meest spannende en verfrissende kunstuitingen van de islam. Theater en vertelkunst werden op die manier tijdens de Ashura volwassen. Sheherazade, de vertelster van de duizend-en-één-nachtvertellingen heeft ongetwijfeld haar vertelkracht ontleend aan de Perzische doekvertellers.

De foto's die de afgelopen week de kranten bereikten, tonen slechts een klein deel van de show. De halfblote mannen die zichzelf met een ketting slaan zijn heel aparte moslims die van de pijn genieten. Het is interessant om het te zien. Het doet me denken aan die prachtige homoparade in de Amsterdamse grachten, maar het is heel wat anders. De Ashura in Irak heeft nu een zware Amerikaanse lading gekregen. Een frontale show van haat jegens de soennieten!

Balkenende IV

Er komt een nieuw kabinet en dat is mooi. Het ziet er stevig uit en ik geloof dat het rechtvaardiger is dan het vorige.

Het wordt een solide regering, want drie echte mannen hebben er met discipline en met normen en waarden aan gewerkt.

Toch is het een kabinet dat bij de jaren vijftig hoort: een boerenkabinet.

De Tweede Kamer daarentegen weerspiegelt wel de huidige samenleving. Geert Wilders en zijn mannen zitten goed op hun plek. Ook de VVD en het CDA. En de aanwezigheid van de Turks-Nederlandse, Marokkaans-Nederlandse en Surinaams-Nederlandse vertegenwoordigers zorgt voor een goed evenwicht in de Kamer.

Maar het kabinet-Balkenende IV heeft de verdere ontwikkeling naar hoge bestuursfuncties voor immigranten geblokkeerd. Nederland is nog niet zover dat het zijn geheimen met de kinderen van de gastarbeiders deelt. Maar discriminatie hoort juist bij de immigratie, hoe meer je onder druk wordt gezet, hoe beter je presteert.

Aboutaleb! Je bent perfect, je bent getalenteerd, je hebt ongelooflijk goed gepresteerd. We houden van je! Kom! We hebben een belangrijke taak voor je. Een ware strijd! Je mag de baas van onze voedselbank zijn! Bestrijd de honger in Nederland!

Aboutaleb is weggestuurd om tegen de windmolen te vechten. Welke voedselbank? Welke honger? Wat moet je nu, Aboutaleb? Doen? Niet doen?!

Doen, Aboutaleb! Doe het! Blijf hard werken en maak er iets moois van.

Ik moet hard lachen als ik die Geert Wilders zo opgewonden zie protesteren over de twee staatssecretarissen met een islamitische achtergrond in het kabinet.

Glimlach eens, man! Ga een paar dagen met vakantie! Je hebt alles heel serieus genomen. Alsof het leven zonder jou niet doorgaat. Geniet ervan! Anders gaat het zo voorbij.

Balkenende IV is toch een bijzonder kabinet, omdat twee immigranten er (een beetje) aan mogen deelnemen.

En ik heb goed nieuws. In het volgende kabinet zullen we minstens één minister zien met een achtergrond als immigrant. En over dertig jaar zullen we een vice-premier met een islamitische achtergrond hebben.

En het is mogelijk dat we over honderd jaar een minister-president hebben die af en toe, bij het nemen van belangrijke beslissingen, stiekem de Koran raadpleegt.

Nu niet! Nu nemen de immigranten genoegen met een positie in de marge.

Nee, immigrant, de pijn mag niet toeslaan. Het is de plicht van de eerste en tweede en derde generatie om blaren op zijn handen en voeten te krijgen.

Vroeger was de regel voor de immigrant: Werk hard! En houd je mond! De tijd heeft deze regel veranderd: Werk hard! Geef je mening!

Nederland is een goed land voor immigranten. Ondanks alles biedt het onbegrensde mogelijkheden voor hen die hard werken.

Aboutaleb, recht je rug! Je hebt je best gedaan! Vecht glimlachend tegen de windmolen! Zo maak je de weg vrij voor de andere talenten.

Nebahat Albayrak! Je bent een getalenteerde, hardwerkende vrouw. Doe je mooie zwarte schoenen met hoge hakken aan, koop een chic mantelpakje, recht je rug, neus in de wind, een hoopgevende glimlach en loop als een Oosters-Nederlandse prinses het ministerie van Justitie binnen. We zijn trots op je! Je kunt het maken!

Gastarbeiders! Jullie hebben ontzettend hard gewerkt. Zie je het? Je werk, je jonge jaren zijn niet verloren gegaan.

De mens

Molana Rumi, de Perzische klassieker, heeft een mooi gedicht met eeuwigheidswaarde geschreven, dat als een juweel in de kroon van de oude Perzische literatuur prijkt, en het heet: 'Op zoek naar de mens'.

Doesh Sjeeg ba tjerag hami ghasht gerde shahr
Az div wa dád maloelam, ensanam arezoest ...

Gisternacht pakte de Sjeeg (de geleerde) een lantaarn en ging de deur uit op zoek naar de mens. Hij was moe van de beesten van zijn tijd. Er werd hem gezegd: 'Wij hebben hem gezocht! Maar hij is niet te vinden.' De Sjeeg zei: 'Ik ga juist op zoek naar dat wat niet te vinden is.'

En ik? Ik heb een theaterstuk gezien.

Genoten? Nee, genieten is niet het juiste woord. Het ontroerde me.

Drie goden daalden neer op aarde. Eigenlijk waren het drie oudere vrouwen met kleurrijke pruiken op (blauw, geel en oranje) en veel make-up. Ze waren op zoek naar de mens. En ze hadden voor het stadje Sezuan gekozen. Geen van de bewoners van Sezuan wilde hun echter onderdak geven, behalve Shen Te. En zij was prostituee.

En dan begint het verhaal.

Het toneelstuk is van Brecht. Het was een mooie overeenkomst tussen de zoektocht van de middeleeuwse dichter

Rumi en die van Brecht. Rumi zocht. Brecht vond.

Ik las Brecht in mijn jeugd, maar ik had niet eerder zijn to-
neelstukken gezien. Ik had de vlucht nog niet meegemaakt en
woonde geborgen thuis bij de familie. En nu, na zo veel jaar
weg van huis ging ik *De goede mens van Sezuan* zien.

Ik werd ontroerd en toen het afgelopen was liep ik kilometers te voet terug naar huis in het donker om nog even bij
die goden te blijven.

Hitler kwam in 1933 aan de macht en Brecht vluchtte naar
Zwitserland, naar Denemarken, naar Zweden, naar Finland,
naar Rusland, naar de Filippijnen en naar Amerika. Maar
waar hij ook naartoe ging, hij kon de mens niet vinden. Na
veertien jaar keerde hij met een vals paspoort terug naar zijn
vaderland, Duitsland. Hitler was dood en zijn land was in
tweeën gesplitst.

De vlucht had Brecht veranderd, had zijn naam groot gemaakt. Het waren pijnlijke jaren, maar ook zijn topjaren. Hij
had niets, zelfs geen vork om mee te eten, maar hij werkte
hard. Tijdens de vlucht zette hij zijn meesterwerken op papier. *De goede mens van Sezuan* is er één van.

Nu stond ik in het Appeltheater in Scheveningen. Mijn
ontroering kwam niet enkel door Brecht, maar ook door de
acteurs. Ze speelden zo vanzelfsprekend, zo natuurlijk, zo indrukwekkend dat ik het haast niet geloven kon. Het was voor
mij een ander soort kennismaking met Nederland. Een ontmoeting met oude toneelspelers, jonge toneelspelers en acteurs die hun leven in het theater hebben gestopt.

De groep bestaat uit echte arbeiders van het Nederlandse
theater. Het meest indrukwekkende was dat ze je met niets,
een paar tweedehands stoelen, een oude kapotte koelkast, een
paar halfgebroken tafels, een versleten tapijtje, een oude pia-
no, een paar goedkope marktpruiken en een aantal plastic
zonnebrillen meenamen naar het fictieve, Chinese stadje Sezuan. Naar de goden, naar de hoeren, naar die tabakfabriek,

naar de pijn van Shen Te, naar de Tweede Wereldoorlog, naar de slechte mensen en naar de machteloze god, goden, godinnen en Brecht die wegvluchtte.

En het theater was vol, overvol. Driehonderd, vierhonderd gewone Nederlanders met een lantaarn.

Afgelopen zaterdag heb ik iets moois meegemaakt: ik kwam de mens tegen vlak bij de zee in het Appeltheater.

Jouw paspoorten

Wat is een paspoort? Een reisdocument, een legitimatiebewijs, een veiligheidsaspect, een statusbewijs, een verbondenheidspapiertje, een bewijs van loyaliteit of een sleutel die toegang biedt tot vele vreemde landen?

Paspoort: een document waarvan de valse versie meer waard is dan goud.

Als ik almachtig was, verschafte ik iedere Irakees een geldig vals paspoort en liet ik hen uit de hel wegvluchten.

Ooit hield Nabokov, de Russisch-Amerikaanse schrijver, de schepper van *Lolita* en Nobelprijswinnaar, zijn gloednieuwe Amerikaanse paspoort trots boven zijn hoofd en zei: 'Nu ben ik een Amerikaan. En ik ben er trots op.'

Had hij op dat moment ook een Russisch paspoort diep in zijn binnenzak? Nee, hij had geen Russisch paspoort, want hij was met zijn familie gevlucht tijdens de Rode Revolutie. Later had hij met vele valse documenten door Europa gereisd totdat hij Amerika bereikte.

Dat was Nabokov, maar wat moeten wij nu doen met Aboutaleb en met Nebahat Albayrak, de twee nieuwe staatssecretarissen met een islamitische achtergrond die één paspoort in hun hand en een ander diep in hun binnenzak hebben?

Er zijn miljoenen Amerikanen die behalve hun Amerikaanse paspoort ook een paspoort van hun vaderland in bezit hebben.

En het vormt geen enkel probleem, het is zelfs goed voor het land dat de kinderen van voormalige immigranten zich elders ook thuis kunnen voelen. Het maakt de burgers veelzijdiger, want reizen naar het land waar je wortels liggen, is heel anders dan een vakantie naar de zon. Het is een ontmoeting met jezelf. En het maakt je gelukkiger, evenwichtiger, cultureel rijker en het verhoogt je relativeringsvermogen. Een tweede paspoort is daarom geen gevoelige kwestie in Amerika. Of zij zijn nog niet op het punt om een Aboutaleb in het kabinet te plaatsen. Dat is Amerika. Maar wat moeten wij doen met het Marokkaanse paspoort van Aboutaleb? Of het Turkse van Albayrak?

Als je volksvertegenwoordiger bent, verkeer je in een totaal andere situatie dan een gewone burger.

Op de een of andere manier klopt het niet dat jij daar als parlementariër met een Marokkaans, Turks of Iraans paspoort in je binnenzak rondloopt. Dat kan ook niet bij een generaal.

In het parlement wordt vaak over de belangrijkste zaken van het land gesproken. Het land ligt daar als het ware bloot op de tafels en in de gangen. Bovendien, als je toegang hebt tot het Torentje, heb je letterlijk toegang tot de schatkamer van het land. Dus, het kan niet. Het moet kunnen. Maar nu kan het niet. Zo simpel is het.

Aboutaleb mag zijn Marokkaanse paspoort behouden, maar dan krijgt hij geen toegang tot het 'onderonsje'.

Albayrak mag ook met haar Turkse paspoort in de lucht zwaaien. Maar als je in de zee springt, word je nat. Je kunt dan niet zeggen: 'Ik wil een beetje nat worden.' Je wordt helemaal nat.

De Turkse regering zal ook nooit een Nederlander met een

Turks paspoort in haar midden toelaten. En koning Hassan van Marokko zal nooit de nationale geheimen van Marokko met een Nederlander (met een Marokkaans paspoort) delen.

Wat Geert Wilders beweert is waar. Nederland heeft Albayrak en Aboutaleb zover laten komen. Mensen vertrouwen ze. Het tweede paspoort moet weg. Het zou chic zijn als ze hun Turkse en Marokkaanse paspoort bij de koningin zouden inleveren.

In de moskee

Spannend! Ik had een lezing in een moskee. Zo werd ik teruggevoerd naar een verdwenen verleden.

Vroeger was de moskee van de stad van ons. En in de moskee spreken was de plicht van een van de mannen des huizes. Nu was ik onverhoeds uitgenodigd om een lezing te geven in een moskee hier in Nederland. Wie zouden het publiek zijn? En wat zou ik kunnen of mogen vertellen? Moest ik iets prikkelends zeggen of er een gewone lezing van maken?

Rijdend op de snelweg ging ik in gedachten de moskee in en waste mijn handen en voeten als een gelovige. Plotseling herinnerde ik me dat ik iets vergeten was, iets wat ik vroeger nooit vergeten zou zijn. Dus reed ik naar een benzinestation, stopte, stapte uit, deed mijn schoenen uit en controleerde mijn sokken. Gelukkig. Ik had geen gaten in mijn sokken.

De mannen van ons huis gingen altijd met nieuwe, elegante wollen sokken naar de moskee. Status!

In de auto hield ik in gedachten een lezing voor een groep oude gastarbeiders, oude gesluierde vrouwen en de imam, die geen woord Nederlands sprak.

Allah, Allah, wat zou ik hun moeten vertellen?

Het was de geboortedag van Mohammad de profeet en de moskee zat vol met oude mannen. Onwennig wachtte ik even bij de bazin, naast hen die hun handen en voeten wasten, en dacht dat de imam me elk moment kwam ontvangen: 'Ahlan wa sahlan! Salam elikom!'

Maar er kwam niemand. En zo te zien, zou ik een lezing voor deze mannen houden. Maar ze letten helemaal niet op mij, ze zagen me niet eens.

Ik maakte een wandeling over de binnenplaats, het was gezellig en je rook de geur van rozen en verse koekjes voor de geboorte van de profeet. Achter een paar mannen aan liep ik de kelder in waar de geur van gebarbecued vlees vandaan kwam. Daar was een kleine supermarkt, een kapper, en je kon er ook een broodje kebab kopen.

Ik was bijna in de stoel van de kapper gaan zitten toen ik van achter geroepen werd: 'U bent dus gearriveerd!'

Ik keek om. Een blondine zonder een hoofddoek. Een echte kaaskop.

Wie was zij? Een vriendin van de moskee. Wat deed ze daar? Met de andere vrienden van de moskee organiseerde ze culturele evenementen voor de moskee. Wow! Allah zou op zijn borst kloppen van geluk met zo'n vriendin van de moskee.

'Wat moet ik zeggen? Wat mag ik zeggen?' fluisterde ik bijna.

'Je mag alles zeggen, hoor!'

Ik ging de gebedsruimte in en keek naar de oude mannen die richting Mekka stonden, liep rond en bekeek de spullen van de imam en bezocht stiekem de vrouwenafdeling. Nooit eerder had ik een lezing zo spannend gevonden en ik wilde er zeker iets liefs, iets moois van maken. Maar het onverwachte gebeurde in het daglicht onder mijn ogen. De oude gelovige mannen verlieten een voor een de moskee en in plaats van hen verschenen een voor een de Nederlanders, de echte kaaskoppen. Wat krijgen wij nu? Waar is de imam, waar zijn de gastarbeiders, waar zijn de gesluierde vrouwen?

De moskee liep leeg en liep weer vol, overvol met Nederlanders, allemaal met of zonder een gat in hun sokken.

Er werd een tafel neergezet, er werd een stoel geplaatst, en er werd een microfoontje op mijn jasje gespeld. Allah! Allah! Wat moest ik nu zeggen? Het werd een mooie, onvergetelijke belevenis.

In de ruimte

Buiten het raam
valt de regen, groen
omdat het zomer is, en daarachter
de bomen en dan de aarde,
die rond is en alleen de kleuren
van deze negen krijtjes heeft.

De afgelopen tijd ben ik vaak in de ruimte geweest, en ik gebruik opzettelijk het woord ruimte. En toevallig was er altijd zon die de aarde verlichtte.

Niemand hoeft het te geloven, maar ik heb bijna alles van de aarde van boven gezien. Alle oceanen, zeeën, bergen, bevroren rivieren, oude sneeuw, en een school grote haaien die als boten dwars door de Atlantische Oceaan trokken.

Dat ik zo nadrukkelijk beweer dat ik alles heb gezien, komt een beetje door jaloezie. Ik was zo jaloers toen mijn mooie landgenote, Anousheh Ansari, de ruimte in ging en alles van boven mocht bekijken.

Zij moest per dag twee miljoen Amerikaanse dollars betalen om mee te kunnen vliegen, maar ik heb het met die goedkope EasyJet-vluchten gedaan, voor zo'n vijftig euro per vlucht.

Oké, zij heeft de aarde vanuit het International Space Station gezien, ik van achter de kleine raampjes van het vliegtuig.

Er is een grondig verschil tussen onze wonderlijke ruimteavonturen.

Zij heeft de aardbol gezien, maar omdat ik lager vloog, heb ik de mens op de aardbol gezien.

Ik heb ontroerende momenten meegemaakt. De mens zo alleen, zo klein in het universum.

De mens is een geheim, het gehele geheim. Hij heeft het vuur getemd, hij heeft het wiel bedacht, hij heeft tarwe van aardappelen onderscheiden, hij heeft ijzer gesmolten, treinen gemaakt. En hij heeft zich in poëzievorm geuit.

Met bewondering keek ik naar de zakenmannen. Zodra het vliegtuig landde, deden ze haastig hun mobiel aan, en controleerden de beurskoersen. En ik dacht aan de oermannen die met een scherpe steen in hun handen op jacht gingen naar een stukje vlees.

Ik keek naar de vrouwen met hun mooi opgemaakte gezichten, met hun rokken, tassen, hoge hakken en hun lekkere geurtjes en ik dacht aan de eerste vrouwen op de aarde, zo bang en in ongewassen wilde kleren.

Ik keek door de raampjes van de vliegtuigen naar de aarde en dacht aan de drie boeken: De Tora, de Bijbel en de Koran. Onnavolgbare boeken die de mens uit angst heeft gemaakt.

De mens Ibrahim, of Mozes, of Jezus heeft een God gemaakt. En Mohammad een machtige Allah.

Mooi, de God van Jezus. Mooi, de Allah van Mohammad, maar hun goden zijn beiden te klein om zo veel wonderen te kunnen verrichten.

Ik dacht altijd dat er iets zou moeten zijn, dat er meer aan de hand was. Maar eenmaal in de ruimte zag ik dat er niets was, alleen dit: de mens!

Hij is het middelpunt, het wonder. Hij zegt: 'Wees!' En het wordt.

Anousheh heeft twintig miljoen dollar betaald om naar zichzelf te kijken. Vrouwen toch!

Ik ben trots dat een Perzische vrouw dit gedaan heeft: kijken in de oudste spiegel van het heelal.

Ik heb er ook in gekeken. Er was verder niets, alleen wij en de vrouwen met hun spiegels.

Tijdens het literaire festival in Montreal heb ik met een van die vrouwen gesproken, Margaret Atwood:

Outside the window
is the rain, green
because it is summer, and beyond that
the trees and then the world,
which is round and has only
the colors of these nine crayons.

Marie-Louise

Ver van Nederland mag ik nog een aantal dagen andere mensen bewonderen in Montreal.

De flat waar ik verblijf is gevestigd in een wolkenkrabber in het centrum van de stad. Het is een monumentaal gebouw dat voor de Olympische spelers in 1976 in Québec is gebouwd.

De appartementen zijn klein en later allemaal verkocht. Maar de stad heeft de allerhoogste flat bewaard voor gastschrijvers. Je zit dus in de top van de toren en bewaakt de stad.

Het mooie van het gebouw is dat bijna alle bewoners die er ooit een woning hebben gekocht voorgoed gebleven zijn, en samen oud zijn geworden. Je ziet overal oude mensen lopen door de lange gangen, in de wasserette, in het kleine zwembad, in de bieb, in de kletsruimte en in de zaal waar ze bingo spelen.

Eigenlijk zijn het vooral vrouwen die op de been zijn: allemaal Franssprekende dames die de hele dag in de liften op en neer gaan en ik kom ze overal tegen:

'Waar zijn jullie mannen?'

'Moe! Ze slapen.'

En het is heerlijk en goed voor mijn ego. Ik bewonder ze in de liften. En ik oefen mijn Frans:

'O, wat een mooie bloesje heeft u aan!'

'Wat een chique schoenen, hebt u ze vandaag gekocht?'

En ze komen me helpen in de wasserette. En ik help hen met de stukjes vinden van hun duizend stukjes tellende schilderijpuzzel.

En zo ging het tot ik de chique, elegante mevrouw Lapoint in de lift tegenkwam. En ze vertelde me trots in haar Québecs: 'De dochter van mijn beste vriendin is ook een schrijver!'

'Echt waar? Waar schrijft ze over?' 'Kinderverhalen', zei ze. 'Hoe heet ze?' 'Marie-Louise!' zei ze.

We stonden in de lift en ik kon me alleen uiten in een onvolledig zinnetje Frans: 'Ik wil de dochter van uw beste vriendin ontmoeten!'

De volgende dag gingen we samen, met een bos bloemen, in onze mooie kleren naar Marie-Louises huis. En ik was erg benieuwd naar haar.

We stopten bij een kasteeltje dat je vaak in oude kinderverhaaltjes tegenkomt. De elegante mevrouw Lapoint klopte op de glas-in-looddeur en een mooie vrouw van mijn leeftijd opende de deur: 'Marie-Louise Gay.'

Wow, wat een ontdekking. Ze was een van de grootste Canadese kinderboekenschrijvers. Ze had zestig boeken geschreven die ze met eigen hand had geïllustreerd en haar boeken waren allemaal wereldwijd vertaald, ook in het Nederlands. Marie-Louise kreeg de Governor General's Award, de Amelia Frances Howard-Gibbon Award en de Elizabeth Mrazik-Cleaver Award en ze was genomineerd voor de Hans Christian Andersen Award.

Ze nam me mee naar haar werkkamer, naar de magische wereld van een kinderboekenschrijfster en illustrator. En zo maakte ik met haar een mysterieuze reis door Canada, door de oneindige bossen met bruine beren, over de bevroren rivieren en de onmetelijke blauwe meren, door de sneeuw met de hongerige wolven en oude herten met torenhoge geweien.

En ik maakte kennis met haar twee personages, eigenlijk de Canadese Jip en Janneke:

'Stella, the sky is on fire', cried Sam (Jip).
'No, it isn't,' said Stella (Janneke), 'the sun is just going to sleep. It's wearing red pyjamas.'

De reacties

De afgelopen tijd heb ik veel reacties ontvangen op mijn laatste twee columns:

Met ongelooflijk veel herkenning, ontroering en gedeelde boosheid heb ik uw columns gelezen over de vernietigende werking van wietgebruik onder jongeren. Over de wegkijkende overheid die blijkbaar geen drive heeft noch urgentie voelt om hier effectief tegen op te treden.

Ik deel de door u beschreven ervaring vanwege mijn jongste zoon. Leuke knul, maar hij rookt veel jointjes. Te veel. Voortdurend geldgebrek. Voortdurende vreetkicks 's avonds laat. Heel veel onrust. Veel boosheid bij hem als hij niet roken kan, veel dreigen. Veel leed in zijn ogen omdat hij ons geen pijn of verdriet doen wil. Maar gevangen, beheerst door de verslavende stoffen van de wiet, die geheel ten onrechte de naam softdrugs heeft.

Maar de mooiste reacties kwamen van de tieners die mijn column gelezen hadden. In hun brieven hadden ze bijna allemaal vier standpunten opgenomen:

Standpunt i:
– Ik begrijp u.
– Ik weet waarover u het heeft.
– Ik kan me goed voorstellen waarom u dit schrijft.

Standpunt ii:
– U hebt het mooi geschreven, maar u overdrijft.
– Zo erg is het ook niet.
– Kom op! Maak er geen drama van.

Standpunt iii:
– Ik weet dat sommigen hun grenzen niet kennen.
– Het is waar dat sommigen door het lint gaan.
– Ik ken ook veel voorbeelden in mijn omgeving.

Standpunt iv:
– Kader Abdolah, maak je geen zorgen, ik ken mensen die op het gymnasium zitten en ook weleens kruipend naar huis gaan. Maar het gaat over.
– Een jointje plus goede cijfers plus een goede thuissituatie kan prima samengaan.
– Het is niet zo dat alleen zwakke leerlingen dit doen, op onze school blowen vele vwo-leerlingen. Maar u hebt ge-

lijk, op het vmbo is het misschien wel een graadje erger. De meest praktische reactie kreeg ik van Xander (16):

Kader Abdolah, het tegenhouden lukt niet. Uw column is mooi, maar er zit een technisch foutje in. Van biertjes krijg je een stevige kick, maar je moet er meteen vijf achter elkaar nemen. Probeer het eens. Je wordt losser en alles wordt weer gezellig. Ook met een jointje stort de wereld niet in elkaar. Bovendien, waarom moeten ouders zich altijd zorgen maken over hun kinderen, laat het een keertje andersom zijn. Geef je over, Kader Abdolah! Dan zal je nooit meer zulke columns schrijven.

Xander! Geweldig! Ik heb naar je geluisterd.

Afgelopen vrijdag ging ik het café om de hoek binnen en bestelde vijf pilsjes tegelijk. En ik dronk ze in één teug leeg. Wow, wat een ervaring! Ik liep wat losser op straat, en wilde graag nog meer drinken. Dus ging ik het volgende café in: 'Vijf pilsjes alstublieft!'

Laat in de nacht kon ik niet meer op mijn benen staan. Wat een heerlijk gevoel om de weg naar huis niet meer te kunnen vinden. Opeens hoorde ik een meisjesstem: 'Wat doe je midden in de nacht op straat? Waarom heb je zo veel gedronken? Schaam je je niet?'

Xander! Ik dank je voor je gouden tip. Misschien zal het helpen. Binnenkort ga ik de kelder van die coffeeshop in. En ik zal me overgeven, helemaal. En je zult merken dat ik nooit meer over zulke dingen zal schrijven. Maar ik heb een gouden tip voor je: Wie het meer dan één keer per week doet, is een loser!

Overbodig maar nodig

Het is mooi als jonge moeders zes maanden of een jaar verlof krijgen, maar moeten mannen ook in die cirkel getrokken worden?

Steeds vaker wordt in damesbladen aandacht geschonken aan 'samen zwanger zijn', 'samen bevallen' en 'samen met zwangerschapsverlof'. Sommige bladen gaan nog een stap verder: 'Er zijn mannen die dezelfde fysieke symptomen gaan vertonen als hun zwangere vrouwen. Zo kun je ook als man last krijgen van ochtendmisselijkheid, wisselende emotionele buien, duizeligheid en pijn in je onderbuik.'

Vrouwen! Doe dit de mannen niet aan! Betrek ze niet in een domein waar ze niet horen.

Voor een man is het fysiek niet goed om zich zo sterk te bemoeien met vrouwenzaken. Het kan een averechtse werking hebben. De man zal dan niet meer in staat zijn om je te betoveren, en te veroveren. Hij verliest zijn scherpe mannelijke kantjes en wordt rond.

Natuurlijk moeten mannen in het huis werken, zelfs meer taken op hun schouders nemen dan vrouwen. De verdeling zou echter anders kunnen zijn. Laat hen het grove werk doen, zagen, boren, snijden, hameren, hun vingers kapotslaan, de auto wassen, fietsen repareren, de vloer dweilen en de wc's schoonmaken.

Ja, laat ze elke dag op de vloer van de wc knielen, maar zet ze niet voor een hoop schoon wasgoed.

Trek de mannen niet de bevallingskamer in. Het is hun zaak niet. Laat hem de taken van je moeder of zus niet overnemen.

De man hoeft niet de intieme wereld van een vrouw binnen te treden. Ik heb het zelf gedaan, en ik begrijp dat ik dit niet mag zeggen, maar ik zeg het toch: als je je man zo dicht bij je vrouwzijn betrekt, raakt hij zijn mannelijke stekels geleidelijk kwijt. Dan wordt hij een slappe kerel die niet zo veel lusten meer heeft en niet in staat is om zijn werk in bed voor je te verrichten.

De moderne man heeft de vroegere taken van de moeders en de zussen in het huis overgenomen. Als zij langskomen, hebben zij niets te doen. Dit verzwakt het contact tussen moeder, zus, kind en dochter.

Stuur dus je man vaker naar het huis van je moeder om haar kasten in elkaar te zetten. En vraag je moeder om bij je langs te komen. Zo staat alles weer op zijn plaats.

Wat heb je aan een man die zes maanden lang tussen jou en de baby in gaat zitten, als een onhandige bemoeial.

Vrouwen! Doe dit niet met de mannen.

Ze krijgen langzamerhand het karakter van een huisdier. Overbodig, maar toch nog nodig. Nooit in de geschiedenis zijn de mannen zo geïnteresseerd geweest in vrouwenspullen. Ze genieten van de dingen waar vrouwen van genieten, dezelfde kleuren, dezelfde geuren. En de mannelijke jaloezie is zwak geworden in de moderne man. Ze zijn onverschillig geworden.

Vrouwen! Doe dit niet met de mannen. Houd ze buiten je privédomein.

Laatst heb ik iets grappigs van een vriendin gehoord die bij een reisbureau werkt: 'De vrouwen gaan steeds vaker op een kameel de woestijnen van Marokko en Egypte in. Ze gaan op zoek naar de echte mannen in het donker.'

Ze zal met haar getallen en tabellen langskomen als het nodig is.

Mannen voelen zich meer een man wanneer ze doodnieuwsgierig zijn naar een vrouw. Hun haren gaan recht overeind staan als ze niets van haar krijgen. Geef ze dus niet alles. Laat ze een woeste poging doen om je te veroveren.

De aarde

En zo ging het tot jouw schepper de engel Gabriël naar
de aardbodem stuurde om wat klei te halen. Hij maakte de mens uit die klei en hij liet een deel van zijn eigen
ziel in de mens achter.
(naar de Koran)

Ik houd van Amerika, maar niet dat van George W. Bush.

Ik bewonder Amerika op het moment dat ik via Google
over de wereld surf.

En ik denk aan Amerika als ze grote telescopen maken om
in het heelal te turen op zoek naar onze oorsprong.

Ik geniet ervan wanneer ze ons opnieuw met mooie films,
met heerlijke muziek en met grote boeken verrassen.

Deze dagen ben ik weer weg van Amerika en dat komt
door Al Gore. Hij heeft ons wakker geschud, ons erop geat-
tendeerd dat er iets serieus aan de hand is met de aarde en dat
we allemaal iets kunnen doen.

Als ik nu de badkamer in loop, denk ik aan de aarde.

Maar wat kan ik hier vanuit mijn huis doen om te voorkomen dat de oeroude ijsbergen smelten? Dat ik niet te veel
CO_2 produceer en dat de infraroodstraling niet wordt terug-
gekaatst naar de aarde?

Ik weet het niet.

Toch tast ik in het donker. Ik laat de douche niet zomaar
lopen totdat het water warm is, ik zet er een emmer onder en
gebruik het koude water later voor iets anders. En ik zal niet
meer boven de toegestane 120 km per uur rijden op de soms
lege snelwegen van Leeuwarden en Groningen. De volgende keer als ik naar Duitsland ga, zal ik niet meer heerlijk met
170 over de brede autobanen razen.

Dat is toch mooi.

Hoewel ik niet geloof dat deze kleine stapjes echt effect zullen hebben, toch wil ik het doen, ik wil echt iets doen.

Zo'n negenhonderd jaar geleden heeft Omar Khayyam, de Perzische dichter, het volgende gedicht gemaakt over de aarde:

Wie is er die het snapt?
Ben ik uit simpele aarde saamgeschrapt.
Gekneed in deze vorm, om dan, gebroken,
In de aarde weer te worden weggetrapt.
(naar de vertaling van W. Blok)

Wij zijn de aarde, volgens de dichter. Jij bent de aarde.

Ik tast weer in het donker. Als we de aarde gezond en schoon willen houden, moeten we waarschijnlijk met onszelf beginnen.

Ik rook niet echt, maar ik ga toch minder roken. Ik drink niet veel, maar ik ga minder drinken, vaker wandelen, en meer fruit en groenten eten dan vlees.

En ik ga Irak niet meer binnenvallen. De aarde niet meer bombarderen. En nooit meer met clusterbommen gooien!

Morgen ga ik een normale pot gel kopen en niet meer van dat spul dat uit een spuitbusje komt gebruiken, die veroorzaken gaatjes in de ozonlaag.

Het is op zich een heerlijk gezicht dat Al Gore in staat is om twee miljard mensen met muziek attent te maken op onze dierbare aarde.

Als een van de lampjes van onze eettafellamp kapotging, verving ik deze meteen, ik vond het slordig om het te laten. Nu laat ik het kapotte lampje zitten, ik vind het zo mooier, chic, modern zelfs.

Omar Khayyam dicht:

Kijk uit dat je dat bloempje niet vertrapt,
hij komt misschien uit de mond van een geliefde.

Deze dagen, als ik over de autobaan rijd, zie ik overal geliefden in de weilanden liggen. Ik rijd rustiger.

De Koran

'Genoeg is genoeg,' schreef Geert Wilders vorige week in *de Volkskrant*, 'verbied dat ellendige boek. De Koran, het is een fascistisch boek ... Een verbod is een verbod. Dus moet niet alleen de verkoop, maar ook het bezit in huiselijke kring worden bestraft.'

Ik werk nu aan een nieuwe vertaling van de Koran. Er liggen elf verschillende versies van de Koran op mijn bureau. Een oude oorspronkelijke Arabische versie, vier verschillende Perzische vertalingen, vier oudere Nederlandse vertalingen en twee Engelse.

Toen ik het artikel van Wilders las, dacht ik: Wat moet ik nou met al die korans in mijn huis? Verbranden? In de prullenbak gooien? Bovendien ben ik al twee jaar bezig met dit boek en nu ik het bijna klaar heb, wordt het verboden. Verloren kostbare tijd. Ik moet naar de rechter stappen en ik ga schadevergoeding eisen.

Nee, het was waarschijnlijk een grap. De heer Wilders komt heel grappig over wanneer hij zulke grote woorden in zijn kleine mond neemt.

Ik hoef geen schadevergoeding te vragen, ik heb genoten van mijn werk in de afgelopen twee jaar. En dat was mijn beloning.

De Koran is het mooiste boek dat ik ooit in mijn leven gelezen heb. Ik heb nooit zo veel plezier gehad tijdens het schrijven. Dit boek is geen eigendom van de moslimgelovigen. Het is ook van Geert Wilders. De Koran is een levendige rivier, je kunt het boek niet vertalen, je kunt er wel in springen, er even in zwemmen en dan er weer uit.

Geert Wilders! Durf! Doe! Spring!

De Tora, de Bijbel en de Koran zijn drie parels die de geschiedenis heeft voortgebracht. Geert Wilders is te blond om de Koran te kunnen verbieden. Je moet afstand kunnen nemen van je politieke belangen, en het boek als een oud boek lezen. Dan pas kun je er echt van genieten.

Weg met de politieke islam, weg met de politici en fanatici die zo'n oud boek misbruiken om hun doelen te bereiken.

Lang leve de Iraanse ex-moslim Ehsan Jami die het boek verwerpelijk vindt. Een parel mag je in de prullenbak gooien, maar hij blijft er toch als een parel in liggen.

Verwerpelijk zijn de drie mannen die Jami vorige week in elkaar hebben geslagen. Ze moeten de bak in.

Stiekem ben ik trots op mijn landgenoot Jami, maar ik wil hem niet in een gouden kooi van beveiliging hebben.

Beste Jami! Je hoeft je toon niet te matigen, maar verwonder ons met iets moois. Zaai geen haat! Verbind ons! Deze democratie is dierbaar voor ons die uit de dictatoriale landen komen. Onnodige provocatie beschadigt de democratie.

Met respect volg ik je! Het ga je goed.

De wetten en de wetenschap van de Koran zijn niet vers meer, hun datum is verstreken.

In de Koran staat dat de zon de maan volgt. Dat is fout. Mohammad zegt dat Allah de hemel op onzichtbare pilaren heeft geplaatst om hem niet op de grond te laten vallen. Dat is fout. Maar het is heerlijk om de fouten van Allah door te nemen.

Mohammad dacht dat Allah de bergen als grote spijkers in

de aarde heeft geslagen om bevingen te voorkomen. Fout, maar mooi om te lezen hoe mensen in die tijd naar hun omgeving keken.

Van harte nodig ik Geert Wilders bij mij thuis uit, we kunnen samen een passage van de Koran vertalen. Hij zal ervan genieten. Ik beloof het je.

Allah

Tiny Muskens, bisschop van Breda, wist ons weer met iets treffends te verrassen. Muskens: 'Allah is op zich een heel mooi woord voor God. Waarom zouden we niet allemaal samen zeggen: we noemen God voortaan Allah?' Wat een wijze, verzoenende taal in deze onrustige tijd, waarin moslims van alle kanten worden belaagd. Bisschop Tiny Muskens is een groot mens.

Maar wat de bisschop vraagt, is niet correct en niet in praktijk te brengen. Want je kunt Jan niet zomaar Hassan noemen. En Fatima niet zomaar Joke.

Allah en God zijn twee wezenlijk verschillende schoonheden. Deze twee oude Heren kunnen nooit samen rustig een borrel drinken.

Om ze beter te leren kennen, moeten we hun prachtige boeken lezen. Eerst de Bijbel en dan de Koran. Of andersom.

Wat de god van Jezus beweert, wordt onmiddellijk door de god van Mohammad afgewezen.

Allah heeft veel passages van Gods schrijverijen overgenomen zonder bronvermelding. Allah heeft duidelijk plagiaat gepleegd. Bijna eenderde van zijn boek is geïnspireerd of letterlijk ontleend aan verhalen uit het Oude en Nieuwe Testament.

Allah heeft de heilige Drie-eenheid van de Bijbel van tafel geveegd. Mohammad werd er ziek van toen de priesters uit zijn tijd een kruisteken sloegen: 'De Vader, de Zoon, en de Heilige Geest. Amen!' Hij vond het een frontale aanval op de leer van Allah.

In de Koran staat wel duizend keer vermeld: 'Allah is één. Hij is niet verwekt. En hij verwekt niet.'

Allah heeft geen zoon!

In de soera Maria in de Koran wordt Jezus duidelijk onder druk gezet om die bewering terug te nemen. 'Zeg, Jezus! Dat je mijn zoon niet bent. Dat je een gewoon mens bent. Een uitverkorene. Verder niets. Dit geldt ook voor je moeder.' De discussie is gesloten. Wie anders beweert, komt in de hel terecht.

Allah en God zijn verschillende types. Zelfs hun kledingkeuze is totaal anders. We kunnen hen persoonlijk karakteriseren door modellen als Mohammad en Jezus.

Jezus is zachtaardig. Mohammad is hard, gebakken in de felle zon. Jezus zegt: 'Als je een klap krijgt, bied de andere kant van je gezicht aan.' Mohammad zegt: 'Als je een klap krijgt, sla met alle kracht terug.' Mohammad houdt van vrouwen, vooral van de jonge vrouwen, maar Jezus heeft haast geen zin in vrouwen. En het valt diep te betwijfelen of hij ooit een vrouw gekust heeft, maar Mohammad heeft vele vrouwen met huid en haar verslonden.

Allah heeft een probleem met Maria. En hij schaamt zich een beetje voor haar. Hoezo is zij opeens zwanger geraakt uit het niets?

Om deze grove fout van God te corrigeren, stuurt Allah in de Koran Gabriël als knappe heer naar de aarde. Gabriël verleidt Maria achter de dadelbomen, helpt haar op haar rug te gaan liggen en maakt haar zwanger.

En wat God in het Hooglied in het Oude Testament beschrijft, is onacceptabel voor Allah:

Zie, gij zijt schoon: uwe oogen zijn duivenoogen tusschen uwe vlechten. Uw tanden zijn als een kudde schapen die geschoren zijn. Uw lippen zijn als een scharlaken snoer. En uw twee borsten zijn gelijk twee welpen die onder de leliën weiden.

Zo'n tekst wordt door Allah meteen gediskwalificeerd als porno. God is aards, maar Allah is licht dat brandt op olie van een gezegende olijfboom.

De opa

Uit een onderzoek in Engeland is gebleken dat een groot deel van de gezonde oude mensen tussen de zeventig en tachtig seksueel actief is. Soms zelfs actiever dan de jongeren met een carrière en stress. Dus: 'Old age no barrier to sex life!'

Waarom vertel ik dit?

Vorige week was ik uitgenodigd op een verjaardag van een vriend voor een borrel in een café in Rotterdam.

Het was een gezellig familiefeest met harde muziek, en natuurlijk veel bier, en sigarettenrook en gehaktballetjes. Er waren drukke pubermeisjes, knappe jongens, en alle vrouwen en mannen van de familie en ook opa. Opa alleen, omdat oma net overleden was.

En hij zat in een stoel achter een borrel en had zijn hoed op, want hij had een beetje last van de ventilator.

'Gefeliciteerd met de verjaardag van uw zoon', zei ik.

'Ik dank je, mooi dat je er bent', zei hij oplettend en op een toon waaruit duidelijk was dat het feest van hem was en dat al die mensen bij hem hoorden. Hij deed me aan een oude boom denken die trots naar zijn appels keek.

Ik ging naast hem zitten en praatte met hem over oma. 'Jammer dat ze weg is', zei ik.

'Lief van je. Het komt wel goed, ik zie haar gauw!' zei hij met een knipoog.

Hij was een gezellige, levendige man. En de borrel smaakte extra goed met hem.

Later, toen ik verder kennismaakte met de familie, voelde ik dat er een beetje spanning was rondom de aanwezigheid van opa. Ze hadden het over wie hem straks naar huis moest brengen. Niemand wilde het doen, want ze wilden de borrel niet missen.

Ik raakte in gesprek met een van de vrouwen en hoorde deze belastende woorden: 'Moeilijk hoor, met oude mensen. Ze worden lastig als ze oud worden.'

Ik vond haar zo zielig toen ze me dit vertelde, zo armoedig van geest. In oude culturen worden de grootmoeders en grootvaders als oude juwelen behandeld. Omringd door familieleden. Hebben die geen tijd? Dan maken ze tijd. De last wordt als de essentie van het leven gezien.

Mijn eigen grootvader is langgeleden overleden, maar hij is dagelijks aanwezig in mijn leven met zijn wijsheid.

Hij zei altijd: 'Denk altijd aan het touwtje. Wanneer het leven eraan begint te trekken, geef jij rustig mee. En wanneer het leven het touwtje loslaat, begin jij langzaam te trekken.'

'Je geluk zit vaak in het ongeluk waarmee je getroffen wordt,' zei hij, 'dus klaag nooit als je door een ongeluk getroffen wordt.'

'Heb altijd geduld! Het is het geneesmiddel tegen verdriet en verlangen', leerde hij mij.

Soms denk ik dat hij duizend jaar ervaring aan mij doorgegeven heeft:
– Lekkere geurtjes, honing, wandelen, en kijken naar bloemen, het gras en het water werken de pijn en het verdriet weg.

– Er zijn tijden voor geluk, en ook tijden voor beproeving. Overdrijf niet tijdens het geluk en wees niet ongeduldig tijdens de beproeving.

Op het verjaardagsfeest in het café in Rotterdam vroeg ik: 'Vertel me, wie brengt nu onze Nederlandse opa naar huis?'

Ik bracht hem weg en hij nam me mee naar de straten van zijn jeugd, naar de bombardementen en de hongersnood. En onverwachts gaf hij me een parel van wijsheid:

'Wat je ook aanwijst, wordt bereikbaar. En waar je ook in zit, het gaat over.'

Abdullah Gül

Turkije ligt op een unieke geografische plaats. En Istanboel is altijd een mooi rolmodel geweest voor landen met een islamitische cultuur.

Het kleine deel van deze stad dat in Europa ligt, geeft Turkije de eigenschappen van een salamander; ze kan zich zowel in het water als op land bewegen.

Vanuit dit deel van Istanboel zijn treinen, de telegraaf, drukmachines, telefoons, auto's, kranten, romans, de cinema en porno de islamitische landen binnengestroomd.

In de afgelopen honderdvijftig jaar heeft deze multiculturele stad een cruciale rol gespeeld in de modernisering van het Midden-Oosten en met name van landen als Iran, Irak, Pakistan, Afghanistan, de Emiraten, Saoedi-Arabië, Syrië, Jordanië, Egypte en Marokko. Ook is Turkije het model geworden voor alle voormalig Sovjet-Unielanden, zoals Armenië, Azerbeidjan, Tadzjikistan en Mongolië.

Voor de islamitische culturen is Istanboel een laboratorium waar met de moderne westerse ideeën geëxperimenteerd wordt.

Istanboel is voor die landen altijd net zo belangrijk geweest als Parijs ooit voor Europa.

In deze stad heeft Atatürk kennisgemaakt met de doctrine van de scheiding van staat en moskee.

En hij was de eerste staatsman in een islamitisch land die met een landelijk spoorwegenproject begon en de eerste man die durfde met zijn vinger naar de hoofddoeken van de vrouwen te wijzen.

Met een vertraging begon Reza Khan (de vader van de sjah van Perzië) met de modernisering van Iran. Hij was de eerste koning die met zijn dochters, die geen hoofddoek droegen, naar buiten kwam. Ook de eerste koning die persoonlijk met een kanon op de gouden koepel van de grootste moskee van het land schoot om de vrijheid van de vrouwen te garanderen.

Vorige week wist Turkije wederom een gedurfde stap te zetten. De benoeming van de gelovige Abdullah Gül als president zal een golf van democratische vernieuwing veroorzaken in de islamitische landen in de komende vijftig jaar.

De islam van Turkije wordt in de praktijk geconfronteerd met de scheiding van staat en moskee.

Het is een prestigieuze klus voor president Gül en premier Erdogan om die scheiding te praktiseren.

Als zij erin slagen, wordt hun model traditiegetrouw door de omringende landen gekopieerd.

De modeldemocratie die Bush en Blair ooit in het Midden-Oosten wilden stichten, kan alleen in Turkije worden toegepast.

Irak is er nog lang niet aan toe een modeldemocratie te worden. Bovendien hebben de Turken niet de luiheid van de andere islamitische volkeren.

Ik feliciteer Abdullah Gül met zijn benoeming als president

van Turkije. Maar ik heb een probleem met zijn vrouw.

Sinds vorige week is ze officieel the first lady van Turkije geworden, maar ik zie haar als een groot probleem. Haar hoofddoek zal Turkije doen radicaliseren.

Atatürk van Turkije, Reza Khan van Iran, Saddam Hoessein van Irak en recentelijk de jonge koning van Marokko hebben veel moeite gedaan om de vrouwen te bevrijden van de doeken en de hoofddoekjes.

Mevrouw Gül zal straks met haar modieuze hoofddoekjes een politieke modeshow lopen voor de Turkse vrouwen, wat tien stappen achteruit betekent. Mevrouw Gül is geen aanwinst voor het Midden-Oosten. En hoewel ze zich op de achtergrond houdt, oefent ze behoorlijk veel macht uit van achter de gordijnen. Ze heeft duidelijk voor de islamitische wetgeving gekozen, voor de sharia van de Koran.

Ik wens een hoofddoekje voor elke vrouw die het wil dragen, maar niet voor de echtgenote van Abdullah Gül, want haar hoofddoek is een bedreigende wapperende vlag boven de moskee geworden.

Graag bonnetjes uitdelen

Natuurlijk is het goed dat de politie de wegen onder controle houdt.

En het kan geen kwaad dat ze verborgen camera's gebruiken om hardrijders te pakken te krijgen. Maar er is een probleem met sommige verkeersagenten, vooral met hen die met een stapel bonnetjes aan hun zijde in de steden opereren.

Ze lopen vaak met z'n drieën en een van hen is een allochtoon.

Sommige van deze agenten hebben een ander soort cultuurtje, en als je jezelf diep in je hart kijkt, mag je ze niet en dat komt niet door de bonnetjes die ze uitdelen, maar door hun detectivegedrag.

Een agent hoort te voorkomen dat burgers fouten maken, maar de agenten die ik zie, doen dat niet, ze laten je in de val lopen. Ik woon op een plek waar ik ze vaak langs zie komen. Elke zaterdag en zondag vangen ze goud in onze straat.

Afgelopen vrijdag werd ik getroffen door een van dit soort verkeersagenten. Ik was in Den Haag, in de buurt waar veel ambassades zijn, en er was geen plek om te parkeren. Ik zag de agenten in het zijstraatje wachten. En ik wist zeker dat ze mij (die hun truc kende) niet te pakken zouden krijgen. Ik reed verder tot de Chinese ambassade, waar het zoals gewoonlijk erg druk was. Tientallen mensen stonden voor de deur, iedereen was netjes in de val gelopen: de agenten kwamen en trakteerden hen allemaal op een bonnetje. Ik reed verder en kwam in een klein smal straatje. Ik was een meter of twee de straat binnengereden toen ik een vrouw met sportfiets en een helm op zag die achter een boom stond. Ik stopte even om haar te vragen waar ik mijn auto correct parkeren kon, maar zij draaide haar gezicht om en ik reed verder. Ze was agente, maar ik zag dat niet. Op een gegeven moment realiseerde ik me dat ik die straat niet in had mogen rijden en ik probeerde meteen te keren, maar opeens zag ik dezelfde sportieve vrouw via de andere kant van de straat tevoorschijn komen. Nu pas ontdekte ik dat ze een agente was. Ze had me aan het begin van de straat gezien, ik was zelfs eventjes bij haar gestopt, ze had gewoon kunnen zeggen: 'Terug!' Maar ze deed het niet, ze verstopte zich achter de boom en liet me verder de straat in rijden. En ze was meteen met alle snelheid om het blok gefietst om me via de andere kant te pakken te krijgen.

'Agent! Het is niet goed wat u doet. Je maakt je werk ongeloofwaardig', zei ik.

Maar ze was doof voor commentaar. Zulke agenten doen me aan de verkeersagenten van het voormalige Oost-Duitsland denken, ze verstopten zich achter de bomen en sprongen opeens voor je auto.

Tot nu toe heb ik alle bekeuringen netjes betaald, maar deze keer zal ik niet betalen. Ik zal bij de rechter dit corrupte verkeerscultuurtje bestrijden.

Zarathoestra in Holland

Hoe komt het dat het altijd de Iraniërs zijn die zo veel problemen hebben met de islam? En waarom zijn alle oprichters van de ex-moslimcomités in Duitsland, Nederland en Engeland afkomstig uit Iran? Waarom doen de Arabieren, de Marokkanen, de Egyptenaren of de Turken dat niet? En hoe komt het dat ze altijd met een mond vol haat praten?

Het is geen toeval, maar een verrassende wending van de geschiedenis. Het is een oude rancune die diep geworteld is in de Iraanse cultuur. En het is interessant om te zien hoe die oude Perzische angst aansluit bij de angst van de Nederlandse bevolking voor de islam en hoe zij zich in een supermodern jasje presenteert.

Zodra de Iraniërs het vaderland verlaten, laten ze de islam als een last van hun schouders vallen. Het is nu bijvoorbeeld de heilige vastenmaand ramadan, maar ik durf (risico nemend) hardop te beweren dat bijna geen Iraniër in Nederland vast en dat bijna geen Iraniër hier naar een moskee gaat of de islamitische feesten viert, zoals het Suikerfeest.

Zodra de Iraniërs het vaderland verlaten worden ze Perzen, hun oude verloren identiteit komt bovendrijven en ze distantiëren zich van de islam. Veertienhonderd jaar geleden was Iran nog een grote wereldmacht. Als je aan Perzië dacht, dacht je aan goud, parels, koningen, koninginnen, elegante vrouwen, tapijten van zijde, grote schepen, sierlijke paarden, heerlijke gerechten en het Zarathoestra-geloof.

In die tijd was Mohammad bezig met een revolutie in zijn eigen land, het Saoedi-Arabië van nu. De Perzische koningen keken op dat land neer als een achterstandswijk en voor hen was het helemaal niet belangrijk wie Mohammad was en waar die 'hagedisseneter' in die hete woestijn mee bezig was.

Maar het Perzische rijk was oud, failliet, corrupt en kapot. De mohammedanen vielen Perzië binnen en veroverden de macht in drie weken. Ze verbrandden alle oude historische bibliotheken en zeiden: 'De Koran is genoeg! De rest is overbodig.' De Perzische taal werd verboden, de Perzische vrouwen werden naar de keukens gestuurd, muziek werd verboden, poëzie werd verboden en wie protesteerde, werd ter plekke met zijn gehele familie omgebracht.

Om het oude Perzische geloof van Zarathoestra te bewaren, vluchtten duizenden mensen het land uit en namen hun toevlucht in India waar ze nu bekend zijn als de Parsi. Driehonderd jaar lang zwegen de Perzen, want ze wilden geen woord Arabisch spreken. Driehonderd jaar angst en radeloosheid. Uiteindelijk bereikten de Perzen met de mohammedanen een compromis: 'We knielen voor jullie Koran, maar jullie taal willen we niet hebben.'

Elfhonderd jaar lang hebben de Iraniërs met de acceptatie van de islam geworsteld, maar ze hebben nooit de oorspronkelijke islam van de Arabieren (soennieten) aangenomen. Ze mixten de Koran met hun eigen Zarathoestra-geloof en maakten er een nieuw geloof van: het sjiisme. Op die manier hebben de Iraniërs de Koran omarmd en daarmee hebben ze een nieuwe Perzische identiteit aangenomen. Maar de haat is nooit verdwenen en het verzet is nooit gedoofd.

In de afgelopen jaren zijn er vele schrijvers en journalisten omgebracht wegens hun verzet. De schrijver Kasrawie was een van die vurige tegenstanders. Hij werd met een kogel gedood.

Het verzet van de Iraniërs tegen de islam is niet nieuw. Nu ze weer massaal het vaderland ontvluchten voor de ayatollahs, pakken ze de moderne middelen om die oude kreet te slaken. Nederland heeft de oude Perzische angst geadapteerd en in een nieuw jasje gestopt.

Vertraagde treinen

Er was een tijd waarin je je horloge met de aankomst en het vertrek van de treinen gelijk kon zetten, maar die tijd behoort tot het verleden.

Het duurt te lang om er een inleiding over te geven. Ik val dus gelijk met de deur in huis: De Nederlandse Spoorwegen misbruiken hun passagiers. De NS speelt met haar klanten en beledigt hen.

Ik vat mijn tekst samen: De NS liegt! En ik ben getuige.

Een vertraging hoort bij een groot openbaarvervoerbedrijf, maar de NS heeft de corrupte dienstregeling van sommige Aziatische en Afrikaanse landen overgenomen. Ik reis veel in het land en ik zie het.

Een deel van de vertragingsmeldingen is waar, maar een overgroot deel is onwaar. Het zijn nepvertragingen. Totaal gaat het om uren vertraging per dag, maar deze vervelende vertragingen bereiken nooit het nieuws.

De directie van de spoorwegen speelt een spelletje met de passagiers om minder treinen te laten rijden.

Er zit vaak geen technische reden achter. De NS slaat een rit over om de kosten te besparen. Zo laten ze stilletjes tientallen treinen per dag in het hele land stilstaan, terwijl de passagiers met honderden op de perrons staan te wachten.

De NS vermeldt eerst dat er vijf minuten vertraging is. Daarna valt er een stilte van een kwartier, daarna verdwijnen de teksten van het bord en dan zenden ze valse berichten totdat de volgende trein komt. De passagiers hebben geen keuze. Ze moeten blijven wachten.

Dit corrupte gedrag wordt op alle stations vertoond en dat weten alleen de schrijvers, want het lezingenseizoen is begonnen en ze komen allemaal te laat.

Maar de door en door verzelfstandigde NS is nog te klein om mijn dag stuk te kunnen krijgen. Op een gegeven moment kwam er een man van een jaar of zeventig met een blond meisje van een jaar of dertien bij mij in de trein zitten. De oude man begon zonder enkele inleiding het volgende aan me te vertellen:

'Kun je het geloven, na 46 jaar kom ik terug naar Nederland.'

En het meisje keek verwonderd naar de mistige weilanden van Friesland terwijl de regen tegen het treinraam sloeg. 'Ik heb overal in de wereld gewoond,' ging de oude man verder, 'ik werkte jaren voor een Duits spoorwegbedrijf. En ik was oud aan het worden en ik had nog geen vrouw, geen gezin. In Australië kwam ik een Italiaanse vrouw tegen. Veel jonger dan ik. Kijk, dit is mijn dochter, mijn leven, ik wilde haar mijn geboortestreek laten zien. Ze spreekt geen Nederlands, ze is een Australische. Ik ben zo gelukkig met haar, ik ben gestopt met roken, ben begonnen met hardlopen. Ik wil echt niet doodgaan in de komende vijf jaar. Ik wil haar achttien zien worden. Het leven is zo mooi. De treinen ook.'

In de verte begonnen paarden te galopperen, toen ze de trein zagen aankomen. De oude man zei snel tegen zijn dochter: 'Kijk! De paarden! Had ik het je niet verteld. Paarden met hun hoofd boven de mist.'

Dom van de spoorwegen, de trein stopte en ik moest uit-stappen. Wat een ontmoeting, wat een mooie oude vader, wat een lieve dochter die verrast het Nederland van haar va-der bewonderde.

De NS kan nooit een spelletje met mij spelen. Die laatste vertraging was bedoeld om mij die twee mooie mensen te doen ontmoeten.

Stop Bush!

'Bush! Het gebeurt niet. Ik sta het niet toe! Wij staan het niet toe!'

Terwijl ik dit schrijf, heb ik harde vrolijke muziek opgezet om de hoop terug te winnen.

Midden in de nacht werd ik wakker en dacht aan Iran. Het drong nu pas tot me door dat Amerika Iran echt wilde bin-nenvallen en dat Bush zijn messen geslepen heeft.

En het deed me pijn en het maakte me verdrietig. Ik zet-te de muziek nog harder om mijn rug recht te houden tegen Bush.

Tot voor kort was Bush de enige die Iran wilde binnenval-len, maar hij krijgt steeds meer landen achter zich. De Franse president Sarkozy vind ik eng. Hij is laat binnengekomen en wil meteen met een oorlog beginnen.

Voor de Bush-regering staat de oorlog tegen Iran vast, het is alleen een kwestie van wanneer.

Hoe is het toch mogelijk dat Bush Iran wil binnenvallen als hij tot aan zijn nek in het moeras van Irak vastzit.

Je denkt dat hij het niet zal doen, maar hij zal het doen. Hij zal Iran binnenvallen.

Is Bush gek geworden dat hij nog een extra oorlog op zijn geweten wil hebben?

Er zijn mensen die geen geweten hebben. Bush is een van hen. Als hij en zijn mannen uit de hel van Irak willen ontsnappen, hebben ze slechts één uitweg en die loopt via een kapot Iran. Het is een oud plan dat al vijftig jaar in een la van een kast in het Witte Huis ligt: Iran moet in stukken uiteenvallen!

Amerika (nu) en de Britten (vroeger) hebben altijd getracht Iran te breken en er zeven kleine landjes van te maken om de regio beter onder controle te krijgen.

Bush wil die zuidelijke provincie hebben die grenst aan Irak. Daar ligt bijna eenderde van de aardolie- en aardgasvoorraad van de wereld verborgen.

Laatst was Saddam (samen met Amerika) deze provincie binnengevallen. Het duurde acht jaar en er vielen drie miljoen doden aan beide kanten totdat Iran Saddam (en Amerika) terug naar de oude grenzen dwong. Op den duur valt Iran toch uit elkaar, dat zegt de loop van de geschiedenis. En het kan ook niet anders.

Het oude Perzische rijk was ooit de grootste macht van de wereld. Maar die macht is door de eeuwen heen gebroken door vele vijanden. Dat oude rijk vergelijk ik met een grote antieke vaas die is stukgevallen. Wat er nu van is overgebleven, is de bodem van die vaas en zeven gebarsten stukjes. Bush wil het stukje dat Khoezestan heet, waar de grond bruinzwart is van de aardolie.

Er wonen zeventig miljoen mensen met zeven verschillende talen en culturen in Iran. Eigenlijk zeven verschillende Frieslanden. Tot nu toe hebben ze gelukkig naast elkaar gewoond.

Maar president Bush verzint een bendeloze chaos in Iran, net als die in Irak, en de ayatollahs maken dit mogelijk met hun achterlijke politiek. Maar zo simpel is het ook niet. Het

Iraanse volk heeft de blunder van Bush in Irak gezien.

Bush! Ik garandeer het je! De hele Iraanse bevolking gaat achter de ayatollahs staan om jou het land niet binnen te laten komen. De ayatollahs hebben hun hun vrijheid afgepakt. Maar jij wilt hun leven afpakken. Bush! Je bent gevaarlijker dan de ayatollahs.

Ik sta tegenover Bush! Houd hem tegen! Mijn volk verdient die oorlog niet.

Máxima

De identiteitstekst van prinses Máxima heb ik gelezen. Mijn reactie is: *Salam*! En 'salam' betekent groeten, gezondheid en vrede. Dus mijn groeten voor de prinses die soms Argentijnse gerechten kookt voor haar man Willem-Alexander. En gezondheid voor haar kinderen met wie ze thuis (ongetwijfeld) tussendoor Spaans-Argentijns spreekt. En vrede in haar huis wanneer ze met een tekst over de Nederlandse identiteit bezig is.

Het hoeft niet helemaal correct te zijn wat zij zegt, maar de richting die ze aanwijst is correct. Het ging haar niet om een tekortkoming van de Nederlandse identiteit, maar een nieuwe kijk op het land.

De Nederlandse identiteit is in twintig jaar sterk veranderd. Deze veranderingen kun je in Rotterdam zien, in Den Haag, in de Nederlandse literatuur en in de Nederlandse politiek. Ook in de samenstelling van het koninklijk huis en vooral in het gezin van Willem-Alexander.

Máxima is de moeder van de toekomstige koningin, haar dochtertje wordt de koningin van een volk dat een andere identiteit heeft dan het volk van haar grootmoeder.

Koningin Beatrix is de koningin van een land dat opeens getroffen is door één miljoen vreemdelingen met een vreemd boek.

Vele kinderen van de immigranten van nu zullen in de tijd van koningin Amalia een bepalende positie gekregen hebben bij Shell, bij Heineken, bij de KLM, bij de KPN, bij de NS, bij de Postbank, in de Eerste Kamer, in de Tweede Kamer, in het kabinet en in het koninklijk paleis.

Nederland heeft een koopmanscultuur. En een koopman kan nooit lang een vaste identiteit hebben. De tekst van Máxima is de uitdrukking van een chique, progressieve houding in het huis van de kroonprins.

De koninklijke familie is wat betreft de immigratie altijd haar tijd ver vooruit geweest, in vergelijking met anderen. Daarom zijn ze erg geliefd bij die één miljoen (voormalige) vreemdelingen in dit land.

Prinses Máxima doet me soms aan Farah Diba denken. Farah was jong, ze studeerde architectuur aan de Sorbonne en leefde in het woelige Parijs van de jaren zeventig. Toen ze de koningin van Iran werd, zette zij het land soms op de kop met een onverwacht toespraakje.

Een keertje toen ze met vakantie naar Parijs ging, liet ze haar haar mooi kort knippen en kwam met een nieuwe look terug naar huis. De volgende dag gingen alle Perzische vrouwen naar de kapper en lieten hun haar Farah-style knippen. De imams en de traditionele mannen van de bazaar die hun oude identiteit wilden vasthouden, waren woedend op haar.

Koningin Beatrix weet, Máxima weet, Willem-Alexander weet, en zelfs prinsesje Amalia weet dat de identiteit van een land nooit hetzelfde blijft. In het koninklijk huis hebben tot voor kort een Duitse overgrootvader en een Duitse grootvader gewoond. Vandaag de dag woont er een gezonde Nederlandse grootmoeder en komen regelmatig Argentijnse grootouders langs.

De dochters van Máxima zullen zich ongetwijfeld geluk-
kig voelen in Buenos Aires: 'Deze stad is ook van ons!' En
Máxima zingt vast af en toe Argentijnse slaapliedjes voor hen.
Het is gezond, het is sterk en het is mooi.

Salam voor hen die vele culturen in hun huis hebben.

Salam voor hen die met een nieuwe tekst durven te komen.

Salam voor Nederland, dat nu al een nieuwe identiteit
heeft gekregen.

En salam aan Jan Wolkers die ging! Op zijn eigen won-
derbaarlijke manier heeft hij Nederland een nieuwe identiteit
gegeven. Een goede reis, meester!

Turks fruit

Jan Wolkers is vorige week gecremeerd.

Ik vond het jammer. Het past niet bij een schrijver om hem
zo radicaal fysiek te verwijderen. Een schrijver hoort een graf
te hebben. Waar je soms langs kunt lopen, waar je naast zijn
grafsteen kunt staan om je beter te kunnen oriënteren. Waar
je even bij hem kunt zitten om met hem te praten: 'Het gaat
snel hoor! Ik heb een beetje meer tijd nodig!' Maar goed, hij
heeft het zo gewild, en ze hebben het zo gedaan.

Mijn kennismaking met de Nederlandse taal is met drie
boeken, een gedichtenbundel en een film begonnen, namelijk:

I.   *Jip en Janneke* van Annie M.G. Schmidt
II. *Twee vrouwen* van Harry Mulisch
III. *Turks fruit* van Jan Wolkers
IV. De gedichtenbundel *Alles op de fiets* van Rutger Kopland
V.   En de zwart-witfilm *Fanfare*.

Het waren de vijf belangrijkste elementen van de Nederlandse identiteit van de vorige eeuw.

Het was een cultuurschok voor me. Ik, die uit een oude rijke literatuur en cultuur kwam, was getroffen door *Turks fruit*, de koe uit *Fanfare*, de lesbische personages van Mulisch, 'Jonge sla' van Kopland, en *Jip en Janneke* van Annie M.G. Schmidt.

Het waren precies vijf haaien die je onder water trekken. De schrijvers en de makers van die producten zijn mij altijd dierbaar gebleven.

Maar de laatste jaren werd het minder als ik Jan Wolkers op tv trof. Het paste niet meer bij hem. Hij had zijn werk gedaan en zijn handdoek in de ring gegooid. Nu hij niets meer te vertellen had, begon hij steeds weer over seks, een soort seks die over datum was.

Een paar jaar geleden hadden we samen een lezing in Antwerpen. De zon scheen en het was in de tijd waarin hij niet meer kon signeren, het deed hem pijn aan zijn pols. Hij had een stempel laten maken en het was de eerste keer dat hij die gebruikte. Elke keer als hij een boek stempelde, keek hij naar zijn stempel en mompelde iets. Misschien dit: 'Goed ding, waarom heb ik dit niet eerder bedacht.'

Naar Perzische gewoontes hield ik zijn beide handen in mijn handen vast en boog mijn hoofd licht voorover voor de meester. Toevallig had ik mijn puberdochter bij me.

Fluisterend klaagde ik bij Jan Wolkers: 'Mijn dochter leest de laatste tijd haast geen boeken meer. Wellicht zet ze zich op die manier af tegen mij. Misschien zal een gesigneerd boek van u helpen.'

Hij knikte glimlachend, pakte een boek, en haalde moeizaam zijn vulpen uit zijn jaszak, tekende een haantje op het schutblad van het boek en zette er zijn handtekening onder. Hij overhandigde het lief aan mijn dochter en hield zijn wang naar haar toe. Zij kuste hem en hij mompelde: 'Dit moet werken.'

Jan Wolkers was altijd aanwezig in mijn werkkamer, maar nadat we dat gesigneerde exemplaar van *Turks fruit* mee naar huis hadden genomen, was hij meer dan ooit aanwezig in ons huis, want zijn halfgelezen boek belandde op mijn bureau. En elke keer dat mijn dochter langsliep, riep ik: 'Ik vind het niet leuk dat je zelfs dit boek niet uitgelezen hebt.'

Jan Wolkers ging vorige week heen en met hem een tijdperk. De tijd van *Fanfare*, 'Jonge sla', *Jip en Janneke*, *Twee vrouwen* en *Turks fruit* is voorbij.

Al-Mansouri

Soms wil ik over bepaalde onderwerpen niet schrijven. Het is niet dat ik er geen mening over heb, maar juist omdat ik er zo'n duidelijke mening over heb.

Het zijn gevoelige en soms gevaarlijke onderwerpen.

De kwestie Al-Mansouri is er zo één.

Hij is in Syrië gearresteerd en uitgeleverd aan Iran. Wat doet zo'n man die met vuur speelt in Syrië?

Er zitten vele leugens en onjuistheden in dit verhaal.

Ik ken de persoon Al-Mansouri niet, en ik heb hem nooit ontmoet.

Ik wist niet dat hij duistere plannen had om de provincie Khoezestan af te scheiden van Iran en dat hij daarvoor al een nieuwe vlag in zijn huis had.

Maar als ik zou weten dat hij de leider van die verdachte organisatie was, zou ik hem nooit een hand willen geven.

Ingewikkeld dus.

Minister Verhagen heeft de Iraanse ambassadeur om tekst en uitleg gevraagd. Wat zou hij tegen hem gezegd hebben? Ik vat de inhoud van de knipsels samen:

I. Een Iraniër blijft altijd een Iraniër, zelfs als hij tien andere paspoorten op zak heeft. Het is de wet en dat weten inmiddels alle Iraniërs.

II. Al-Mansouri is de leider van een terroristische organisatie. In de afgelopen tijd hebben haar sympathisanten 208 mensen in Ahwaz gedood door een reeks bomaanslagen. De terroristen zijn gearresteerd. Ze zijn verhoord en hebben de naam van Al-Mansouri genoemd. We hebben een dossier van tweeduizend pagina's over hem.

De argumenten van de ambassadeur mogen nooit als feiten worden gezien. Leugens en verdachtmakingen regeren in het Iraanse islamitische rechtssysteem. Maar één ding mag duidelijk zijn: Al-Mansouri is (en was) geen simpele man.

Laatst zag ik parlementariërs op tv die de koningin vroegen te bemiddelen in deze zaak. Ik zou zeggen: Doe het niet, majesteit! Laat het aan Maxime Verhagen over.

De provincie Khoezestan is te vergelijken met Groningen, een Groningen met heel veel zon, ontelbare dadelbomen en haaien in de magische rivier Karoen. Groningen met een bodem die verzadigd is met duizenden kubieke meters aardolie en aardgas, zo veel dat de aarde er bruin van ziet.

Deze provincie, waar een Arabische minderheid woonachtig is, grenst aan Irak. Deze minderheid zegt: 'Khoezestan is van ons!'

Dat kan nu niet. En dat kan later niet!

Er zijn Arabische groeperingen die aanhangers van Al-Mansouri's organisatie zijn. Recentelijk hebben zij bloedige aanslagen op de markt van Ahwaz gepleegd. Al-Mansouri en zijn zoon hebben nooit afstand genomen van deze terroristische misdaden.

Maar wat er ook aan de hand moge zijn, Al-Mansouri moet een eerlijk proces krijgen. Hij heeft recht op een Nederlandse advocaat. Op dit punt kan Maxime Verhagen zich sterk maken: 'Hij is een Nederlandse burger! We willen zijn dossier inzien. Het is onze plicht om hem te verdedigen.'

Bush wacht op de laatste druppel om Iran te bombarderen.

Dus! Kader Abdolah! Wees voorzichtig als je geen correcte gegevens hebt.

Wat we nodig hebben, is de waarheid.

Al-Mansouri heeft alle recht om de stem van de Arabische minderheid in Khoezestan te zijn. En de Arabische minderheid heeft alle recht op een beter leven. Dit recht is van hen afgenomen.

Ik hoop dat Al-Mansouri wordt vrijgesproken van de zware verdenkingen. En dat hij terug mag naar Maastricht, om de stem van de Arabische minderheid in Iran te laten horen. Maar hij moet van Khoezestan afblijven.

België

De Belgen hebben nu na 156 dagen nog geen kabinet kunnen vormen. En het is niet duidelijk hoelang het nog zal duren.

Maar de Belgische koning maakt zich er helemaal niet druk over: 'Het komt wel goed.'

De koning heeft volkomen gelijk. Ook wij hoeven ons hier niet druk over te maken. Het komt altijd goed met België.

Eigenlijk is het een onnatuurlijk proces als België uit elkaar valt.

Als je de Vlamingen en Walen uit elkaar haalt, raken beide volkeren psychisch in de war.

Deze twee totaal van aard verschillende volken hebben elkaar nodig. België bestaat juist omdat zij ruzie met elkaar hebben. Als een van hen weg valt, valt de ander ook weg.

Ze hebben elkaar nodig om overeind te blijven, om tegenover elkaar te gaan staan, om elkaar te bespotten en achter elkaars rug om te kunnen kletsen. Als je dit van hen afpakt, neem je de essentie van het Belg-zijn weg. De conclusie: ruziën is gezond voor België.

Ik ken België goed en heb er vrienden wonen. Als ik met mijn Vlaamse vrienden in een café zit, beginnen ze onmiddellijk over de Walen te praten. Zit ik met de Walen, beginnen ze over de Vlamingen. Toch blijft het altijd gezellig met een groot glas Belgisch bier erbij.

Op zich is het een mooie historische nationale kwaal. En ze zullen er nooit van genezen.

Maar omdat ze constant met elkaar bezig zijn, en omdat ze dag en nacht in gedachten, aan hun eettafel, in bed en in hun slaap met elkaar ruziën, hebben ze geen energie meer over voor de anderen. Ofwel: ze zijn mentaal zo moe dat ze geen zin meer hebben om met hun immigranten geconfronteerd te worden.

Ze hebben hen in achterstandswijken gestopt en een deken van liefde over hen heen getrokken met het motto: 'Blijf hier! Houd het rustig! En doe wat je wilt.'

En de immigranten doen ook wat ze willen. Het is een deprimerend uitzichtloos leven. In plaats van vooruit, zijn velen achteruit gegaan.

De Belgen hebben geen contact met hen, ze weten niet waar zij mee bezig zijn, ze hebben hen aan hun lot overgelaten.

Geruzie tussen de Vlamingen en de Walen vormt geen gevaar voor het Belgische koninkrijk, maar de immigranten zijn een serieuze bedreiging voor België.

Ze zijn achtergebleven. Als je het over een achterlijke cultuur mag hebben, dan heb je het over de cultuur van de immigranten van dat land.

In vergelijking met Nederland ligt België in de immigratiekwestie honderd jaar achter.

De Nederlandse immigranten zijn gezonder, vitaler, brutaler, mondiger, energieker en actiever dan alle andere immigranten in Europa.

De nieuwkomers zijn alom aanwezig in de Nederlandse politiek, literatuur, media en er zijn honderden die studeren aan de universiteiten en duizenden die werken in de bedrijven en op kantoren.

De energie van de nieuwkomers in België stroomt niet door de samenleving. Die energie blijft stinken in die wijken en vormt een gevaar voor België.

De Belgen durven nog niet geconfronteerd te worden met de vreemdelingen in hun land. Op dat terrein hebben ze een interessante ontwikkeling gemist.

De kwaliteit van een land kun je afmeten aan de kwaliteit van zijn immigranten. Maar er valt niets te meten in dat land. België is achtergebleven. Maar we gaan er altijd graag naartoe.

Dus:

Lang leve het Belgische bier.

Lang leve mijn Belgische vrienden.

En lang leve België!

Nogmaals mijn klusjesman

Deze week worden voor de rechtbank in Almelo de vier verdachten van de moord op Rudolf Pruntel berecht. Het zijn een man, zijn vrouw en hun twee zonen. Zij worden ervan verdacht Rudolf in elkaar geslagen en vermoord te hebben. Vervolgens hebben ze hem in zijn eigen Volvo naar een parkeerplaats langs de A1 gebracht en hem daar in zijn auto in brand gestoken en achtergelaten.

Het was een avond in januari, ik zat voor de televisie en opeens verscheen er een zwart-witfoto op het scherm. Een politiebericht: 'Wie kent deze man?' Ik, ik kende hem. Hij was Rudolf, mijn klusjesman.

Omdat ik hem goed kende, wist ik meteen dat hij in een val gelopen was. Maar wat voor een val?

Een paar dagen later stonden er allerlei gegevens over de moord in de kranten. Rudolf was via internet in contact gekomen met een vrouw, en deze internetvrouw had hem gevraagd of hij bij haar langs wilde komen. En Rudolf liep in de val. Want toen hij haar huis binnenging, was haar man ook aanwezig (of hij kwam later binnen).

Hoe de ruzie ontstaan is, en waarom ze hem vermoord hebben, is allemaal onduidelijk, maar de rechtbank in Almelo gaat deze week alles duidelijk maken.

Maar wat ik vertellen wil is iets anders. Na deze moord barstte er een lawine van geruchten over Rudolf los, een lawine van vals geklets, zowel in de media als op straat. Rudolf werd als een beest, als een man met lust naar vrouwen, als een geval van 'eigen schuld, dikke bult' neergezet.

Hij was dood en je kon alles achter zijn rug om zeggen, maar de plaatselijke media maakten de familie van Rudolf kapot. Zijn vrouw en zijn dochters werden zo beschadigd dat ze voor een tijdje hun evenwicht kwijtraakten.

Ze voelden zich zo onder druk gezet dat ze niet meer naar buiten durfden te gaan. Ze kenden de Rudolf die in de kranten werd neergezet niet, ze kenden die vader niet over wie zo veel lelijks werd geschreven.

Voor hen werd de pijn op deze manier nog vele malen groter. Rudolf was geen monster. Ik kende hem goed. Hij heeft vaak in mijn huis geslapen. Hij was een betrouwbare man die je thuis bij je familie kon ontvangen. Hij heeft alleen een fout gemaakt, een fout die we allemaal op de een of andere manier maken.

Hij is even dom geweest, en zijn domheid was geen buitengewone domheid, het was een foutje dat vele mannen maken, maar het werd Rudolf fataal.

De rechtbank in Almelo zal beslissen en ik zal nu al respect hebben voor het oordeel, maar ik zie het als mijn plicht om een paar foute berichten recht te zetten: Rudolf was een oprechte man.

Hij was een goede echtgenoot (dit heb ik duidelijk van zijn vrouw gehoord).

Hij was een goede lieve vader (dit heb ik duidelijk van zijn dochters gehoord).

Hij was een goede vriend (dit hebben zijn vrienden bevestigd).

Hij was een behulpzame buurman (dit heb ik van zijn omgeving gehoord.)

En hij was een handige klusjesman (dit weet ik zelf), maar soms deed hij domme dingen waardoor er af en toe iets misging.

Wat het oordeel van de rechtbank ook moge zijn, ik vraag de vrouw van Rudolf en zijn dochters om hun rug te rechten en gewoon de deur uit te gaan. Fouten maken wij allemaal.

Een boom van geluk

Annapolis is de hoofdstad van Maryland, een staat aan de oostkust van Amerika. De stad heeft 37.000 inwoners en maakt onderdeel uit van een groter gebied waar Washington D.C. bij hoort.

Er vliegen een speciaal soort witte vlinders over de weilanden, met name in november zijn ze overal.

Ook leven wilde witte bokken met kromme omhooglopende horens in de bergen van Annapolis.

Ik heb die bokken en vlinders zelf nooit gezien, en ik heb er niets over op het internet kunnen vinden, maar ik geloof dat ze er zijn en dat ze morgen massaal in beweging zullen komen.

Op het laatste moment kondigden Syrië en Saoedi-Arabië aan dat ze aanstaande dinsdag zouden deelnemen aan de eendaagse top in het Amerikaanse Annapolis over het Palestijns-Israëlische conflict. Het is voor het eerst dat de Saoediërs en Syrië een zaal binnengaan waar de Israëliërs ook aanwezig zijn. Er is dus hoop.

Morgen wordt de langverwachte Midden-Oostenconferentie gehouden in Annapolis. Er zullen veertig landen samen aan tafel zitten om aan het dierbare Palestina grond, rust en leven te geven. Eigenlijk gaat er een wonder plaatsvinden. Maar zal dit echt gebeuren? Het moet! Want er is een geheime code in het leven: er brandt altijd licht, een lichtje, ergens verborgen in het donker.

Bush heeft veel blunders gemaakt de afgelopen zeven jaar. In Irak kan hij geen stap meer vooruit of achteruit zetten. Hij heeft ons niet gelukkig gemaakt.

Hijzelf is ook niet gelukkig. Hij huilt soms in zijn eentje in het Witte Huis. Maar er is nog hoop voor hem. Het dierbare Palestina brandt als het lichtje in zijn donkere dagen.

Irak bombarderen is gemakkelijk. Iran bombarderen is nog gemakkelijker. Maar als Bush uit de as een parel kan toveren, is dat pas leiderschap, is dat pas Amerika.

Het is een beetje spiritueel wat ik zeg, maar waarom niet? Want sommige conflicten kunnen niet meer alleen maar met politiek en harde feiten opgelost worden.

Heden moet Bush toveren in Annapolis. Het kan, ik geloof dat hij het kan. En als hij het doet, zal hij toch als een grote leider de geschiedenis in gaan. De wereld zal hem liefhebben en hem met pijn vergeven.

Morgen, dinsdag 27 november, mag ik Bush, als een oude

kameraad. Alleen morgen. En ik wacht.

Maar het zijn niet alleen de witte vlinders en de bokken met kromme horens die ons gelukkig kunnen maken.

De bomen dragen er ook aan bij.

Er staat een oude boom hier voor ons huis langs het kanaal. Op zomeravonden verspreidt hij een geheimzinnige geur die je zelfs in Parijs niet kunt vinden. Het is een paradijselijke belevenis.

Iedereen die erlangs loopt, stopt even: 'Wow, waar komt deze geur vandaan?'

Het is een boom van geluk.

De boom van Anne Frank in Amsterdam, die achter het huis staat waar Anne zich met haar familie verschool op zolder, is ook bijzonder. Hij kan iedereen in de wereld gelukkig maken.

We moeten hem liefhebben en laten verzilveren. Een boom met rozegouden bloesems voor in de eeuwigheid. Anne Frank is de mens die weggerukt is uit haar vertrouwde omgeving. Zij is dood, maar haar boom niet. Het is een boom tegen de dood geworden en hij heeft het geweld overwonnen.

Anne Frank is van alle wereldbewoners. Naar haar eigen woorden: 'Mijn boom staat weer vol bloesems.'

Annapolis kan ook een stad van geluk worden. Bush, red jezelf! Red de Palestijnen!

Fietsende imams

Allah is niet zo machtig in Nederland, maar wel simpel en schoon. Dat kun je in de Nederlandse moskeeën zien.

Vorige week was er een besloten bijeenkomst in een moskee met een groep landelijke gemeentelijke bestuurders. Het ging over de rol van de moskeeën in de Nederlandse samenleving. Eigenlijk over de rol van Allah in Nederland.

De islam in de oorspronkelijke islamitische landen kun je vergelijken met een zee.

En een zee heeft eigen wetten en een eigen karakter.

Maar de islam in Nederland is een plas. Een plas en een zee hebben niets met elkaar. De ene is van zoet water, de andere van zout.

In de islamitische landen is er in de praktijk geen sprake van een scheiding tussen de moskee en de staat. De Koran is de staat.

Maar wat moeten wij hier met Allah en zijn moskeeën?

Sinds twintig jaar is er een veranderingsproces bezig in de Nederlandse cultuur.

Minister Vogelaar heeft het goed gezegd en ik vat het samen: 'Over honderd jaar hebben we in Nederland een nieuwe duidelijke culturele samenstelling. Een christelijke, joodse, islamitische cultuur.'

Het is een waarheid als een forse koe in de regen.

De islam kun je vergelijken met een vloeistof die in verschillende glazen kannen verschillende vormen krijgt. Saoedi-Arabië heeft een eigen islam, Nederland moet ook een eigen islam hebben.

In de islamitische landen draait alles om de Koran als de zon. Maar hier moet de Koran als een kleine planeet om het Nederlandse wetboek gaan draaien.

En het wordt interessant, want na veertienhonderd jaar is de Koran voor het eerst in aanraking gekomen met de democratie. En wij gaan er met z'n allen (Geert Wilders inbegrepen) een poldermodel van maken.

De ervaringen die de moslimgelovigen hier zullen opdoen zijn belangrijk voor de echte islamitische landen.

Nederland zal er veel baat bij hebben als de financiële steun en de ideologische invloed van de prinsen van Saoedi-Arabië en de imams van Turkije en Marokko op de Nederlandse moskeeën definitief beëindigd worden.

Over een kwarteeuw zullen de sporen van de eerste generatie gastarbeiders (helaas) verdwenen zijn. En de moskeegangers zullen allemaal in staat zijn om Nederlands te praten, te lezen en te schrijven.

Daarom hebben de moskeeën moderne imams nodig, en mogen ze niet meer uit Riaad, Istanboel of Marrakesj komen. Ze moeten perfect Nederlands kunnen spreken en zelfs in staat zijn zich in het Engels te uiten.

De imams moeten kunnen fietsen en kunnen zwemmen en hun hoofd goed achterover houden opdat een haring moeiteloos in hun mond binnen kan glijden.

Mekka blijft Mekka, maar de toekomstige Nederlandse imams moeten minstens een doctorandusdiploma islamologie van de Universiteit Leiden bemachtigen.

De staat is gescheiden van de kerk. Dat weet ik wel. Maar de jonge Nederlandse islam heeft voor een poosje de begeleiding van de staat nodig.

Wie weet, over honderd jaar gaat misschien de Hollandse koopman zijn moderne islamformule verkopen, net als de bierformule van Heineken. En er zit ongetwijfeld goud in.

De Koran was ooit van hen. De moskeeën ook.

Maar de Koran is nu ook van ons geworden. Misschien worden wij ook in het paradijs binnengelaten:

In de tuinen van geluk
Rustend op juwelen rustbanken
En er zijn gezellinnen met sprekende grote ogen
Die als welbewaarde parels zijn
Ze gaan bij ons rond
Met kruiken en drinkbekers gevuld met wijn.

We zullen zien.

De Koran met Kerst

Laat me je gezicht zien.
Want ik verlang naar een rozentuin. Zeg iets
Want ik verlang naar de suiker
Van jouw mond.
Je gezicht is de zon
Ik heb het koud
Kom even tevoorschijn.
(Rumi)

De nachten zijn donker en lang geworden en de bomen zijn diep in slaap.

Daarom hebben we meer licht nodig, een boek en een groene boom, een boompje.

De boom is allang bij ons binnengehaald, al eerder dan die van de buren. En ik vermoed dat de eerste, de beste, de mooiste en groenste kerstboom van Nederland in onze woonkamer staat.

Ja, zo doen wij dat. Zo zijn de immigranten nu eenmaal. Ze overdrijven om te kunnen blijven.

Dit jaar wordt verwacht dat er zo'n 820 miljoen euro uitgegeven wordt tijdens de kerstdagen, dat is bijna zestig miljoen euro meer dan vorig jaar.

Een deel van die extra uitgaven komt van de immigrantenfamilies. Met name door immigranten die uit oosterse culturen komen, waar Kerst geen traditie is.

Het is zo interessant om te zien hoe de mensen van een andere cultuur zich een nieuwe cultuur eigen maken.

Soms lijkt het alsof je een kijkje in de keuken van de geschiedenis werpt en zo beter begrijpt hoe culturen in elkaar stromen, hoe nieuwkomers sommige delen van een cultuur overnemen en hoe een bestaande cultuur geleidelijk nieuwe trekken vertoont.

De kerstboom gaat dus vaker de woonkamers van de immigranten binnen, die een islamitische traditie hebben.

Ik zal een geheimpje verklappen: vele immigranten hebben dit jaar wat de kerstviering betreft de oorspronkelijke Nederlanders ingehaald.

De kerstbomen die ik in de woonkamers van mijn vrienden en kennissen heb zien staan, bezweken bijna allemaal onder de hoeveelheid balletjes, engeltjes en lichtjes. Ook kopen ze steeds meer cadeautjes.

Maar met Sinterklaas is het totaal anders gegaan. Zij identificeren zich niet met Sint-Nicolaas en zijn Zwarte Pieten. Het is een leuk feest, maar ze hebben het aan de oorspronkelijke bewoners van het land overgelaten.

De families uit de oosterse culturen hebben het kerstfeest geadopteerd. En ze voegen er geleidelijk iets van hun eigen cultuur aan toe.

Er wordt een schaal vol granaatappels op de tafel gezet, zoete meloenen worden opengesneden en er wordt verse thee met zoetigheid gedronken.

Maar de belangrijkste toevoegingen aan Kerst zijn de Koran en een poëziebundel die onder de kerstboom worden gelegd.

Dit jaar hebben wij de gedichtenbundel van de middeleeuwse dichter Molana Djalaleddin Rumi onder de boom.

Poëzie en de lange verlichte Nederlandse nachten passen goed bij elkaar. Rumi:

Elk moment roept de liefde
Uit alle kanten op:
We gaan naar boven
de lucht in
het is de bedoeling

om wederom één te worden
met het heelal.
We zijn zwanen
Geboren uit de zee
Zie je het niet hoe wij bewegen?
We vliegen terug, naar boven.
Daar is ons huis.
Deze heerlijke geur
Die de wind verspreidt
Komt uit ons huis
Kijk in mijn ogen
We zijn niet van hier.
We zijn zuivere edelstenen
Wat doen we hier?
Laag op de grond?
Wees klaar!
We gaan terug!
Gerangschikt staan wij hoger
dan
het heelal,
en ook hoger dan de andere
bewoners
daar boven.
Ons huis staat naast dat van
De Schepper
Nee, het past niet bij ons
Om lang laag
op de grond te blijven.
We gaan terug
Naar de plek waar we vandaan
komen.

De granaatappels

Morgen is het Eerste Kerstdag. Het gaat dan om licht, warmte en samen zijn.

De wortels van alle oude feesten van de wereld liggen allemaal diep in een plek in de grond.

In het Westen hebben we het over de viering van Kerst, maar in het Oosten hebben ze het nog altijd over de viering van het licht. En het wordt deze dagen overal groots gevierd.

De feesten die met verschillende namen in deze periode worden gevierd, zijn minstens achtduizend jaar oud. En de wortels van deze feesten liggen diep in de grond van Siberië, waar ooit de Euraziatische volkeren samenwoonden. Siberië werd te koud en de volkeren begonnen aan hun grote migratie. De (Perzische) Indo- en Ariastammen gingen naar de plek waar de zon opkwam en de Europese stammen naar de plek waar de zon onderging.

In het Siberië van die tijd werd op de langste nacht van de winter feestgevierd om het licht te verwelkomen. Vanaf dat moment zouden de dagen weer langer worden en was er meer licht.

Zesduizend jaar later vierden de christenen de verjaardag van Jezus op zo'n nacht en hierdoor hebben ze een religieus karakter aan de nacht gegeven.

Maar de Perzen vieren het nog altijd op de oeroude manier. Het is een van de gezelligste natuurfeesten van de mens en heet Yalda.

Fruit had in die tijd in Siberië een speciale betekenis tijdens het feest, vooral de granaatappel. In het vaderland hebben we de oude naam van de granaatappel bewaard: *anar*. Het is ontstaan uit het woord *nar*, dat vuur betekent, of zon.

Een granaatappel symboliseerde het leven, het was rond en rood. Ook was het een symbool van geluk en voorspoed, want elke anar had een paar honderd rode pareltjes in zich verborgen. Granaatappels hebben een prachtige vorm, eigenlijk de vorm van vrouwenborsten, een symbool van genot. Een mooier fruit kun je je niet wensen tijdens die lange, koude, donkere nachten van Siberië.

De archeologen en de volkendeskundigen weten niets meer over die tijd waarin Indo-Europese stammen samenwoonden, maar deze dagen worden er miljoenen watermeloenen verkocht op de oosterse bazaars. Je snijdt ze open en het worden twee zoete rode rondingen.

Ook worden er op de bazaars versgeroosterde nootjes verkocht, allemaal hebben ze het licht en de warmte van de zon in zich verborgen: walnoten, amandelen en pistaches.

Tijdens Yalda werden vroeger en nog altijd verhalen verteld. In de oosterse culturen worden de klassiekers uit de boekenkast gehaald.

Vooral de grootmoeders krijgen op zo'n nacht veel aandacht. Onder druk van hun kleinkinderen worden ze bijna gedwongen om te vertellen hoe zij de grootvaders voor het eerst ontmoet hebben en hoe het verder is gegaan op die nacht.

'Nee, niets ervan. Wat willen jullie weten?'

'We willen weten of grootvader een charmante man was of dat hij als een koe de stal is binnengegaan.'

Maar we zijn niet meer in het vaderland en hier heeft het geen zin om de nacht met de klassiekers en de grootmoeders te vieren. Het komt allemaal een beetje nep over. En het kost de ouders veel moeite om de kinderen die niet meer thuis wonen voor zo'n nacht bij elkaar te roepen.

Daarom hebben de Iraniërs de viering van hun Yalda drie dagen vooruit geschoven; ze vieren het tegelijk met Eerste Kerstdag.

Als jullie deze dagen geen granaatappels in de winkels kunnen vinden, komt het door de Perzen. Prettige feestdagen.

Benazir Bhutto

Benazir Bhutto gaat niet met ons mee naar het jaar 2008.

En dat doet pijn.

Ze werd naast haar vader ter aarde besteld.

Het doet me pijn.

Vooral omdat de aarde voorlopig niet in staat is om nog een vrouw als Benazir Bhutto voort te brengen.

Ze heette Benazir, wat letterlijk 'een zonderling' betekent. Ze was bijzonder omdat ze de eerste vrouwelijke leider in de islamitische wereld was. Een mooie, charmante oosterse.

Benazir kwam uit een vooraanstaande politieke familie. De legerchef Zia Alhaq executeerde haar vader in de tijd dat hij president van Pakistan was. En hij zette Benazir vijf jaar in de gevangenis.

Vader Bhutto was een aardse Pakistaanse politicus. Hij wist dat zijn dochter in de toekomst in de kooi van hongerige leeuwen geworpen zou worden. Daarom heeft hij geprobeerd haar sterk op te voeden. Hij zag in zijn dochter iemand die Pakistan hoop zou kunnen geven. Een toekomstige leider in de vorm van een dochterfiguur, een moederfiguur en later een grootmoederfiguur.

Maar het noodlot bepaalde anders.

Pakistan is een achterlijk land, het oord van politieke reptielen, enge slangen en zwarte gelovige giftige schorpioenen die zich onder de Koran verbergen.

Benazir wilde Pakistan een democratie geven. Zij wilde het land moderniseren. Zij wilde de macht van de islamitische fanatici beperken. En ze predikte de hoop voor Pakistan.

Amerika heeft Pakistan altijd in bescherming genomen. De Amerikaanse presidenten hebben de Pakistaanse generaals als Amerikaanse vrienden geïntroduceerd. Daarmee hebben ze een grote fout gemaakt. Ze hebben het ware gezicht van Pakistan nooit laten zien.

Pakistan is een stinkende oude wond tussen India, Afghanistan en Iran. O, de arme bewoners van dat land. Ze hebben niets, alleen maar een atoombom. De armoede is er enorm. Het militante geloof is machtig op straat aanwezig en het zwarte bijgeloof heeft de gehele bevolking geteisterd.

Musharaf heeft nooit de nodige macht en de nodige intelligentie gehad om het land te besturen.

Maar hij was slim genoeg om Amerika met zijn atoombom en Al-Qaida bang te maken.

Musharaf heeft Amerika bedrogen. Hij doet tegelijkertijd zaken met de moslimfanatici in zijn land.

Hij heeft een stil compromis met de moedjahedien gesloten en geeft hun dekking: 'Jij doet je werk. Ik doe mijn werk.'

De moord op Benazir Bhutto is er een bewijs van.

Musharaf heeft een deel van het land aan de grens van Afghanistan aan de moedjahedien afgestaan. President Karzai van Afghanistan heeft ons honderd keer gewaarschuwd, maar niemand luisterde naar hem.

De moedjahedien hebben Benazir Bhutto doodgeschoten, maar eigenlijk doelden ze op Afghanistan.

Amerika zou eerder Pakistan moeten binnenvallen dan Afghanistan. De terroristische aanslag op Benazir Bhutto moeten we in de lijn zien van de aanslag op de wtc-torens.

Het was een uitgekiende politieke aanslag op Amerika.

Musharaf had Benazir Bhutto beter kunnen beschermen. Maar wilde hij niet of kon hij niet? Volgens mij beide.

Benazir Bhutto was een verse bloem in een dode grond bedekt met doornen.

Nu ze dood is, wordt Pakistan het land van vieze stoffige bebaarde gelovige mannen en generaals die zich niet wassen.

Om de hoop toch staande te houden koos de Volkspartij haar 19-jarige zoon tot haar opvolger. Ik hou mijn adem in. Nog een nacht volhouden, daarna breekt een nieuwe tijd aan en er zit ongetwijfeld licht in.

Toon geduld

Gelukkig Nieuwjaar. Een jaar met voorspoed. Een jaar met minstens één droom. En een jaar met vele goede voornemens. Wat zijn mijn goede voornemens voor 2008?

Ik begin met hetgeen ik niet wil. Met respect vraag ik de Marokkaanse, Turkse en andere jongeren geen geweld te gebruiken als de film van Geert Wilders over de Koran uitkomt.

Jongens, jullie moeten je niet laten misbruiken door wie dan ook; niet door vrienden, imams of door de politicus Geert Wilders. Een actie tegen Geert Wilders is achterhaald. Wat hij ook beweert, het is gelijk al ouderwets, we zijn die fase allang voorbij.

Ik geloof niet dat de jongeren in Amsterdam of Rotterdam vanzelf in actie komen, maar alleen als het wordt georganiseerd. Maar wie zal de intentie hebben om ze te organiseren?

De traditionele imams zijn niet in staat om dit te doen. Ze kennen de Nederlandse taal en de Nederlandse gewoonten niet. Ik geloof sterk dat de ouders hun zonen zullen afraden om zelfs maar een steentje te gooien.

Wie zal het dan doen? Als er actie wordt ondernomen, zal dit komen door de moslimorganisaties. Door de gelovige heren die de Nederlandse taal machtig zijn en alle kromme steegjes van de wet kennen. En met name door de personen die de afgelopen tijd bedekte bedreigingen hebben geuit, niet namens zichzelf, maar onder het mom van: 'Wij kunnen het niet meer onder controle houden.'

Vrienden, doe het niet! Maak Wilders niet groot. Het is zijn recht om zich te uiten. Maar hij verdient geen enkele tegenactie. De beste reactie op zijn film is een beschaafde reactie: stilte.

Geert Wilders verplaatst de historische feiten. Hij haalt de teksten uit hun context en op die manier bedriegt hij bewust zijn electoraat. Hij gebruikt verbaal geweld, dat soms erger is dan fysiek geweld. Nu wil hij visueel geweld gebruiken. Maar dan nog mag niemand geweld gebruiken.

De gelovige moslims moeten deze proef kunnen doorstaan, ze moeten het kunnen incasseren. En als straks Geert Wilders zijn film vertoond heeft, heeft hij alles gezegd: de Koran is een fascistisch boek. De Koran is een rotboek. De Koran predikt geweld. Mohammad is een tiran. Mohammad is een pedofiel. Mohammad is een racist. Mohammad is een Hitler.

Zie je? De uitlatingen van Geert Wilders zijn het niet waard om er zelfs maar een lucifer als protest voor aan te steken. Toon geduld, dit zegt Mohammad misschien duizend keer in de Koran.

De gelovigen die in de moslimorganisaties zitten, moeten dezer dagen vaker de Koran raadplegen: 'Mohammad, heb geduld. En wacht op het oordeel van je Schepper, en wees niet als de man (de profeet Jona) die in de buik van de vis ongeduldig, boos en ontredderd was.'

En ik raad de jongeren aan te googlen naar 'Koran', 'Mohammad' en 'geduld'.

Het resultaat zullen een paar honderd goddelijke citaten zijn die zeer toepasselijk zijn voor deze situatie:

'Mohammad, heb geduld! Verdraag wat ze tegen je zeggen.' 'Mohammad, wees geduldig met wat je treft. Geduld hebben is een grote zaak.'

Ook heb ik een toepasselijk citaat uit de Koran voor Geert Wilders gevonden: 'Loop niet zo arrogant rond op de aarde want je kunt geen barsten in de aarde brengen en ook niet hoger dan de bergen komen.'

Geert Wilders mag dit citaat inlijsten en aan de muur van zijn werkkamer hangen.

De geheime codes

Er is iets geheimzinnigs aan dromen. We weten niet waarom, maar ze kunnen altijd gerealiseerd worden.

Het leven heeft vele geheime codes.

Als je de omtrek van elke cirkel van de wereld wil berekenen, doe je dat met $2\pi r$.

Het getal pi (3,141592654) is een code waarmee je de grootheden van alle cirkels kunt berekenen. We weten niet waarom, maar het is nu eenmaal zo.

Zo geldt dat ook voor dromen. Een droom is een code van het leven.

Ten onrechte wordt er in Nederland gezegd: 'Dromen zijn bedrog.'

Maar dat is niet waar. Het is een sombere, calvinistische benadering van het leven. De kleine dromen zijn bedrog, maar de grote onbereikbare dromen zijn altijd bereikbaar. Sterker nog: hoe onbereikbaarder, hoe bereikbaarder.

Ik weet niet waarom, maar het is nu eenmaal zo.

Je kunt deze waarheid honderd keer aan anderen vertellen, bij sommigen dringt het door, maar bij velen blijft het niet hangen.

Amerika als natie heeft zich dit begrip volkomen eigen gemaakt. Alles is mogelijk, zegt men daar.

En iedereen die een grote onbereikbare droom heeft, gaat naar dat land. Daarom is daar zo veel grote literatuur, grote muziek en grote wetenschap.

De mens is in staat om alles te bereiken. Een oude oosterse wijsheid zegt: 'Waar je ook naar wijst, krijg je in handen.' En de Bijbel zegt hetzelfde: 'Zoekt en gij zult vinden.'

Afgelopen week bracht Bush een bezoek aan Palestina. Een van de momenten waarop ik Bush mag, is wanneer hij op die oude code terugvalt en de hoop in zijn ogen schittert. Hij wordt de Bush van vroeger, toen hij president van Amerika wilde worden.

Iedereen zegt, iedereen denkt dat het onmogelijk is dat er vrede zal komen tussen Israël en Palestina. Maar Bush zegt: 'Het is mogelijk en ik wil het doen voordat ik uit het Witte Huis vertrek.'

Het is mogelijk, want miljoenen Palestijnen dromen dag en nacht over Palestina.

De Amerikaanse presidentskandidaat Obama komt met dezelfde woorden, met dezelfde kracht en overtuiging.

Een zwarte Amerikaanse president lijkt op dit moment onmogelijk, maar juist daarom wil Obama de eerste zwarte president van zijn land worden. Hij zegt: 'Ik stond vandaag niet hier als de belofte van Amerika mijn vader niet over de oceaan hier naartoe had gebracht. Ik zou hier vandaag niet staan als de generaties vóór mij niet hadden gevochten om de droom overeind te houden.'

Zijn toespraken zijn geen electorale speeches. Ze zitten in Obama's vlees:

'Hoop heeft me hier naartoe gebracht, met een vader uit Kenia en een moeder uit Kansas; met een droom die alleen hier gerealiseerd kan worden. Ons lot is niet geschreven voor ons. Wij schrijven ons lot.'

Daar gaat het om, wij schrijven ons lot. En als Obama zegt dat hij altijd president van Amerika wilde worden, is de discussie gesloten. Hij bepaalt. Hij is het nu aan het worden.

En wat dan als hij met zo veel overtuiging toch niet zal winnen, of niet verder omhoogkomt?

Het gaat niet om hem, maar om zijn ideaal. Als hij zelfs halverwege de verkiezingen verpletterend verslagen wordt, zal de fakkel van zijn droom niet op de grond vallen. Er zal een andere Afro-Amerikaan komen om de fakkel op te pakken en hem met volle overtuiging met beide handen boven zijn hoofd te houden. Er is geen twijfel aan. Een zwarte Amerikaanse president is onderweg. Het is de wet van het leven. Wat de mens wil, wordt bereikbaar.

De Iraanse studenten

Iraanse studenten verdacht.

Sorry, studenten. Sorry voor dit gekke gedrag van de Nederlandse regering.

Maar jij, blijf leren, blijf je best doen.

Het is het recht van de Nederlandse staat om alert te zijn en daar hebben ze genoeg mogelijkheden voor. Ze hebben de AIVD, ze hebben hun diplomatieke wapens en andere strategieën om spionnen op te sporen.

Maar de minister van Onderwijs heeft voor de makkelijkste weg gekozen; een soort koeienmarktpolitiek. Hij is op een krukje gaan staan en gaan roepen: 'Pas op! Dieven op de markt!'

Wat lelijk van hem.

Sommige rectoren van universiteiten hebben meteen paniekerig de deuren dichtgedaan. Ze lieten weten dat ze geen enkele Iraanse student meer zouden toelaten. 'Opgelost, klaar is Kees.'

Zij zijn de rectoren zonder botten, ze zijn een pakketje vlees. Heeft een van hen soms een woordje uit protest laten horen? Heeft een van hen bijvoorbeeld gezegd: 'O, het is niet zo erg als jullie het maken.'

Heeft een van hen hun Iraanse studenten een hart onder de riem gestoken: 'We zijn trots op jullie, maar helaas, politiek is politiek.'

Wie zijn eigenlijk de Iraanse studenten die naar Nederland komen?

Een groot deel van deze studenten komt uit gegoede Iraanse families. Het zijn dochters of zonen uit de middenstand of welgestelde families, mensen met goede inkomens. Artsen, specialisten, ondernemers, bedrijfseigenaren, tapijthandelaren en koopmannen van de bazaars in de grote traditionele steden van Iran. Deze ouders kopen op die manier vrijheid voor hun kinderen en bieden hun de mogelijkheid om te studeren.

Een ander deel van de studenten zijn de superintelligente Iraanse studenten. Ze worden bijna allemaal meteen door Amerikaanse en Engelse bedrijven of universiteiten benaderd en meegenomen.

Deze twee bovengenoemde groepen bestaan uit zelfstandige studenten. Ze betalen zelf hun studiekosten en hebben de goedkeuring van het Iraanse regime niet nodig.

Maar er is ook een groep die loyaal is aan het regime. Deze studenten krijgen een overheidssubsidie en moeten worden goedgekeurd. Zij zullen in de toekomst als ministers, parlementariërs en bedrijfsleiders in het vaderland gaan werken.

Zouden deze studenten komen spioneren? Nee, drie keer nee.

Maar zit er geen spion tussen? Dat kan, alles kan. Spionnen kunnen overal aanwezig zijn. Of ze nu student zijn of handelaar of asielzoeker, het maakt niet uit. De Iraanse studenten zijn overal.

Er zijn een paar duizend Iraanse studenten in New York.

Een paar duizend in Londen.

Een paar duizend alleen al in Berlijn, Parijs en Rome.

En ook enkele honderden in Nederland.

Het sluwe Iraanse regime heeft de universiteit van Eindhoven niet nodig om de wetenschap van nucleaire wapens te stelen. Ze beschikken er al over.

De minister van Onderwijs heeft de Iraanse studenten pijn gedaan. Hij moet het goedmaken.

De onafhankelijke studenten die hier komen, zijn hardwerkende mensen die hier in veelvoudige eenvoud leven om hun diploma te halen.

En wat de studenten betreft die loyaal zijn aan het Iraanse regime, hun verblijf in Nederland zal hun visie totaal veranderen. Zij zullen kennismaken met de vrijheid en met democratie. En dat is alleen maar goed.

Studenten! Studeer hard en vergeet niet te genieten van je verblijf in Nederland.

Als er toevallig een spion tussen jullie zit, is het jullie zaak niet. Nederland heeft ook spionnen overal. Het is de taak van de AIVD om de spionnen op te sporen.

De vliegeraar

Het boek *De vliegeraar* van de Afghaans-Amerikaanse schrijver Khaled Hosseini heb ik langgeleden gelezen, toen het de wereld nog niet veroverd had.

Inmiddels kent iedereen in de wereld die boeken leest *De vliegeraar.*

Gisteravond heb ik de verfilming van het boek gezien waarin dezelfde aangrijpende scènes tot leven kwamen.

De structuur van het boek is eenvoudig, en het verhaal simpel. Er zijn vele schrijvers die mooier en krachtiger kunnen schrijven dan Khaled Hosseini. Een boek hoeft dus niet per se ingewikkeld te zijn om een internationale bestseller te worden.

De vliegeraar is als het ware een noodzakelijk boek.

Er zijn schrijvers die prachtige boeken schrijven, met verrassende complotten, grootse verhalen die buitengewoon goed in elkaar zitten, maar het zijn geen nodige boeken, het zijn aardige kunstwerken.

Een boek als *De vliegeraar* moet juist een eenvoudig plot hebben, alles wat daar gebeurt, is op een natuurlijke manier al ingewikkeld, spannend, mysterieus en hartverscheurend.

Wat er de afgelopen dertig jaar in Afghanistan heeft plaatsgevonden, is voor een Afghaan niet bij te houden, laat staan voor de rest van de wereld.

Er zijn vier verschillende regimes in korte tijd vervangen en bloedig afgemaakt, van de stalinistische communisten tot en met de enge taliban.

Khaled Hosseini heeft daarom het leven van een kind als Amir gekozen om die complexiteit aan ons over te kunnen brengen.

Ooit was het Verre Oosten heel ver weg, ver van Nederland. Nog niet zo lang geleden was Iran een sprookjesland waar mensen op tapijtjes vlogen en Afghanistan een vergeten land tussen en achter de bergen.

Maar de mensen in die verre oosterse landen zijn plotseling onze buurmannen en buurvrouwen geworden.

Met *De vliegeraar* probeert Hosseini een begrijpelijk antwoord te geven op de vragen die er zijn.

Hij neemt ons mee achter de gordijnen en maakt die gesloten wereld open voor onze ogen.

Hij laat een deel van de pijn, de wanhoop en de geschiedenis zien.

Koekjes zijn lekker, maar brood is noodzakelijk.

Het boek van Khaled Hosseini is in die zin broodnodig voor zijn lezers.

Nu is ook de film overal in de bioscopen en filmhuizen te zien. Het is geen meesterwerk, geen cinema op zijn best, maar informatieve en pijnlijke cinema.

Het is een meeslepende, natuurlijke film geworden waarbij de scenarioschrijver of regisseur spanning niet heeft proberen te forceren.

Als je de bioscoop verlaat, ben je blij en tegelijkertijd verdrietig. Blij dat je de film gezien hebt, blij dat je een geschiedenis meegemaakt hebt, maar verdrietig om een land dat zo veel lijdt en om de Afghanen die zo veel pijn is aangedaan.

De vliegeraar is door miljoenen gelezen en de film zal door nog meer mensen worden gezien. Het is gezond en het moet.

Khaled Hosseini verdient dit succes en deze waardering van alle boekenlezers van de wereld.

Zijn stem is de stem van het Afghaanse volk en de stem van de Afghaanse schrijvers die veertig jaar lang geen vrijheid hebben gehad om hun boeken te publiceren.

De vliegeraar is het gepubliceerde boek en het succes van alle Afghaanse schrijvers; zij die nu in Afghanistan wonen en zij die in de afgelopen veertig jaar gestorven zijn zonder de kans te hebben gehad om boeken te publiceren.

Het verhaal van Hosseini was de harde kreet van het Afghaanse volk die door de hele wereld gehoord is. En terechte wereldaandacht voor een volk dat bijna kapot is gegaan.

Ter dood veroordeeld

De Afghaanse journalist Sejeed Parviz Kambagsh was ter dood veroordeeld in Afghanistan, maar de druk van de internationale pers en de Verenigde Naties hebben hem gered van de executie.

Sejeed is een derdejaars student journalistiek. Hij had een artikel van een Iraanse schrijver van internet gedownload. Het ging over vrouwen en de Koran:

I. De wetten die Mohammad in zijn tijd heeft vastgesteld waren modern en spraakmakend. Maar dezelfde wetten zijn nu ouderwets en zelfs gevaarlijk als we ze zouden volgen.

II. De islamitische regeringen misbruiken de Koran om vrouwen onderdanig te maken.

De Afghaanse student Sejeed, die in de conservatieve provincie Balgh woont, printte het zeven pagina's tellende artikel, stopte het in zijn rugzak en ging naar college. Tijdens een discussie in de les nam Sejeed het woord en begon hij ongeremd te praten over wat hij in de tekst gelezen had. Volgens de Afghaanse bronnen heeft hij het volgende gezegd: 'De vrouwen in Afghanistan zijn er erger aan toe dan de vrouwen in de tijd van Mohammad. De grootmoeder, moeder, vrouwen en dochters van Mohammad hoefden nooit een boerka te dragen.'

Toen het college was afgelopen, ging hij naar huis.

Ik heb niets fouts gezegd, moet hij gedacht hebben, alles staat toch op het internet en mensen in andere landen praten zelfs met harde woorden over Mohammad. Niets aan de hand. Afghanistan is bovendien bijna een democratie. Amerika staat achter ons. De NAVO houdt elke beweging in de gaten. En er zijn hier duizenden Amerikaanse, Britse, Canadese, Franse, Nederlandse, Belgische, Noorse, Australische en Poolse soldaten om die democratie te waarborgen.

Maar het artikel van Sejeed heeft het gehele establishment van de Afghaanse macht doen beven.

Midden in de nacht wordt de deur van zijn kamer ingetrapt en stormen de agenten van de geheime dienst naar binnen: Waar is die godslasterlijke kopij van jou? Welke kopij? De tekst met de eerloze passages over de grootmoeder, moeder en vrouw van Mohammad.

De agenten haalden de tekst uit zijn rugzak, stopten de boeken van Sejeed in een doos, plunderden zijn kamer, op zoek naar andere beledigende teksten, en namen hem geblinddoekt mee. Er was geen sprake van een advocaat, een rechter of een rechtszaal; Sejeed wordt ter dood veroordeeld.

Tot hier kan ik het volgen en begrijpen, want we zijn in Afghanistan en Sejeed is in de handen van de stamhoofden terechtgekomen.

Maar het volgende kan ik niet bevatten: de Senaat van Afghanistan keurt de doodstraf van Sejeed goed, terwijl we praten over een prille democratie in Kaboel. Duizenden soldaten uit de westerse landen zijn naar Kaboel gegaan om de regering van president Karzai overeind te houden.

De NAVO is met geweren, tanks, oorlogsvliegtuigen en miljoenen kogels naar Afghanistan gegaan om de scheiding van de Eerste en Tweede Kamer en de rechtbank te garanderen.

Er zijn zeven Nederlandse soldaten op Afghaanse bodem omgekomen in de strijd om de jonge democratie haar werk te laten doen. De Senaat heeft meteen de doodstraf van Sejeed goedgekeurd, maar dat is toch niet de taak van de Senaat? Onder internationale druk heeft de Senaat gezegd: 'Sorry, het was een technisch foutje.'

Hoezo, een technisch foutje? Wat betekent dit? Is er iemand daar om het uit te leggen? Nee, niemand.

In de afgelopen zes jaar heeft de wereld zo veel mankracht in dat land gestopt en het resultaat is dit. Het is geen technische fout. Sejeed moet onmiddellijk vrijgesproken worden, en de NAVO moet het mogelijk maken.

Peter R. de Vries-show

Peter R. de Vries is de gelukkigste man ter wereld op dit moment. Alleen al in Nederland hebben zeven miljoen mensen naar zijn misdaadprogramma gekeken.

Het was inderdaad een spannende, bloedstollende uitzending. Een absoluut succes in de reeks van enge reality-televisieshows. En om dit succes te bezegelen maakt hij een rondreis door Amerika om onder anderen bij Larry King aan tafel te zitten. Ik gun het hem, maar de ervaring leert dat er per definitie iets fouts zit in datgene waar de massa in geïnteresseerd is.

Het voelde niet goed nadat ik de uitzending gezien had, ergens deed het pijn. Nee, ik dacht niet: 'Wow, Peter R. de Vries, je bent geniaal.'

Er zat iets onmenselijks in het programma.

Hij heeft van een moord een show gemaakt, en het was meteen kassa door de reclames. Denk aan de miljoenen die de afgelopen week verplaatst zijn. Het mag, het mogen zelfs miljarden zijn, maar niet op deze manier.

Peter R. de Vries heeft grenzen van de menselijke waarde overschreden.

Hij heeft dingen gedaan die niet mogen. Hij heeft twee maanden lang een jongen van drank en cocaïne voorzien om hem aan het praten te krijgen.

De jongen is sinds zijn puberteit betrokken bij een verdwijning, leugens, drugs, de politie, de justitie en de media. Hij is mentaal ziek.

En Peter R. de Vries krijgt deze labiele jongen zover dat hij zulke lelijke, harde, ongepaste dingen over zijn seksuele handelingen met Natalee Holloway durft te vertellen. Ziekelijke woorden over een verdwenen meisje dat hem leuk heeft gevonden en met hem mee is gegaan.

Peter R. de Vries lost de moord niet op. Hij misleidt de jongen om nogmaals de fout in te gaan en Natalee dieper te beledigen.

Dat Peter R. de Vries de verborgen camerascènes opgenomen heeft is oké, maar de beelden zouden bedoeld moeten zijn voor politie en justitie om professioneel onderzoek te verrichten. Niet om eerst op zondagavond aan zeven miljoen Nederlanders te tonen.

We hoeven niet, moeten niet en mogen niet weten wat Joran van der Sloot met Natalee gedaan heeft in de laatste minuten van haar leven. En de ouders van Natalee al helemaal niet.

Peter R. de Vries maakt het leven lelijk met zijn programma. Hij maakt ons bang.

Hij heeft blindelings alles op alles gezet om er een spannende uitzending van te maken. Hij koopt een vriend van de jongen om. Hij misbruikt een vriendschap en zo weet hij de gehele bevolking tegen Joran te mobiliseren.

Hoe durf je een jongen van twintig jaar zo zwaar onder druk te zetten? Zelfs als hij een dader is.

Je veroordeelt en bestraft hem op televisie. En dat mag niet. Dat mag alleen in de rechtbank en in aanwezigheid van de advocaat van de verdachte.

Peter R. de Vries, wat zou je doen als die jongen op de nacht van jouw uitzending zelfmoord had gepleegd vanwege die enorme haat jegens hem?

Je hebt een mentaal zieke jongen die drie jaar lang verdachte was, en daarna geen verdachte was, en nu weer 'verdacht' is, door je commerciële misdaaduitzending psychisch onder druk gezet. Dit is lelijk en ethisch verboden, zelfs als hij de echte dader is.

Laten we de rechtbank opnieuw een oordeel laten uitspreken.

En laten we hopen dat Joran van der Sloot over alles gelogen heeft en eerder onze hulp dan onze haat nodig heeft.

Op school

De slimme leerlingen kunnen zonder de minister van Cultuur, de Eerste en Tweede Kamer en zelfs de leraren. Geef ze een paar studieboeken en ze kunnen uit de voeten. De natuur helpt ze, hun talent begeleidt ze.

De ouders van zulke leerlingen hebben geen enkel probleem met hun kinderen, ze merken niet eens wanneer ze studeren en wanneer ze uitrusten. Ze halen hun diploma en gaan met plezier naar de universiteit. De problemen van deze jongeren beginnen pas later. Ze zijn zo met hun studie bezig geweest dat ze andere ervaringen gemist hebben. En omdat ze intelligent zijn, piekeren ze meestal over de keuze van vrienden of vriendinnen, hun onzekerheden, hun werk, samenwonen en over de wezenlijke vraagstukken van het leven.

Ik wil het nu even niet over deze leerlingen hebben, maar over de andere groep die zich op school niet thuis voelt. Gelukkig heb ik contact met een paar van hen, die regelmatig bij ons over de vloer komen.

Het Nederlandse onderwijssysteem heeft gefaald wat deze leerlingen betreft. Zij zijn aan zichzelf overgelaten. Het aantal schoolverlaters is zorgwekkend. De scholen trekken het niet meer, en het is te zwaar voor de leerkrachten om er elk jaar opnieuw hun schouders onder te zetten.

Het ministerie van Onderwijs heeft de last van deze leerlingen op de schouders van hun ouders gelegd. Als de ouders hun kinderen niet constant in de gaten houden, zullen ze hun boeken het hele studiejaar niet aanraken. Dit kun je de leerlingen niet verwijten, want er is iets mis met het onderwijssysteem. Het systeem laat geen ruimte voor hun talenten, ze worden allemaal op één hoop gegooid.

Er ontstaat op scholen duidelijk een 'we-zullen-wel-zien-cultuurtje' voor deze leerlingen.

Ik ken een van deze scholen van dichtbij. Het is eigenlijk geen school, maar een bedrijf. De scholieren, de leerkrachten en de directie hebben niets met elkaar te maken.

Een school zonder discipline, zonder controle en zonder samenhang. Het is niet de schuld van de leerkrachten. Deze leerlingen hebben geen leerinteresse, ze komen hun afspraken niet na, ze komen te laat op school of melden zich vaak ziek. En dat alles bij elkaar maakt de directie en de docenten bang. Daarom laten ze het voor wat het is en beginnen ze te sjoemelen met de papieren.

Er moet iets zijn wat de leerlingen naar school trekt, hun hoop geeft, iets wat met hun talent te maken heeft. Maar dit ontbreekt en daardoor vervelen zij zich op school en worden vele talenten niet ontwikkeld.

Op sommige scholen zijn de problemen zo uit de hand gelopen dat men geen ouderavond meer organiseert. Wederom is het niet de schuld van de school; de ouders willen het ook niet meer horen.

Ze zijn bang voor de slechte reputatie, slechte prestaties en het spijbelen van hun kinderen. In de praktijk merk je dat het Nederlandse onderwijssysteem niet meer gelooft in deze leerlingen. In de grote steden roken, drinken en blowen ze massaal. En ze wisselen in een ongezond tempo van vriend of vriendinnetje. Hun leven bestaat uit uitgaan op de vrijdagavonden en chillen.

Natuurlijk worden ze uiteindelijk volwassen en is er een versleten Nederlandse uitspraak die luidt: 'Het komt allemaal goed.' Toch is het jammer dat deze kinderen een paar moeilijke, lange en saaie jaren op de scholen moeten doorbrengen. Jammer van hun talent en jammer dat ze het plezier van het leren niet mogen ervaren.

Fidel

Fidel Castro wil stoppen. Hij wil geen president meer zijn, niet meer zijn guerrilla-uniform aandoen en geen uren durende toespraak meer voor zijn volk houden. Ook wil hij niet meer in zijn eentje met een rechte rug tegenover Amerika staan. Nu is de beurt aan anderen. Zijn lichaam wil rust.

Hij wil met zijn handen op zijn rug een wandeling maken om terug te kijken op de vijftig jaar geschiedenis die hij gemaakt heeft.

Anderen mogen anders denken, maar Fidel Castro is een groot mens.

Anderen mogen hem als dictator afkeuren. Dat kan, en dat mag.

Hij en Che Guevara hebben veel in de wereld teweeggebracht. Dat weet iedereen, daar hoef ik het niet over te hebben, wel kan ik het over de invloed van deze twee guerrillaleiders op mijn eigen leven hebben.

Ik woon nu hier, in Nederland, ben van schrijftaal veranderd, ik schrijf voor *de Volkskrant* en direct of indirect komt dat door Fidel Castro en Che Guevara.

Het was in de tijd van de sjah van Perzië, en ik was student.

De faculteit Natuurkunde van de universiteit van Teheran was geheel links gezind en de studenten waren ondergronds bezig om de sjah van zijn troon te stoten.

De sjah was de gendarme van Amerika in de Perzische Golf en hij had duizenden tanks, vliegtuigen en geweren, en de studenten hadden niets. Hoe konden ze van hem afkomen?

Ze bestudeerden dag en nacht de guerrilla-instructies van Castro en Che. Deze twee waren met een kleine groep begonnen en wisten de dictator Batista te verslaan.

Drie studenten van de universiteit van Teheran reisden heimelijk naar Cuba en praatten achter gesloten deuren met Castro. Ze kregen de volgende specifieke tips: 'Verlaat de universiteiten, pak een geweer en ga de bergen in.'

Daarna moesten ze de dorpen binnenvallen, de gendarmeries omsingelen, hun jeeps en geweren bemachtigen en naar het volgende dorp gaan. Stad voor stad, dorp voor dorp en dan met duizenden guerrilla's Teheran veroveren.

Een groep studenten, van vóór mijn tijd, daalde de bergen af, viel het eerste dorp binnen en veroverde de eerste gendarmerie. Maar de sjah kwam met tientallen Amerikaanse helikopters en ze schoten de studenten vanuit de lucht dood. Ook werden er honderden sympathisanten op de universiteiten gearresteerd.

Na een paar jaar van stilte was het de beurt aan mijn generatie. De studenten stopten een pistool onder hun riem en begonnen aan een onophoudelijk gevecht tegen de dictatuur.

Nu Fidel Castro terug wil kijken, kijk ik met hem mee terug.

Bijna alle studenten van de natuurkundefaculteit van Teheran sloten zich aan bij de linkse ondergrondse guerrillabeweging.

Elke dag barstte er een gewapend straatgevecht uit tussen de strijders en de veiligheidsagenten.

Uiteindelijk begon de revolutie en miljoenen mensen kwamen in opstand tegen de sjah. En hij vluchtte net als Batista het land uit.

Maar bij ons werd de leiding van de revolutie gestolen door de ayatollahs. En de leiders van de guerrillabeweging werden later allemaal gearresteerd en gedood. Een deel van hen wist te ontsnappen.

En ik zit hier en schrijf in het Nederlands over hen.

Lang leve de gedachtenis aan hen die het brood gelijk wilden delen. Maar de mens heeft na dat brood meteen de behoefte om zijn mening te uiten. Het is een kroonjuweel voor de mens, maar helaas kon Fidel Castro dat juweel niet aan zijn volk geven.

Op de UCL

Al een tijdje zit ik in Engeland als *writer in residence*.

In Nederland is een meisje met een islamitisch zwempak uit het zwembad gehaald en weggestuurd.

Zonder er mijn mening over te geven, wil ik het volgende vertellen.

Op University College London worden elke dag door studenten activiteiten georganiseerd, lezingen gegeven en theaterstukjes gespeeld. Jezus wordt gerepresenteerd, er wordt actie gevoerd voor de Palestijnen. Er lopen hier allerlei types rond; van vrouwelijke studenten die in modieuze kleren lopen tot geheel gesluierde jonge moslima's van wie slechts een klein deel van het gezicht zichtbaar is. Ook zijn er studenten met baarden. Echte baarden, die we in Nederland niet hebben, het soort dat alleen in het grensgebied tussen Pakistan en Afghanistan groeit. Laten we het door de Nederlandse ogen bekijken: volle zwarte wilde baarden, enge serieuze gezichten, dikke volle wenkbrauwen, onduidelijke blikken. En ze lopen vrij rond tot in alle hoeken van de universiteit.

De groepen die actie voeren, zetten panelen in de gangen met posters, boeken, flyers en ze nodigen je uit om mee te doen. En opeens stonden die gesluierde moslima's en de bebaarde jonge mannen op de gang met hun spandoeken, posters, flyers en boeken. En wat wilden ze doen? Ze nodigden je uit om over de islam te praten. Ze hadden stapels splinternieuwe korans meegenomen. Ze hadden grote lappen aan de wanden gehangen met Mohammad met zijn groene sjaal en zijn zwaard aan zijn zij.

Wat is dit? Kan dit? Mag dit?

De lezing vond plaats op de derde verdieping in de theaterzaal van de universiteit en begon om vijf uur. Nieuwsgierig ging ik precies om vijf uur naar binnen. Maar er was niemand, de zaal was leeg en de gesluierde moslimastudenten heetten me teleurgesteld welkom: 'Please come inside. Sorry that there is nobody.'

Ik dacht bij mezelf: 'Natuurlijk komt er niemand. Wie durft er te komen?'

Om kwart over vijf was er nog niemand, en toen begonnen ze één voor één binnen te druppelen. Ik zat daar en keek mijn ogen uit, je kon niet geloven wie er binnen kwamen. Allemaal jonge studenten met een baard en een rugzak. Beangstigend, ze leken allemaal op de drie Pakistaanse jongens die met zware rugzakken de metro van Londen waren binnengegaan en zich hadden opgeblazen. Tegen half zes was de zaal vol, overvol, er was geen plaats meer en mensen moesten voor de deur blijven staan.

Laten we door de ogen van een Nederlander kijken: ik zat daar tussen al die wilde baarden, enge rugzakken, korans, affiches, mannen die niet naar je keken en gesluierde jonge vrouwen die helemaal achter in de zaal hadden plaatsgenomen.

Ik keek nog een keer rond. Nee, ik vergiste me niet. Ik zat in de theaterzaal van de UCL in Londen.

Een bebaarde student nam plaats achter de lessenaar en de lezing begon. Hij verwelkomde de aanwezigen in vloeiend Engels met een Londens accent.

Een uur lang praatte hij en beargumenteerde hij de onontkoombare aanwezigheid van de islam in Engeland en in Europa. Daarna zei hij: 'Brothers, sisters. Now it is time for a break. If you are a believer, you can pray with us in the corridor.'

Nee, ik vergiste me niet. Er werd een grote rode loper uitgerold en ze gingen erop staan; mannen op de eerste rij en vrouwen op de achterste rij, en ze richtten zich tot Mekka: 'Allahoe akbar.'

Ik daalde de trappen af.

Red het Nederlands!

Writer in residence zijn in Engeland is een belevenis op zich en naarmate de tijd vordert, voelen de studenten zich meer en meer thuis bij mijn boeken. Ze beginnen de smaak van de Nederlandse taal en literatuur te pakken te krijgen en willen zo meer gaan lezen.

Maar er is een probleem. De Nederlandse taal biedt hun geen toekomst, geen hoop op het vinden van een baan. Als student krijg je het een beetje benauwd als je bedenkt dat je belangrijke studiejaren in de Nederlandse taal wilt stoppen. Waarom?

Waarom doe ik dit? Waarom zou ik mijn leven aan Nederland verbinden? Waarom zou ik iets doen waarvoor ik later niets terugkrijg? Het is geen simpele vraag, maar een essentiele, die niet alleen de Britse studenten, maar ook andere studenten in andere landen zichzelf stellen. Het is een vraag die eigenlijk als het zwaard van Damocles boven de Nederlandse faculteiten in het buitenland hangt.

Het zijn niet alleen de studenten en de professoren die moeite hebben met de Nederlandse taal en literatuur, maar ook universiteiten als UCL, Cambridge, Sheffield, Nottingham en Dublin stellen dezelfde vraag: Waarom doen we dit? Waarom moeten we leerkrachten, een kantine, een campus, licht, lucht, water, tafels, computers en conciërges aan het Nederlands geven?

De Nederlands studerende academici, professoren, mensen die zich in het buitenland aan de Nederlandse taal gewijd hebben, zijn dagelijks bezig met dezelfde problematiek. Ze hebben alles op alles gezet om de colleges te behouden.

Maar het kan echt niet veel langer.

Laatst hebben ze gepoogd om de Nederlandse taal aantrekkelijk en sexy te maken, maar dat heeft ook niets opgeleverd en de Nederlandse taal en literatuur zijn als een zelfstandige studie bijna verdwenen. Men probeert nu het Nederlands als een bijvak bij de Duitse, Franse of Russische studies nog een tijdje te laten bestaan, maar ook dat gaat moeizaam. Kortom, de koe van de Nederlandse taal verlaat de buitenlandse universiteiten, maar de professoren blijven met z'n allen aan de staart van de koe vasthouden.

Op de universiteit Cambridge heb ik iets moois, maar pijnlijks meegemaakt.

Er zijn twee talen die daar als dode talen worden behandeld. Namelijk de Perzische taal en de Nederlandse taal.

De Perzische taal is niet meer te redden met het huidige regime in Iran. Het Nederlands is een twijfelgeval.

Toen ik de universiteit binnenging, werd ik als door een wonder getroffen. Er lagen overal grote majestueuze Perzische tapijten. De echte tapijten waarmee je over de aardbol kon vliegen. Ik had zelfs in het vaderland nooit zulke prachtige tapijten gezien, het waren de tapijten waarin met groene zijdedraadjes, gouden wolkendraadjes, en donkerrode draadjes, taferelen van de Perzische literatuur waren geknoopt. Verbaasd vroeg ik aan de directeur van de universiteit: 'Hoe komen jullie aan deze koninklijke tapijten?'

Hij glimlachte: 'De rijke Perzen doen alles om de Perzische faculteit hier overeind te houden. Ze sturen ons de mooiste Perzische tapijten en Perzische saffraan, en de lekkerste pistache en kaviaar van het land.'

Een goede tip voor de Nederlandse taal: de rijke Nederlanders moeten echt iets doen om hun taal te redden, maar met wat? Met kaas, haring, klompen, koeien, fietsen, weet ik veel? Het is goed als Nederland hoop geeft en uitzicht biedt aan de buitenlandse studenten die Nederlands studeren. Deze studenten moeten in contact gebracht worden met de Nederlandse bedrijven die buitenlandse betrekkingen hebben. Geef ze hoop.

Na het boekenbal

Op het Boekenbal miste ik Remco Campert. Iedereen was er, maar Campert niet.

Ik heb weer al zijn boeken thuis en ik heb nog genoeg ruimte overgehouden voor zijn nieuwe boeken. Eenmaal thuis na het bal, pakte ik zijn nieuwe bundel *Nieuwe herinneringen* en las een paar fragmenten:

Ik blijf dicht bij huis
steeds dichter
dat is mijn leeftijd
wolken worden zwaarder van onkleur
de geur van gisteren hangt nog aan me
Ik at met mijn vriend
we braken het brood
en deelden de doden
we zijn al bijna uit zicht
wij lachen nog
wat moet je anders?
Omhelzen elkaar ten afscheid
misschien je weet maar
nooit.

Remco Campert wordt nooit oud. Wie zulke mooie gedichten maakt, blijft voor altijd.

Het Boekenbal dit jaar was het mooiste Boekenbal ooit. Het thema was ouderdom. De acteurs lazen voor uit boeken voor het publiek. Ze acteerden, maar ook weer niet, ze speelden hun eigen rol. En dat was mooi.

Ik miste de ouderen van mijn eigen familie om me heen, zonder hen raak ik soms mijn evenwicht kwijt.

Ik dacht aan mijn oom, Aga Djan, iemand die ik altijd heb liefgehad, een man van 94 die nu alleen in zijn eigen huis woont. Een echte gelovige die de Koran misschien meer dan driehonderd keer uitgelezen heeft.

Laat in de nacht dacht ik aan hem en dus pakte ik de telefoon. Ik zou hem eigenlijk niet wakker moeten maken, maar in het vaderland was het al bijna drie uur later en hij zou nu wakker moeten zijn voor het ochtendgebed.

Ik belde, de telefoon ging een aantal keer over voordat iemand oppakte:

'Goedemorgen, heb ik u wakker gemaakt?' zei ik.

Het duurde even voordat hij mijn stem had thuisge-
bracht.

'O, jij bent het,' zei hij zwak en gebroken, 'goed dat je me
gebeld hebt. Ik droomde net, dat de dood in mijn tuin stond.
Je belt me nooit zo vroeg. Heb je me nieuws te vertellen?'

'Juist goed dat ik op tijd gebeld heb. Ik wou even uw stem
horen. Even weten hoe het met u was.'

'Goed, is er nog iets? Ik moet nu gaan bidden', zei hij.

Ik wilde niet ophangen, ik wilde langer met hem praten,
maar ik wist niet wat ik moest zeggen. Maar zo was het goed.
Misschien was dat het laatste gesprek. Je weet maar nooit.

Er viel een stilte in mijn werkkamer. Ik pakte weer de
dichtbundel van Remco Campert:

Als ik doodga
hoop ik dat je er bij bent
dat ik je aankijk
dat je mij aankijkt
dat ik je hand nog voelen
kan.

De terugkeer

Het is lente; buiten regent het, hagelt het en sneeuwt het. Ik
vertel een verhaal dat je altijd opnieuw vertellen kan:

Er was eens een Perzische handelaar en die had thuis een
Indische papegaai in een kooi. Het was lente en de vogel ver-
langde naar huis.

Op een dag, toen de handelaar weer eens voor zaken naar
India wilde, ging hij eerst naar zijn papegaai en vroeg hem
of hij misschien een boodschap voor de Indische papegaaien

had. 'Nee, niets bijzonders,' zei zijn papegaai, 'maar breng aan hen mijn groeten over en zeg dat ik ze ontzettend mis.'

In de Indische bossen zag de handelaar een papegaai in de boom. 'Je krijgt de groeten van mijn papegaai,' riep de handelaar, 'hij mist jullie ontzettend.'

Plotseling viel die papegaai uit de boom en was dood.

Toen de handelaar van zijn reis terugkwam, vroeg zijn papegaai of hij misschien een boodschap van de Indische papegaaien voor hem had.

'Geen boodschap,' zei de handelaar, 'ik heb wel een papegaai gesproken, maar toen ik hem jouw groeten overbracht en zei dat je hen miste, viel hij ineens uit de boom, dood.'

'Dood?!' zei de papegaai en ook hij viel dood.

De man sloeg zijn beide handen tegen zijn hoofd. Huilend haalde hij zijn dode papegaai uit de kooi en gooide hem weg. Waarna de papegaai ineens in beweging kwam en wegvloog.

'Waar ga je naartoe?' riep de man verbaasd.

'Terug, terug, terug', riep de papegaai.

Miljoenen mensen vieren deze dagen de komst van het voorjaar in hun vaderland.

Zodra de eerste lentewind waait en de geur van hyacinten wordt verspreid, gaan jongeren, zoals gebruikelijk, massaal bij ouderen langs om hen te feliciteren met de komst van de lente.

En de ouders en grootouders zijn altijd goed voorbereid: ze hebben schone bankbiljetten voor hen tussen de bladeren van de Koran gelegd. Er wordt omhelsd van geluk vanwege de terugkeer van de hoop en er worden gedichten van de middeleeuwse meester Hafez voorgedragen:

Bolboli barge goli dar mengar dasht. In de herfst had een vogel een blaadje van haar geliefde bloem in zijn snavel en hij weende. 'Je hebt toch wat van je geliefde bij je?

Waarom huil je dan zo?' zei men tegen hem. 'Dit blaadje roept haar herinneringen op', zei de vogel. 'Zo komt ze bij mij naar boven.' Heb geduld vogel. Ze komt terug.

De grootvaders slaan de Koran open en ze neuriën:

Bij de hemel waaruit de regen valt. Bij de gespleten grond door een plant. We keren allemaal terug.

Op hun beurt gooien de grootmoeders het paradijselijke kruid esfand in het vuur om de boze geesten te verjagen met haar rook.

De oude mensen, de oude bomen, de vage verhalen en het neuriën hadden wij niet in ons huis in Nederland, maar het kruid esfand wel.

Vuur konden we ook niet maken in onze woning, maar we hebben een paar kleine theelichtjes laten branden, de esfand in folie gedaan en op het vuur gezet zodat de geur zich verspreidde in het huis.

Geen gedachte kon de pijn verzachten, maar alleen de poëzie van de meester Hugo Claus die op de eerste dag van de lente met de vogels is teruggegaan:

Bergen, zij is de lente,
O, vrouwelijk seizoen,
Zij draagt haren van water,
Beweegt leden van riet,
En omsluit, o, honderd steden.
De herders begroeten haar komst.

Geert Wilders

Het is goed dat Geert Wilders zijn anti-Koranfilm uitgebracht heeft. De vrije meningsuiting staat boven alles. Het is een juweel van een bekroning voor de mens.

In de Koran staat dat toen God de mens schiep, Hij een deel van zichzelf in hem achterliet. Daarna zette hij een kroon van groene en rode juwelen op het hoofd van de mens om hem te onderscheiden van het beest. Volgens mij is dat de kroon der vrijheid van meningsuiting.

De betekenis van deze onderscheiding is nog niet goed begrepen in de islamitische landen, maar door conflicten als gevolg van de tekeningen van de Deense cartoonist, of nu met de film van Geert Wilders, vragen de gelovige moslims zich in de oosterse landen geleidelijk af wat er nu eigenlijk aan de hand is. Waarom komen die westerlingen elke keer en steeds weer met een boek, een cartoon, een filmpje waarmee ze hun eigen land en onze landen op de kop zetten? Er rijzen een aantal essentiële vragen die hen aan het denken zetten: 'Waarom werd die Deense cartoonist niet op het matje geroepen? Waarom mag Geert Wilders zo ver gaan? Waarom houdt niemand hen tegen?'

In Nederland zijn we al maanden bezig met de film van Geert Wilders. En ik geloof dat we ons allemaal weleens afgevraagd hebben wat hij aan het maken was.

Ik heb een keertje, zo zittend achter mijn computer, met mijn ogen gesloten gefantaseerd wat hij ons zou kunnen tonen. Vorige week toen ik zijn film zag, viel ik bijna van mijn stoel.

Hij had precies al die scènes waarover ik gefantaseerd had geknipt en geplakt in zijn film. Geen scène meer, geen scène minder.

Ik was even sprakeloos van zo veel overeenkomst tussen Geert Wilders en mezelf.

Alleen de laatste scène zat niet in mijn film. Ik zou het hoofd van Mohammad nooit kunnen doen ontploffen. Dat mag niet. Want dan valt het kroonjuweel weg en kun je de mens Geert Wilders niet meer onderscheiden van het beest.

De rest van de film was oké.

Geert Wilders ben ik, dat was mijn conclusie na de film. Geert Wilders zijn wij.

Hij heeft de angst en haat van velen geuit. De druk is van de ketel.

Nu zijn we sterker dan vorige week.

Praat met mij en praat hard tegen mij als je dat nodig hebt, schreeuw in mijn gezicht, maar verscheur mijn boek nooit.

Ik ben blij dat de moslims in Nederland zich waardig en volwassen gedragen hebben. Ik feliciteer hen met hun geduld en met hun wijze reactie naar het land en naar de moslimwereld.

Geert Wilders heeft opzettelijk de moslims in Nederland beledigd. Hij wilde hen kwetsen en dat heeft hij gedaan. Maar het maakt niet uit. Heb geduld, dit zegt Mohammad minstens duizend keer in de Koran.

Jullie, de moslims in Nederland, hebben een bijzondere taak. Jullie hebben een unieke positie wat betreft de islam. Jullie kunnen en moeten een wezenlijke bijdrage leveren aan de discussie die nu in de islamitische landen gaande is over de Koran en de democratie. Jullie zijn dagelijks bezig om de leer van de Koran hier in praktijk te brengen. En het is de gelegenheid die in de islamitische landen ontbreekt. Jullie ervaring is goud waard voor hen.

Gelukkig is het nu nog rustig in de islamitische wereld. En ik hoop dat Geert Wilders ook rustig wordt nu hij zijn mening geuit heeft.

Autorijden

De verkeersboetes zijn met twintig procent omhooggegaan.

Ik ben een van hen die regelmatig een bekeuring krijgt. De flitspalen herkennen me uit de verte en zodra ik langsrijd, leggen ze me meteen vast.

Als het kan, rijd ik hard, soms keihard, maar dat doe ik niet in Nederland. Ik doe het in het grensgebied van Nederland en Duitsland.

Ik rijd vaak en ben een van de bestuurders die regelmatig laat in de nacht eenzaam terug naar huis rijdt. Alleen ik en zo veel zichtbare en onzichtbare flitspalen.

Tot mijn eigen ergernis ben ik een keurige bestuurder geworden. Ik let goed op de verkeersborden en volg nauwkeurig de meldingen op de matrixborden op. Als er wordt gevraagd om met een snelheid van zeventig kilometer per uur te rijden, verminder ik mijn vaart tot 69 km per uur. En als vijftig wordt gevraagd, rijd ik met 49 kilometer per uur. Niet omdat ik een echt gehoorzame burger ben, maar omdat ik me schaam voor de bekeuringen die ik krijg.

Want alle overtredingen die ik maak, zijn kleinschalig. Soms heb ik drie kilometer te hard gereden, soms drieënhalf, maar nooit meer dan vijf kilometer te hard op de snelweg. Als een psycholoog of een verkeerskundige mijn bekeuringsbonnetjes naast elkaar zou leggen en analyseren, zou hij zeggen: 'Hij is een bange man. Een onzekere.'

Bang ben ik niet gauw en onzeker al helemaal niet, maar zo kleinmoedig ben ik nooit geweest.

Wie rijdt, wordt bekeurd. Zelfs als hij de hele weg met honderd procent oplettendheid rijdt. En wie vaak rijdt, wordt nog vaker bekeurd.

Ik wil geen fouten maken, maar het is onvermijdelijk. Je

moet een bestuurder van de planeet Mars zijn om niet in de val van de flitspalen te lopen.

De mens van nu, de supermoderne auto's waarbij het gaspedaal nauwelijks aangeraakt hoeft te worden om een hoge snelheid te bereiken, en de lange files passen niet bij de huidige verkeersregels.

Voor de drukke mens van nu is het niet mogelijk om constant op korte afstanden van snelheid te veranderen. Om van een snelheid van 120 km per uur meteen naar 100 km per uur te gaan en dan weer naar 90, en naar 120 en dan naar 70, naar 60, naar 90, naar 50 en vervolgens weer naar 120.

Het kan wel, maar niet constant. Uiteindelijk loop je toch ergens tegen de lamp en moet je betalen. De verkeerskundigen en verkeerspsychologen weten het, maar zij zwijgen.

Het is roverij, piraten op de snelweg.

Er zijn natuurlijk overal asociale bestuurders, maar je kunt ze met een boeteverhoging van twintig procent niet bestrijden. Voor de vermindering van verkeersovertredingen moet men met eigentijdse maatregelen komen.

En die nieuwe maatregelen moeten gebaseerd zijn op de psychologie van de mens van nu.

De mens die het druk heeft, die te veel aan zijn hoofd heeft, die een groot deel van zijn dag in de auto zit, die in de file met zijn klanten telefoneert en die in de auto onderweg zijn werk doet.

De bestaande wegen zijn bijna allemaal van de vorige eeuw; uit de tijd dat de mens de computer, mobiele telefonie en de flitspalen nog niet uitgevonden had.

Zij die met de boetes de wegen veilig willen maken, zijn ouderwets.

En ik neem het op voor de Nederlandse bestuurders.

Ik zie ze overal op de wegen. Ik heb respect voor hen. Zij rijden keurig en zijn beschaafd.

Het geheugen

Hugo Claus is weg, jammer, ik ben nog altijd met hem bezig. Ik kende hem, heb hem altijd gelezen en vandaag bladerde ik weer door zijn poëzie. Hij is weggegaan en heeft iets
gedaan waar wij niet op hebben kunnen reageren in zijn aanwezigheid.

Je kunt het vergelijken met iemand die een steentje naar
je hoofd gooit en gewoon wegloopt. Hugo Claus is geen natuurlijke dood gestorven, maar hij heeft er zelf voor gekozen
deze wereld te verlaten. Hij heeft bewust en duidelijk gezegd
en op papier gezet dat hij dood wilde gaan, dat hij er niet
zwak uit wilde zien, dat hij niet met een leeg geheugen verder wilde gaan. Met andere woorden: hij wilde niet zijn wat
hij niet was.

Dit heeft me de laatste tijd meer dan zijn poëzie en zijn
roman *Het verdriet van België* beziggehouden. Ik hoorde een
vriend van hem zeggen dat hij Claus op de avond voor zijn
dood gezien had, dat ze normaal hadden gepraat, dat ze zelfs
een bodempje wijn hadden gedronken en bovendien een zin-
nig gesprek hadden gehad.

De volgende dag is Claus gestopt met het leven. Claus kende het gedicht 'De tuinman en de dood' uit het hoofd.

De Perzische Edelman:

Vanmorgen ijlt mijn tuinman, wit van schrik,
Mijn woning in: 'Heer, Heer, één ogenblik!
Ginds, in de rooshof, snoeide ik loot na loot,
Toen keek ik achter mij. Daar stond de Dood.
Meester, uw paard, en laat mij spoorslags gaan,
Voor de avond nog bereik ik Ispahaan!'

De Perzische tuinman galoppeerde weg van de dood, maar Hugo Claus knielde voor de dood die nog niet in zijn rooshof stond. Alleen omdat hij niet wilde zijn wat hij niet was.

Nu ik dit schrijf, stop ik met typen en denk na of ik de volgende zin zal opschrijven: mijn meester Hugo Claus was bang. Hij is bang heengegaan. Het is een brutale zet tegen het leven. En juist van een man aan wie het leven zo veel gegeven heeft aan talent, rijkdom, liefde, seks en roem. Dat mag niet. Dat mag nooit.

Het leven heeft de mooiste vrouwen aan Hugo Claus gegeven. Wat moeten zij nu doen, zij die niet meer zijn wat ze waren. Wat is er mis met oud worden? Het is juist de bedoeling van de natuur om je te laten groeien, bloeien, en te laten aftakelen. Miljarden, en nog eens miljarden mensen zijn oud en kinds geworden. En dat geldt zowel voor de farao's als de koninginnen, de keizers, Rembrandt, Vermeer, Van Gogh, Einstein en voor mijn oude tante die al jaren niemand meer herkent. Het geldt ook voor de sterren: ontstaan, schitteren en doven. Krijgen, er iets van maken en het dan teruggeven is de essentie van het leven.

Vanmorgen toen ik mijn werkkamer binnenging, werd ik getroffen door de heerlijke lentegeur van een bos verse donkerblauwe hyacinten die op mijn schrijftafel stond. Een ogenblik dacht ik: Als hun geur weg is, en hun geheugen leeg, gooi ik ze weg. Maar ik zal het niet doen. Ik bewaar ze tot hun lege blaadjes op mijn bureau vallen.

Nu nog terwijl de bijen van de dood om mij zwermen
proef ik de honing van haar buik.

Dit is van mijn Belgische meester Hugo Claus. Maar hij deed het niet, durfde niet.

Wandelen in de zon

Waar schrijf je over wanneer je koorts hebt en drie dagen lang op de bank ligt?

Ik was blij dat ik de winter overleefd had en niet verkouden was geworden.

Het was een mooie lentedag, en ik wilde al de hele dag een wandeling in de zon maken, maar het ging niet, en ik bleef tot in de late namiddag thuis werken. Toen ik naar buiten ging, was de zon bijna weg. Ik pakte meteen de auto en reed naar de westelijke weilanden waar je haar nog kon zien. Ik liet de auto onder de bomen staan, nam een pad tussen de weilanden en liep te voet naar de zon, die groot en geelrood aan de horizon onderging. Ik wilde lopen tot het donker werd.

Het werd een bijzondere wandeling. De zachte geelrode zon op mijn gezicht, de geur van de lentebloemen en het jonge gras in de weilanden deden me goed.

Toen ik terug naar huis keerde, werd ik gegrepen door een hoge koorts. En ik viel als een zak meel op de bank. Ik was alleen, en niemand zou thuis zijn de komende dagen.

Nu ik dit schrijf is het de derde dag waarop ik op de bank ligt, en ik schrijf dit in een roes van koorts. Als sommige zinnen van mijn tekst niet kloppen, komt het door de koorts.

Maar door de samenwerking van de stilte, koorts en alleen-zijn heb ik drie mooie, intense dagen gehad.

Ik moest toch iets eten en ik dacht dat een groentesoep wonderen zou doen.

Gelukkig hadden we nog een stronk broccoli, een courgette, wat spinazie en een lange rode peper. Mijn blik bleef hangen bij de peper, wat een mooie kleur, wat een mooie vorm, ik had nooit op die manier bij een peper stilgestaan.

Ik stopte alles in de pan en deed er een handjevol linzen en wat kruiden bij. Daarna pakte ik de fles olijfolie en goot er een wolk overheen, terwijl ik trillend van koorts neuriede:

Allah is licht
Zijn licht lijkt op een nis
Het glas is van een stralende ster
Hij brandt op olie van een gezegende olijfboom
De olie geeft bijna uit zichzelf licht
Licht boven licht.

Drie dagen lang soep, drie dagen intiem contact met de courgette, de broccoli en de peper.

Op de tweede avond, toen ik in het donker nog op de bank lag, hoorde ik een raar geluid, iets wat leek op een klein elektrisch signaal. Op zoek naar het geluid deed ik de lampen aan. Oh, dom van me, dat waren de visjes, geelrode visjes in de kom, ze vroegen om eten. Wat goed dat zij samen met me thuis waren.

Moe van het op de bank liggen, ging ik naar boven, maar de treden van de trap kraakten. Ze spraken. Spraken ze altijd?

Een paar keer ging ik de trap op en neer. Vreemd.

Nu ik boven in bed lag, hoorde ik voor het eerst het vage geluid van denderende treinen in ons huis. Treinen? Die hadden we niet in de buurt. Waar gaan ze naartoe? Waar komen ze vandaan?

Een blad van een bos roodbruine tulpen in de vaas viel op de grond. Ik hoorde het en hoorde dat het zich samentrok, net zoals iemand die koorts heeft zijn knieën van kou naar zich toe trekt onder de deken.

De fakkel

Het olympische vuur, de fakkel, heeft China bijna bereikt. Wat een spannende reis, wat een pijnlijke tocht. En wat moeten we nu met Tibet?

Het is het recht van de Tibetanen om van de gelegenheid van de Olympische Spelen gebruik te maken om hun stem luid te laten horen.

Of wij het nu willen of niet, de Tibetanen en Chinezen blijven toch elkaars buren en ze zullen tot in de eeuwigheid naast elkaar wonen.

De onenigheid tussen Tibet en China is een historisch diepgeworteld etnisch probleem, dat met tientallen gelegenheden, zoals de Olympische Spelen, lang niet zal worden opgelost.

Opeens barstte er mondiaal geweld los tegen China. De wereldleiders werden plots allemaal dikke vrienden van Tibet.

En de actievoerders waren buitengewoon agressief. We begonnen met z'n allen China zwart te maken.

Het Chinese volk was geschrokken door zo veel haat en agressie van de westerse beschavingen jegens hun land en voelde zich beledigd; waarom zo veel geweld?

China bestaat al duizenden jaren. Tibet ook. En ze zullen voorlopig niet verdwijnen van de aardbol. Miljoenen Chinezen zijn getrouwd met Tibetanen en andersom.

En de vreugde van de Olympische Spelen is zowel voor de Chinezen als voor de Tibetanen.

De Chinese regering (hoe corrupt, hoe fout, hoe despotisch dan ook) heeft toch alles op alles gezet om er iets moois van te maken. Gebaseerd op de grote Chinese geest en met de hulp van nobele westerse architecten hebben ze grote sprookjesachtige memorabele gebouwen gemaakt met bijzondere zwembaden, voetbalstadions en sportzalen.

Het Chinese volk, leiders inbegrepen, is bezig om van de Olympische Spelen een menselijk, groot feest te maken. En ze schitteren van geluk dat ze die kans gekregen hebben.

De stem van de Tibetanen laten horen is een geweldig protest, maar waarom moeten wij hun feest zo nodig bederven?

Natuurlijk mogen we niet zwijgen over de dictatuur in China, maar we mogen ook niet blind zijn voor diezelfde dictatuur die veel enorme stappen heeft gezet om het leven van Chinezen te verbeteren.

We willen het misschien niet geloven, maar ze hebben het gedaan. Ook voor de Tibetanen. Tibet is geen achterstandswijk van China. Tibet is net zo waardig als alle andere deelstaten van het land.

Het Chinese volk is een groot en beschaafd volk met hardwerkende mensen die allemaal een droom hebben.

Corruptie, armoede en onderdrukking vind je overal in de wereld, maar China staat allang niet meer in de toptien van onbeschofte onderdrukkers.

De communistische, of socialistische, of kapitalistische Chinese staat is niet zo gruwelijk als we doen geloven. Ze hebben veel van hun verleden geleerd. Het is een staat die toch probeert in dienst van één miljard en driehonderd miljoen Chinezen te zijn; werkgelegenheid voor hen te creëren, hun kinderen te onderwijzen, voor hun gezondheid te zorgen en hen gelukkig te maken.

Ze hebben nog een lange weg te gaan. We moeten dat grote, hardwerkende volk opnieuw leren kennen. Het is goed als we er op vakantie gaan. We moeten de Chinezen in hun eigen straten, hun eigen huizen en op hun eigen plekken zien.

Pas daar zullen we zien wat een Chinees betekent en hoe diep ze van hun land houden. Iedereen moet echt een keertje naar China reizen. Eén deel van ons allemaal ligt daar, op de plek waar de zon opkomt.

Veel geluk gewenst voor hun grote Chinese olympische feest. En ik blijf aan Tibet denken.

De vader

De gedachte aan die Oostenrijkse vader Josef laat me niet met rust.

Vierentwintig jaar lang heeft hij zijn dochter Elizabeth in een kelder opgesloten, misbruikt en zeven kinderen bij haar verwekt. Het doet me pijn. En ik schaam me voor wat hij gedaan heeft.

Ik ben ongelooflijk boos, maar niet op hem. Boos ben ik op mezelf als mens; dat ik er niet eerder achter kon komen, dat ik het niet heb kunnen tegenhouden.

Die vader is ziek, grondig ziek. Hij wekt eerder medelijden bij mij op dan haat. Hij is de mens in zijn ultieme kwetsbaarheid, de mens die totaal gefaald heeft.

Wel ben ik kwaad op de echtgenote van die man. Vierentwintig jaar lang heeft alles onder haar neus plaatsgevonden en ze heeft er niets van gemerkt.

Ik schaam me voor de mens wanneer hij of zij zo zwak en onnozel is.

Ik haat, ik haat de volwassen zonen en dochters van die Josef; mannen en vrouwen die nu boven de veertig moeten zijn, allemaal heren en dames met een das om en een rok aan. Gedurende vierentwintig jaar hebben ze zich geen enkel ogenblik afgevraagd wat hun vader in die kelder deed.

Het kan niet, het kan absoluut niet! Ik schaam me voor hen, voor hun domheid, voor hun onmenselijke achteloosheid.

Ze zijn allemaal medeplichtig. Wetend of onwetend hebben ze meegewerkt aan die misdaad.

De vader moet naar een psychische inrichting, maar zij moeten worden berecht voor hun onoplettendheid en hun onmenselijke slordigheid. Het maakt niet uit of ze een straf krijgen of niet, maar ze moeten, als een les voor ons allemaal, voor de rechtbank worden gesleept.

Wat ik niet begrijp, is hoe het komt dat die Elizabeth, die vierentwintig jaar in de kelder gevangen heeft gezeten, die zeven kinderen van haar vader heeft gekregen; ja, hoe het komt dat zij nooit op een achteloos moment een pan tegen het hoofd van haar vader heeft geslagen om hem onderuit te halen?

Waarom heeft ze haar volwassen zonen in de kelder niet geleerd om met z'n drieën die misdadige vader neer te halen?

O, er koken veel lelijke gedachten in mijn hoofd. In mijn fantasie sla ik en steek ik die vader neer.

Ik zocht naar een houvast om niet te falen in geweld en om toch de hoop terug te roepen. En ik vond het. En daardoor kwam het lentegevoel in mijn hart.

Ik mag die Elizabeth. Ze wilde geen geweld plegen, ze wilde haar zonen in de kelder geen geweld leren. Ongetwijfeld heeft ze altijd de hoop gehad dat zij en haar kinderen bevrijd zouden worden, en ze heeft de hoop nooit opgegeven.

Elizabeth heeft de mens gered. Ze heeft de juwelen kroon op haar hoofd vastgehouden om zich te scheiden van haar vader.

Laten we aan mooie dingen denken. Aan haar kinderen die nooit eerder de zon hebben meegemaakt en nu de zon zullen zien opkomen en ondergaan.

In de komende nachten zullen ze de jonge maan bewonderen en de melkweg met miljarden sterren.

Straks zullen de zonen van Elizabeth de meisjes ontmoeten die in de zon opgegroeid zijn en ze zullen verliefd op hen raken. De aarde zal velden vol geurige bloemen aan hen geven en de hemel zal regen over hen laten vallen. En ze zullen de regenbui zien.

Laten we zo denken. Laten we toch glimlachen van geluk.

Amerika

Hillary Clinton wil Iran van de wereldkaart vegen en ze zal nucleaire wapens inzetten als dat nodig is. En om haar bedreiging legitiem te maken, betrekt ze Israël erbij.

Of zij Iran echt gaat bombarderen zullen we later zien, maar wat zij nu gezegd heeft, is een gevaarlijke uitlating. Zulke grove uitspraken komen door de gekte van de Amerikaanse presidentsvoorverkiezingen. Hillary zit in het nauw, Obama zit haar op de hielen en ze heeft meer stemmen nodig. Hierdoor gedwongen bedreigt ze Iran, maar eigenlijk bedriegt ze de Amerikaanse kiezers. Maar zou zij het echt voor Israël veiliger maken als ze Iran gaat bombarderen? En zou zij op die manier de dreiging van de politieke islam verminderen?

Ik zal een poging doen om iets te zeggen wat me al lange tijd bezighoudt. Ik heb tijd nodig gehad om het juist te formuleren. Nu, na twintig jaar ervaring met de westerse democratie, heb ik geconstateerd dat er altijd een reservoir van geweld onder zit. De westerse parlementen kunnen altijd, indien nodig, een meerderheid vormen om het geweld tegen anderen te legitimeren.

Sinds de stichting van de staat Israël is dit geweld toegenomen en is er vaak gebruik van gemaakt. En daardoor is de vorm van het verzet in de islamitische wereld drastisch veranderd.

Er was een periode waarin de Arabieren onder de vlag van het nationalisme tegen Israël, Engeland en Amerika vochten. Die tijd heeft een paar nationale helden voortgebracht. In Egypte vocht Gamal Abdel Nasser tegen Israël en Groot-Brittannië. En in Iran kwam Mosadeq tegen Amerika in opstand. Jaren later greep de corrupte held Saddam Hoessein in Irak de macht.

Maar het geweld van Israël en het Westen was zo hevig dat het nationalisme het niet kon dragen. Vernederd verloren de Arabieren de oorlogen en Israël bezette delen van hun grond.

De Egyptische held Gamal Abdel Nasser ging dood van verdriet. In Iran werd Mosadeq door Amerika afgezet en hij stierf tijdens zijn huisarrest in eenzaamheid. En Saddam Hoessein, de laatste (nep)held werd door de Amerikanen vernederd, uit een gat naar buiten getrokken en opgehangen. Met de dood van Saddam stierf het nationalisme in het Midden-Oosten.

Inmiddels heeft er een interessante en tegelijkertijd zorgwekkende ontwikkeling plaatsgevonden in het Midden-Oosten.

Blijkbaar was er iets krachtigers dan de nationale vlag nodig om het geweld van buiten te kunnen weerstaan. Iets zo krachtig en geheimzinnig dat Amerika en Israël er geen greep op zouden kunnen krijgen.

Plots pakten zij de Koran om daarmee hun vrouwen, kinderen, cultuur en eer te beschermen tegen de vijand. In Egypte sloegen de vrouwen vrijwillig een hoofddoek om en lieten de mannen hun baarden staan. In Iran gingen miljoenen mensen met een Koran in hun hand de straten op om tegen Amerika te demonstreren. In Palestina kwam Hamas overeind, in Libanon ging Hezbollah bepalen, in Irak mobiliseerde de jonge imam Moqtada al-Sadr zijn aanhang met de Koran en de gestolen wapens tegen de Amerikanen. In Turkije werden de nationalisten naar huis gestuurd. Twee moslims werden tot premier en president benoemd en de vrouw van de president legde nadrukkelijk een extra knoop in haar hoofddoek.

Hillary Clinton zit in de rij van de Amerikaanse politici die geweld prediken. Het is de tijd dat Amerika haar mooie hoopgevende gezicht laat zien. Het Amerika van de wonderlijke literatuur, wetenschap, muziek en cinema. Het Amerika waar alle onbereikbare dromen bereikbaar worden. Amerika, de frisse lucht.

Mitra, het zonlicht

Deze tekst schrijf ik ter herinnering aan de paar prachtige zonnige dagen van vorige week.

In de Perzische traditie wordt altijd de schaduw geprezen; de schaduw van een boom, de schaduw van een oude muur.

In de vroegere middeleeuwse oosterse vertellingen werd de schaduw als een zelfstandig wezen gezien dat bewoog, zoals een mens die wandelde of een vogel die vloog. Ze zagen nog geen relatie tussen het zonlicht en de schaduw.

In de eerste maanden van mijn verblijf in Nederland vond ik het erg ongewoon dat men zo veel en zo vaak over de zon praatte. En ik verbaasde me erover dat mijn buurvrouwen zich zo lieten verbranden in hun achtertuin.

Een van de mooiste belevenissen van weggaan of je thuis verlaten is dat je verrast wordt door een andere manier van omgaan met het leven. Neem de kijk van de Nederlandstalige dichter op het licht:

Ik hoor het licht het zonlicht pizzicato
Ik lig weer monomaan weer monodwaas van licht
(Hans Andreus)

De zon brandt, de zon breekt, de zon barst.
Overal is geluk; in deze rode tram die voorbij snort
de brug af
(Paul van Ostaijen)

De zon, de wereld is goud en geel
Meisjesmondjes blazen gouden fluitjes
(Herman Gorter)

Wolken zijn doeken voor het bloeden van de zon
(Herman de Coninck)

Vijfduizend jaar lang werd de zon in mijn vaderland geëerd. De Perzische grootmoeders vertellen nog altijd het verhaal van de geboorte van het licht aan hun kleinkinderen als ze hen in bed stoppen: 'Opeens deed een mysterieuze kracht zijn werk. Hij liet een rots in de bergen als een grote bloem open-gaan. En er kwam een naakte mooie vrouw vanuit de rots met een fakkel in haar hand en een kroon van puur goud op haar hoofd. Het was Mitra, de dochter van de zon, de godin van het zonlicht.'

De eerste Perzische koningen maakten indrukwekkende tempels voor de godin Mitra, want Mitra gaf hun kracht en ondersteunde hen tijdens de oorlogen.

Door de eeuwen heen stopte men echter geleidelijk met de verering van Mitra en richtte men zich tot de schaduw. Dat kwam door Alexander de Grote: toen hij het Perzische rijk binnenviel, vernielde hij alle paleizen en tempels en gaf hij bevel om alle beelden van Mitra te vernietigen. Zo doofde hij persoonlijk de oeroude fakkel.

Toch wist een oude priester het vuur te redden. Hij had een deel van het vuur in een lantaarn meegenomen en was in de nacht de woestijn in gevlucht.

Dat oude, gestolen vuur wordt nog steeds aan de rand van de woestijn, in de historische stad Yazd, door de priesters van het Zarathoestra-geloof bewaard. En vele Nederlandse toeristen die naar Yazd zijn gegaan, hebben het gezien en bewonderd.

Vorige week was Mitra, de godin van het zonlicht, een aantal dagen naar Nederland gekomen, daarom schitterde alles van geluk. En ik zag dat mijn buren mooier waren geworden; ze liepen soepeler in het licht en ik hoorde vaker hun gelach.

Mitra, de godin van het zonlicht, kwam ook naar Oostenrijk voor een bezoek aan de kinderen van Elizabeth, want haar zoon die in de kelder geboren was en achttien jaar lang opgesloten zat, stuurde voor het eerst een brief naar de wereld: 'Mensen, ik lig in de zon. Wow!'

Wonder boven wonder
En ik hoor het licht het zonlicht pizzicato
Want ik lig hier duidelijk, zeer zuidelijk
monomaan monodwaas van licht.

De tekenaar

De cartoonist Gregorius Nekschot heeft Mohammad getekend in bed met zijn Ajeshe (Aisja). Mohammad als een oude man en Ajeshe als een jong meisje. Ajeshe zegt tegen Mohammad: 'Wat dacht je van Viagra, Akbar?'

Drie jaar geleden is er aangifte gedaan tegen de cartoonist

en pas vorige week is hij een etmaal vastgehouden.

Is deze tekening of zijn andere tekeningen van Mohammad discriminerend of beledigend?

Mogen we Mohammad bespotten? Mogen we zeggen wat we willen over Mohammad en tegen de Koran?

Het bespotten of beschimpen is iets menselijks. En vooral de spot drijven met Mohammad is niet nieuw, niet iets van nu; het is niet zo dat de Denen of Nederlanders hem als onderwerp van kritiek ontdekt hebben.

Het begon al veertienhonderd jaar geleden bij de Arabieren zelf, bij Mohammads stadgenoten in Mekka. Zelfs Aboe Lahab, de rijke oom van Mohammad die zich voor hem schaamde, noemde hem publiekelijk een dwaze kameel.

De mensen van de straat plaagden hem, maakten grapjes over hem: 'Mohammad belooft je lekkere maagden als je in zijn Allah gelooft.'

In die tijd was er nog geen sprake van een cartoonist, maar de dichters vielen Mohammad met hun stevig ritmische, makkelijk voor het volk te onthouden strofen lastig. Ze maakten kwetsende, beledigende opmerkingen over zijn Allah. Het ging zo ver dat Mohammad met een nieuwe soera kwam. De soera Alshaeroen: de dichters (lees: de cartoonisten):

Zal ik jullie vertellen op wie de duivel neerdaalt?
Hij daalt neer op iedereen die leugens verspreidt en op iedereen die zijn oor leent aan die zondige geruchten, want velen van hen zijn leugenaars. Zij die verdwaald zijn, volgen de dichters.
Heb je niet gezien dat ze wanhopig rondlopen? En dat zij zeggen wat ze niet moeten doen? Zij die zondigen, zullen spoedig de gevolgen merken.

Deze soera ging over Ajeshe, maar het lijkt alsof Allah ook aan die Nederlandse cartoonist Gregorius Nekschot heeft gedacht. Ajeshe was vijftien jaar oud, en ze was buitengewoon mooi, roodharig en ondeugend.

Elke keer dat Mohammad naar een oorlog vertrok, nam hij één van zijn vrouwen mee. Eén keer nam hij Ajeshe mee, en toen ze na de overwinning met het leger terug naar huis keerden, stopten ze bij een plas voor een pauze. Bij vertrek verstopte Ajeshe zich achter een zandheuvel. Niemand merkte het, pas toen ze in de stad waren zagen ze de lege plek op haar kameel. Waar was Ajeshe? Verdwenen, gestolen, de vijand heeft haar als buit meegenomen.

Op zoek naar haar, galoppeerde Mohammad op zijn kameel de woestijn in. Maar ze was nergens te vinden. De volgende dag verscheen ze in de vroege morgen, hoog zittend op de kameel van Safan, de jonge, knappe krijgsheer van Mohammad.

De dichters in Mohammads tijd (zeg: de cartoonisten van nu) maakten Mohammad kapot:

Waar was Ajeshe?

In de woestijn.

Wat deed Ajeshe?

Samen met Safan telde ze de sterren in die heerlijke woestijnnacht.

Wat deden ze verder samen?

Dat weten we niet.

Wij zijn onwetend.

Allah van Mohammad weet het.

Hij is Alwetend.

In vergelijking met de Arabische dichters van veertienhonderd jaar geleden, heeft de Nederlandse cartoonist Ajeshe en Mohammad keurig getekend. Dus laat hem tekenen wat hij wil.

In de tijd van Mohammad hadden mensen de behoefte om

hem te smaden. Ook in deze tijd is er een maatschappelijke behoefte om Mohammad te kleineren en zijn aanhang te
kwetsen.

In al die situaties heeft Allah een raad voor zijn boodschapper gegeven: 'Heb geduld, Mohammad!'

Barack Hussein Obama

Obama houdt me bezig. Ik voel geluk in mijn hart, blij dat hij
een van de twee mannen is geworden die om het president-
schap van Amerika gaan strijden.

Dit is al een enorme mentaliteitsverandering in Amerika.
En die verandering zal Europa ook ondergaan, Nederland
niet uitgezonderd. Als Obama wint, zal de wereldpolitiek een
totaal andere koers gaan varen.

En Obama zal winnen, hij moet winnen, want de tijden
zijn veranderd en er is een Amerikaanse president nodig die
innerlijk begrip heeft voor de oosterse culturen.

De islam is een van de belangrijkste factoren in de wereldpolitiek geworden en omdat dat zo is, moet er een Amerikaanse president komen die daar niet bang voor is. Obama is
voor die functie daarom de juiste belichaming.

Hij heeft nog een lange, moeilijk begaanbare weg te gaan,
de echte strijd is pas begonnen. Maar alleen al de gedachte dat een zwarte man de machtigste president van de wereld wil worden, geeft aan een groot deel van de wereldbe-
volking rust.

Ik luister naar mijn lichaam, naar de signalen die ik krijg,
ik voel me goed. Het zal overdreven klinken, maar ik zeg
het toch. En als ik me goed voel, zullen met mij miljoenen
en nog eens miljoenen mensen in Azië en Afrika zich ook

goed voelen met de keuze voor Obama.

Barack Obama heet eigenlijk Barack Hussein Obama. Alleen al zijn tweede voornaam geeft een vertrouwd gevoel in de oosterse culturen, want het is een synoniem voor rechtvaardigheid en hoop. Als hij de president van Amerika wordt, zal de kijk van Europa (lees: Nederland) op immigranten veranderen.

De houding van Barack Obama ten opzichte van de oosterse culturen is totaal anders dan die van George W. Bush. Obama is de zoon van een Amerikaanse moeder en een Keniaanse vader en zijn stiefvader was Indonesisch. Als kind is hij in Indonesië naar school gegaan.

Zo heeft het karakter van Obama door twee sterke en grondig verschillende culturen vorm gekregen. Hij heeft een groot deel van zijn jeugd met de familie van zijn blanke moeder in Chicago doorgebracht. Maar tegelijkertijd spendeerde hij zijn vakanties bij de familie van zijn vader; in Kenia bij zijn grootvader, grootmoeder, tantes, ooms, neven en nichten.

En dit betekent veel. Hij heeft in die cultuur gewoond, hij heeft de pijn gekend en zo is hij de politicus geworden die begrip heeft voor een ander.

De dynamiek van de Amerikaanse samenleving heeft de grootste etnische problemen van het land min of meer opgelost. Amerika heeft bijna eeuwen afstand genomen van het tijdperk van het zwart-witdenken.

De zwarte Amerikaanse schrijfster Toni Morrison heeft met haar grootse roman *Beloved* een Nobelprijs voor het land binnengehaald. Zwarte Amerikaanse zangers hebben de wereld veroverd met hun liedjes en zwarte atleten halen gouden medailles en zwarte wetenschappers schitteren op de werelduniversiteiten. De droom van Martin Luther King is allang gerealiseerd.

De keuze van Obama als president zal ook de angst voor

de ander in Europa verminderen en het zal meer evenwicht brengen op dit continent.

Met Obama worden de dichtgespijkerde deuren allemaal opnieuw geopend. Hij kan met de ayatollahs praten. Hij kan met de taliban praten. Hij kan met Syrië praten.

Met hem als president zal de oorlog in Irak opeens een hoopgevende wending krijgen. Met hem zal de droom van de Palestijnen ook gestalte krijgen.

Alles wijst erop dat hij de president van Amerika wordt, behalve als het noodlot toeslaat dat in het tweede deel van zijn voornaam schuilt.

Mevrouw Korteweg (89)

Mevrouw Korteweg heeft een goed leven gehad. Een van haar zonen was een dichter en de ander een journalist. Ook was ze de schoonmoeder van een dominee.

Ze was een van de oudste lezeressen van *de Volkskrant* en lezeres van het eerste uur van mijn column. Laten we het zo zeggen, mevrouw Korteweg was mijn adoptiemoeder, of eigenlijk mijn Nederlandse moeder.

Ze behandelde mijn teksten moederlijk streng en belde me regelmatig op, op maandag laat in de middag. Als ze me niet belde, betekende dat dat ze mijn column had goedgekeurd. En als ze wel belde, wachtte ik met spanning af wat ze zou zeggen.

Eerst vroeg ze hoe het met iedereen in de familie was, en als alles met iedereen goed ging, begon ze met haar commentaar: 'Dat had ik niet van je verwacht. Dat paste niet bij je. Had je daar geen beter woord voor kunnen vinden? Kont? Nou zeg. Ik heb dit stukje laten liggen.'

Mevrouw Korteweg woonde in een bejaardentehuis en als ze iets goed vond, nam ze het mee naar haar kring en werd het door bijna iedereen gelezen.

Ze was altijd op de hoogte van mijn literaire activiteiten, las alles wat er over de boeken werd geschreven en wist me op tijd te troosten: 'Je moet niet verdrietig zijn, hoor. Hij heeft het uit jaloezie geschreven. Hij is een sukkel.'

Vorig jaar belde ze me een tijdje niet. Ik maakte me zorgen en belde haar. Ze was gevallen en opgenomen in een verzorgingshuis. Ik ging haar opzoeken.

Verdrietig zat ze bij het raam in de bezoekersruimte, naast haar stond een rollator. Toen ze me zag, kwam ze plotseling overeind met heupen die haar zeer deden, maar het maakte niet uit, ze riep: 'Agnes! Kom! Hij is hier.'

'Wie?' riep Agnes terug en ze kwam helemaal niet opdagen.

'Corrie, kom, hij is hier.'

'Wie?' vroeg Corrie, maar ze kwam niet.

Een paar bejaarden passeerden onze tafel. Mevrouw Korteweg deed nog een poging: 'Kijk eens wie hier gekomen is.'

Nee, niemand had ooit iets over mij gehoord, en niemand was geïnteresseerd in mij. Teleurgesteld ging mevrouw Korteweg zitten. Ik hield de hand van mevrouw Korteweg vast.

'Allemaal barbaren,' zei ze zacht, 'ze hebben nooit een boek aangeraakt in hun leven, ze zitten hier de hele dag bingo te spelen.'

Daarna viel er een zware stilte en wist ik niet wat ik moest zeggen. Opeens werden we gered. De pastoor kwam de bezoekersruimte binnen. Hij sloeg zijn armen in de lucht en riep: 'Schrijver, wat doet u hier?!' Mevrouw Korteweg sprong van geluk overeind. En het werd een van de mooiste momenten van mijn leven.

Weer had ze me een tijdje niet meer gebeld, dus ik belde. Nu lag ze in het ziekenhuis, op haar sterfbed. Ik ging haar meteen opzoeken. De kamer was stil, ze lag lief en zwak onder een wit laken. Ik nam naast haar plaats en hield haar hand vast.

Ze opende haar ogen, keek me aan, herkende me meteen. 'Je bent toch gekomen, jongen', zei ze heel zacht.

Ik boog mijn hoofd dieper om haar beter te kunnen horen.

'Niets is onopgemerkt gebleven', zei ze en ze sloot haar ogen.

Afgelopen zaterdag heb ik in de regen een bos verse bloemen op het graf van mevrouw Korteweg gelegd.

Met verdriet zal ik deze week een bos bloemen op het graf van mijn gewaardeerde collega Kees Fens leggen.

Koranlessen

Ahmed Marcouch wil Amsterdamse leerlingen met een islamitische achtergrond koranlessen geven op school. Hij bedoelt het goed, maar het is een onrealistisch plan en een onhaalbaar voorstel in de democratie.

De Koran is een wonderboek, maar je moet het als een oude tekst lezen en de opvattingen van Mohammad plaatsen in de stammensamenleving van veertienhonderd jaar geleden. Een leerling van de basisschool is nog niet in staat om dat te doen.

In de Koran staat overal dat de soera's (de vertellingen) door Allah gezonden zijn en dat daar geen twijfel over is. En alles wat door hem gezonden is, is waar.

Een van deze waarheden is de volgende: 'De mannen zijn boven de vrouwen gesteld. De beste vrouwen zijn zij die gehoorzamen. Maar als er vrouwen zijn over wier gehoorzaamheid jullie je zorgen maken, praat dan eerst met hen, waarschuw hen, als het niet helpt, neem afstand van hen in bed.'

Deze waarheid kun je in Mekka aan de leerlingen verkopen, maar niet in Amsterdam. Je zult de leerlingen in verwarring brengen als je hen in het huidige onderwijssysteem koranles gaat geven, want de wetenschap van de Koran is poëtisch primitief en zal argwaan wekken bij de leerlingen.

In de Koran wordt overal benadrukt dat Allah alwetend is, maar de leerling komt er algauw achter dat dat niet waar is.

Allah zegt: 'De mens moet beseffen waaruit hij gemaakt is. Gemaakt is hij van springend vocht dat uit de rug van de vader naar de ribben van de moeder loopt.'

Maar de biologiejuf of meester zal totaal anders uitleggen hoe de mens gemaakt is.

Tijdens aardrijkskunde leert de leerling dat de bergen door de uitbarstingen van vulkanen vorm hebben gekregen. Maar Allah zegt dat hij de bergen als grote pinnen in de aarde geslagen heeft om de bevingen ervan tegen te houden.

De koranlessen zullen de leerlingen in Amsterdam doen dwalen, want ze wonen niet in een islamitisch land; ze wonen in een vrij land waar vroeger bijna iedereen in zijn puberteit *Turks fruit* als een heilige tekst gelezen heeft en waar nu *Sex and the City* volle zalen trekt. Als je de leerlingen op school apart houdt om hun koranlessen te geven trek je een grens tussen hen en de anderen. En door deze lessen leer je ze dat ze anders zijn en zullen ze zich geleidelijk anders gaan gedragen. En het zal niet lang duren voordat ze zich meer thuis gaan voelen in de moskee dan op school. En dat is juist iets wat we moeten tegengaan.

Ahmed Marcouch is een capabele man, hij is van veel betekenis voor de stad Amsterdam, maar met de koranlessen zal hij zichzelf en zijn partij schade toebrengen.

Wat deze leerlingen nodig hebben, is het leren van de Nederlandse taal. Dat is waar ze zwak in zijn en waar ze sterk in moeten worden om hun eigen volwaardige plaats in de samenleving te kunnen vinden.

Ahmed Marcouch, laat de leerlingen volwassen worden, als ze de Koran nodig hebben, zullen ze die zelf vinden en ervan genieten:

Bij vijgen en olijven
Bij de ster op het moment dat hij valt
Bij de nacht waarin men rust
De mens hebben wij in de mooiste verschijning gecreëerd.

Toevlucht

Achter ons huis is een mooi lief parkje met oude bomen, geheimzinnige lichtjes en fraaie stoelen. Het is een geliefde plek van hasjrokers, niet het type junkie, maar gewoon jongeren. Want het is een schoon park, zelfs een beetje chic en de junkies voelen zich er niet thuis.

Het is eigenlijk de favoriete plek voor pubers die niet naar een coffeeshop mogen.

Als gewoonlijk wandelde ik 's avonds langs het park naar het centrum, het was er drukker dan normaal. Ik dacht dat het met het ingaan van de zomervakantie te maken had, dat het studiejaar afgelopen was en de leerlingen het in het schaarse licht wilden vieren. Maar er zaten geen pubers in het park, maar jongens van boven de achttien.

Opeens herinnerde ik me dat het 1 juli was, de eerste avond na het rookverbod in de cafés en restaurants. Ik liep door het park en vond heel toevallig een vol zakje hasj op de grond. Het was zeker van een van die jongens of meisjes, want ze kopen zo'n zakje meestal samen en roken het gezamenlijk.

Ik had meteen een gewetensbezwaar. Wat zou ik doen, zou ik moeten vragen of er iemand een zakje hasj miste of zou ik het gewoon moeten weggooien? Waarom weggooien, ben je gek? Ik liep naar een van de groepjes die in een cirkel zat te roken. De geur van hasj vond ik heerlijk zo rond eind juni, begin juli, tijdens de eerste nacht van het rookverbod. Stiekem ben ik jaloers op mensen die zich soms helemaal aan tabak, hasj of drank kunnen overgeven. Ik heb het nooit gekund.

Kortom, ik raakte in gesprek met de jongens en ging naast hen zitten. Ik zal niet vertellen wat ik met het zakje gedaan heb, maar ik heb in de roes van de hasj een nuttig gesprek met hen gehad.

Sinds het rookverbod zijn de coffeeshops bijna allemaal in één klap veranderd in afhaalplekken, want men mag daar de hasj niet meer met tabak mengen. Het alternatief is dus een pure joint draaien en dat is te duur voor de jongeren. Bovendien is het niet lekker meer om een pure joint te roken. Daarom nemen de jongeren voorlopig hun toevlucht in de donkere parken. Zo verplaatst de hasj zich van de coffeeshops naar de straat. En zij die buiten roken, trekken makkelijker hun jongere vrienden erbij.

Nu is het nog zomer, het is goed weer, er hangt overal een soort vakantiegevoel en stiekem buiten roken is gezellig.

Maar straks komen er agenten in groepjes en beginnen ze bekeuringen uit te delen. En als het koud wordt en het regent is buiten roken niet aantrekkelijk. Waar moeten de jongeren dan gaan roken als het in de coffeeshops niet kan?

Ze kunnen en willen niet thuis roken, dat heeft geen zin, het wordt ook niet geaccepteerd door de ouders. Het gedoogbeleid van de coffeeshops was bedoeld om de staat toezicht te laten houden op het gebruik van softdrugs en om de jongeren te kunnen beschermen. Ook was het de bedoeling om de softdrugs van de donkere plekjes in het licht te brengen.

Maar met het tabakverbod in de coffeeshops is de kans re-eel dat de jongeren op plekken terechtkomen waar ze eigenlijk niet horen te komen en dat ze zo in aanraking komen met andere soorten drugs waar geen tabak voor nodig is.

Iran

Vorige week testte Iran raketten met een bereik van tweeduizend kilometer. Het was een antwoord op het Israëlische machtsvertoon van de week daarvoor.

De Iraanse bevelhebber van de Revolutionaire Garde reageerde hard op de uitlatingen van Bush in Japan tijdens de G8-bijeenkomst, hij zei: 'Als Amerika Iran bombardeert, zullen alle Amerikaanse plekken in de wereld een doelwit voor ons worden.'

Hij zei het niet zo direct, maar hij doelde op alle plekken in Irak waar de Amerikanen zijn. Meteen daarna zei Ahmadinedjad in een persconferentie: 'Ik ben bereid met Bush te praten.'

Tegelijkertijd wacht Israël op een teken van Bush om de Iraanse nucleaire installaties te bombarderen. Gelukkig heeft Amerika tot nu toe geen goedkeuring aan Israël gegeven. Maar Bush wil het graag doen voordat hij het Witte Huis verlaat.

Bovendien wacht Israël de Amerikaanse goedkeuring niet altijd af.

De kans op zo'n actie is groter als blijkt dat Obama de presidentsverkiezingen gaat winnen. Bush zal er alles aan doen om een dialoog tussen de democraten en de ayatollahs onmogelijk te maken.

Op dit moment staat Iran onder zware economische druk. De inflatie is hoog en er is bijna geen werk voor de jonge generatie. Ahmadinedjad heeft nog niet één van zijn verkiezingsbeloftes kunnen waarmaken.

Bush heeft een Hollywoodscenario voor Iran bedacht om het land onderuit te halen. De Republikeinen willen Iran eerst met sancties verzwakken, tegelijkertijd proberen ze de etnische conflicten in het land aan te wakkeren en daarna willen ze op een uitgekiend moment de haven, waar aardolie wordt geëxporteerd, bombarderen. Dan is het afgelopen met het regime van Iran, denken ze.

Dat is oké, we zullen erg gelukkig zijn als we het moment zullen meemaken waarop de ayatollahs verwijderd zijn. Maar ik zal iets zeggen wat ikzelf ook niet zou willen horen. Het bewind van Iran is inderdaad op dit moment economisch erg zwak, maar mentaal erg sterk; een van de sterkste regimes in de islamitische wereld. De ayatollahs kunnen we niet met geweld van buiten onderuithalen. En nog erger, we kunnen ze nu al niet met geweld van binnen, door de Iraniërs zelf, aan de kant zetten.

Dit machtssysteem is historisch gezien de juiste politieke macht die Iran nu moet hebben. Het is een dictatuur, maar deze dictatuur is diepgeworteld in de cultuur en in het geloof van de bewoners. Voor alle duidelijkheid: het machtslabyrint in Iran is op dit moment sterker dan het ooit is geweest in de afgelopen vijfhonderd jaar.

We mogen de ayatollahs haten, we mogen hun macht willen vernietigen, maar de geschiedenis zegt tegen ons: het is nu onmogelijk.

Het is naïef dat Amerika dit niet wil begrijpen. Voor het eerst in de geschiedenis hebben de sjiieten hun eigen machtssysteem gecreëerd. En ze hebben Allah, de Koran en de moskeeën als fundament voor hun bewind gebruikt. Door de ervaringen die de imams in de afgelopen veertienhonderd jaar in de woelige geschiedenis van Iran hebben opgedaan, hebben ze een bunker van macht neergezet die de Amerikanen voorlopig niet kapot kunnen krijgen. Wie met gedachten van sancties en bombarderen bezig is, is verkeerd bezig en heeft het geloof van de sjiieten niet begrepen.

Eén ding kan ik met alle zekerheid zeggen: Iran zal nooit een raket schieten als het niet beschoten wordt. Ik sta achter mijn woord. Vrede zit in de aard van de Perzische mens. Dat geldt ook voor de ayatollahs.

Gijzelingsactie

Tijdens zomerdagen waarop iedereen vakantie houdt en naar de zon zoekt, heeft afgelopen zaterdag een bijeenkomst tussen Iran en een delegatie van de G5+1 in Genève plaatsgevonden. Het bijzondere van deze ontmoeting was dat de Verenigde Staten ook meededen. Het is de eerste keer sinds 29 jaar dat Amerika en Iran officieel met elkaar in gesprek zijn gegaan.

G5 bestaat uit China, Rusland, Engeland, Frankrijk en Duitsland, die al vaker met Iran gesprekken hadden gevoerd, en +1 is nu Amerika.

Aanvankelijk bleef Amerika volhouden dat er geen ontmoeting met Iran zou plaatsvinden, tenzij Iran zijn nucleaire activiteiten zou stilleggen.

Toch stuurden ze hun tweede man van Buitenlandse Zaken naar Genève. Ze zeiden: we schuiven wel aan, maar we praten niet. We volgen zwijgend de gesprekken. Dit was veelzeggend en een teken van hoop.

Onderweg naar Genève vloog de minister van Buitenlandse Zaken van Iran via Syrië om president Basjar al-Assad op de hoogte te stellen van de inhoud van het Iraanse nucleaire dossier. Basjar al-Assad had een paar dagen van tevoren al in Parijs met Sarkozy gesproken en hem beloofd dat hij Iran zou vragen om met harde bewijzen te komen dat zij geen nucleair wapen willen maken.

De minister van Buitenlandse Zaken van Iran vloog ook nog even naar Turkije om de Turkse autoriteiten te informeren.

Er stond duidelijk veel op het spel. En op die manier laat Iran zijn vrienden een kijkje nemen in het dossier. Als je deze dagen de Iraanse kranten en sites doorneemt, voel je hoop en zie je de voorzichtige glimlach.

De tijd, het lot, het leven. O, nu ik dit schrijf komen alle herinneringen terug. Het was 1979, het jaar waarin de Iraanse revolutie plaatsvond. In die tijd werkte ik als journalist voor een ondergrondse krant. Ik stond voor het hek van de Amerikaanse ambassade in Iran; we wisten dat er iets ging gebeuren. Opeens kwam er een groep studenten onder leiding van een jonge imam tevoorschijn. Ze riepen 'Allah-o-akbar' en klommen zo snel ze konden over de hekken en de ijzeren poort van de ambassade en stormden het gebouw in. Drie minuten later gingen de beelden van de bezette Amerikaanse ambassade via de Iraanse televisie de wereld over.

Tweeënvijftig medewerkers werden gegijzeld en 444 dagen lang op uiterst geheime plekken vastgehouden.

Tijdens die drukke, chaotische periode wist niemand wat voor gevolgen zo'n gijzelingsactie zou hebben.

President Carter blokkeerde miljarden en miljarden Iraans kapitaal en goud op de Amerikaanse banken.

Met de goedkeuring van Amerika viel Saddam Hoessein Iran binnen. En bijna alle westerse landen schaarden zich om Saddam om het gevaar van de ayatollahs tegen te houden. De populariteit van Carter daalde en hij verloor de presidentsverkiezingen aan Ronald Reagan.

Saddam bombardeerde onophoudelijk alle Iraanse steden en gebruikte chemische wapens. Er vielen minstens drie miljoen doden en gewonden aan beide kanten.

Miljoenen Iraniërs en Irakezen vluchtten het land uit. De rijken wisten Amerika te bereiken en de middenklasse zocht haar toevlucht in Europa. Duizenden daarvan in Nederland.

Negenentwintig jaar lang was er geen contact meer tussen Amerika en het Iraanse bewind. Afgelopen zaterdag gingen zij aan tafel. Dit is beslist een hoopvol teken.

Ik heb gehoord dat een schilder zijn spullen aan het klaarmaken is om de ijzeren poort van de Amerikaanse ambassade in Teheran na 29 jaar weer in de donkergroene verf te zetten.

Terug naar huis

De zomer is bijna voorbij. Iedereen die met vakantie was, is terug, of is onderweg. En gelukkig kunnen ze allemaal naar huis terugkeren.

Maar de grote Palestijnse dichter Mahmoud Darwish kon niet terug, hij bleef in de zomer van 2008 achter.

De Palestijnen zullen zijn gedichten meenemen, de seizoenen in. Ze zullen zijn poëzie als de teksten van hun heilige boek blijven reciteren.

Er zijn dichters die door een uitzonderlijke tijd en door de geschiedenis worden voortgebracht. Zij krijgen de verheven positie om de dichter van hun volk te zijn, want hun gedichten zijn de weerspiegeling van het gevoel van hun mensen. Ze dichten over een gemeenschappelijke pijn, een collectief verdriet, een gezamenlijk gemis en over een geliefde die van iedereen is.

Mahmoud Darwish was zo'n dichter:

Ik ga bijna dood voor het brood van mijn moeder
Voor de koffie van mijn moeder
Voor haar aanraking
En als ik op een dag terugkom
Trek mij als een hoofddoek over je ogen.
Bedek mijn beenderen met het gras
gezegend door je voetstappen.
Verbind ons
Met een lok van je haar
Met een draadje dat van achteren je jurk sleept.
Geef me de sterrenplattegrond terug
zodat ik
samen met de zwaluwen
het pad kan vinden
terug naar het nest van je afwachting.

De Palestijnse kinderen begrepen zijn gedichten, omdat ze over herkenbare zaken gaan waar ze het thuis dagelijks over hadden. Ook werden dezelfde gedichten door de Egyptische geleerden van de Al-Azhar-universiteit in Caïro geprezen om de stijl en om de simpliciteit en tegelijkertijd de complexiteit van zijn poëzie.

De steekwonden van de Palestijnen hebben in de taal van Mahmoud Darwish de Arabische poëzie levendiger gemaakt.

Darwish heeft de traditionele grenzen van pijn, verdriet, verlangen, allemaal overschreden en de diepere bodem van al deze zeer menselijke onderwerpen laten zien.

En het is verrassend dat je uit zo veel verdriet zo veel muziek en nieuwe klanken produceren kunt.

Het is geen verdriet om passief van te worden, het is verdriet dat is omgezet in schoonheid en hoop:

Mijn lieveling, als je geen regen kunt zijn
Wees een boom
Groen en overvol vruchten.
Als je een boom niet kunt zijn, mijn lieveling
Wees een steen
Doordrenkt van vocht
Als je geen steen kunt zijn, mijn lieveling
Wees dan een maan
In de droom van die beminde vrouw
Ja, wees een maan, mijn lieveling
(Zo praatte een moeder tot haar zoon tijdens zijn begra-
fenis.)

Darwish is in 1941 in het dorp Al-Birwa geboren. In 1948, nadat hun huis werd vernield, vluchtte het gezin naar Liba-non, maar later keerde hij als volwassene terug naar Al-Dja-lil in Palestina.

Zijn oeuvre bestaat uit meer dan dertig bundels, waarvan de bekende titels zijn: *Dagboek van een Palestijnse wond*, *Olijf-bladeren*, *Waarom liet je het paard achter?*, *Bed van een vreemde* en *In Al-Djalil gaan de mussen dood*.

Mahmoud Darwish is de grootste dichter geworden van een land dat nog niet bestaat:

Ik heb alles van de taal geleerd, ik heb ze
uit elkaar gehaald om een enkel woord te vormen:
Thuis.

Hij werd vorige week in Ramallah begraven. De Palestijn-se leider Mahmoud Abbas zei bij zijn graf: 'Hij heeft een zon van zichzelf achtergelaten die nooit ondergaat.'

Olympische Spelen

Mooi, super, van harte gefeliciteerd, Nederland.

Terecht verdiend al die gouden, zilveren en bronzen medailles voor de Nederlandse sporters. Het is te danken aan de Hollandse discipline, het harde werken en aan de stabiele koers van het land.

Nederland is gezond en vitaal en de behaalde schitterende olympische oogst is een bewijs dat hier een gelukkig volk woont. Alleen jammer dat het effect van de inspanning van de kampioenen niet meer dan spannende tv oplevert. Als ze terug zijn, worden ze door de koningin ontvangen, daarna krijgen ze een warm onthaal in hun geboorteplaats. Een nacht lang genieten ze van hun straatfeest en de volgende dag is alles afgelopen.

Het goud gaat de kast in en wordt als een persoonlijke ervaring gezien: leuk voor jou. Het is zonde dat je niet lang in de gedachten van de mensen blijft hangen en dat de kinderen je naam niet zullen onthouden.

Ik vertel dit om een eeuwige held te introduceren: Roehallah Niekpa, de 21-jarige Afghaan die voor zijn vaderland brons behaalde met taekwondo. Hij wist zijn Spaanse tegenstander met 4-1 onderuit te halen. Het was de eerste keer in de geschiedenis dat een Afghaan een olympische medaille won.

Het effect van deze overwinning zal kampioenen kweken in dat land. In Afghanistan zijn zo'n zevenhonderd armoedige sportzalen waar zo'n vijfentwintigduizend jongeren taekwondo beoefenen. Het volk van dit door oorlogen vervloekte land heeft goud nodig om zijn hoop terug te winnen.

Deze jonge Afghaan ging direct na de overwinning de geschiedenis van zijn land in. Hij is een held en zal dat voor eeuwig blijven; een voorbeeld voor alle Afghaanse jongeren.

Ik heb hem op tv gezien, het brons hing zo zwaar om zijn nek dat hij bijna niet meer lopen kon. Ik zag dat hij als een mythische Afghaanse held een moment zijn land op zijn schouders droeg. Ik feliciteer hem en ik onthoud zijn gezicht. Let op mijn woorden, bij de volgende Olympische Spelen in Londen zal een Afghaan zeker goud winnen bij taekwondo en een ander een medaille bij het hardlopen behalen.

Mijn eigen landgenoten waren bijna vernederd: tot aan de laatste dag van de Spelen hadden zeventig miljoen mensen nog geen held. Zeventig miljoen mensen gegijzeld door imams die een hekel aan sport hebben.

Blader de Perzische geschiedenis door en je zult nooit een imam tegenkomen die een bal heeft aangeraakt, of op een paard gereden heeft, nee, nooit, ze hebben altijd op een ezel gereden, altijd laag bij de grond.

Het is onmogelijk om goud te winnen als een volk niet gelukkig is, verdrietig is en zelfs geen muziek mag hebben om zijn verdriet te uiten. Zeventig miljoen landgenoten van mij daar en ik hier liepen een beetje gebogen tijdens de Olympische Spelen.

De gebeden van de grootmoeders hebben geholpen. Opeens verscheen een Iraanse held en hij bevrijdde ons van de vernedering. Hadi Saie, de taekwondomeester, behaalde goud. Het was zijn derde olympische medaille na zijn overwinningen in Sydney en Athene.

De overwinningen van de Afghaanse en Iraanse kampioenen zijn leerzaam. Geduld hebben, en de hoop – net als de fakkel van de Spelen – altijd hoog houden.

Georgië

Twee weken geleden drongen Russische gevechtsvliegtuigen het Georgische luchtruim binnen en bombardeerden enkele doelen. Naar eigen zeggen wilden ze de regio's Zuid-Ossetië en Abchazië beschermen tegen de centrale macht in Georgië.

De invasie veroorzaakte veel ophef in de westerse wereld. De Russische president zette echter nog een stap verder en erkende Zuid-Ossetië en Abchazië als onafhankelijke staten.

Amerika was woedend. Engeland sprak harde taal en Europa stond machteloos tegenover de onverwachte Russische actie.

Ik blader terug in de oude dikke boeken van de vaderlandse geschiedenis om te kijken waar we nu staan met Georgië.

Ik zal iets moois vertellen.

Georgië is altijd van ons geweest, ik bedoel van de Perzen. En nog interessanter is dat de Georgiërs van nu nakomelingen zijn van de oudste Perzen (Aria's) die zo'n vierduizend jaar geleden als nomaden Siberië hadden verlaten om naar de vlakte van Perzië te gaan.

Toentertijd was het gebied dat nu Georgië heet een mooie, groene, vruchtbare vlakte. Toen de Perzische stam langstrok, bleef een deel daar wonen. En ze werden later bekend als de Georgiërs.

Onder leiding van Cyrus stichtte de Perzische clan het grootste imperium op aarde. En het Georgische leger was altijd het betrouwbaarste leger voor de Perzische koningen.

De Georgiërs spraken dezelfde taal als de Perzen en droegen een soortgelijk geloof als dat van de zoroastristen uit. Toen het Romeinse Rijk haar macht in Azië deed gelden, wierp het een schaduw over Georgië.

Een Georgische onderkoning trouwde met een christelijke

vrouw en omdat hij verliefd was, veranderde hij van geloof en werd ook een christen. En zo werd Georgië christelijk.

In 627 versloeg het Byzantijnse Rijk de Perzen en nam Georgië over.

In die periode had de profeet Mohammad Mekka veroverd en hij droomde om het Perzische rijk binnen te vallen, maar hij stierf en haalde het niet. Mohammads opvolgers realiseerden zijn droom; ze veroverden Perzië, alsmede Georgië.

Een paar eeuwen later kregen de Perzen de macht terug van de Arabieren en werd Georgië opnieuw van Iran.

De Ottomanen (de Turken) versloegen vervolgens de Perzen en namen het land over. Maar een alliantie van christenen zette de Turken het land uit en Georgië werd voor het eerst een soevereine staat.

Djengis Khan, de Mongool, was de volgende die Georgië binnenviel. Toen echter enkele eeuwen later de macht van de Mongolen verzwakte, vielen de Perzische Safaviden het land binnen.

De Russische tsaren, die een wereldmacht wilden worden, dwongen het Perzische leger terug naar huis en namen Georgië over.

Het was een periode van rust in het land, maar toen Napoleon het in zijn hoofd haalde om Rusland binnen te vallen, was de aandacht van Rusland afgeleid en viel het land in handen van de Perzische Ghazariden.

Het verhaal is lang. De Russen kregen Georgië wederom terug en het land werd later een vast deel van het communistische Rusland. Toen het communisme viel, werd Georgië een zelfstandige staat.

Gedurende vijfentwintighonderd jaar is een deel van de identiteit van Georgië onveranderd gebleven.

Georgië is kwetsbaar, daarom klampt het zich telkens met beide handen aan een buitenlandse macht vast om overeind te blijven.

Deze keer hebben ze Amerika beetgepakt. We zullen zien wat de geschiedenis nog in petto heeft voor het land dat ooit alleen een groene, vruchtbare vlakte was en waar men nu onmetelijke velden van gas en aardolie ontdekt heeft.

De Vliegende Hollander

Ik ben altijd nieuwsgierig geweest naar de oude oorspronkelijke verhalen en teksten van Nederland.

Soms geven mensen me een apart boek of een bijzonder geschenk, niet alleen als presentje, maar uit een soort nood.

Met respect en in de overtuiging dat ze me iets waardevols hebben gegeven, neem ik hun geschenken aan. Deze hebben een uiteenlopend karakter. De mensen die het aan mij geven, zijn meestal oud en hebben er dierbare herinneringen aan. Ik geloof dat zij op die manier hun aandenken bij mij in bewaring geven. Om die reden geef ik ze altijd een mooie plek in mijn werkkamer.

Zo staat er een bijzondere editie van de Statenbijbel in mijn kast; een eerste druk in een oude roodbruine stoffen hoes. Elke keer dat ik erin lees, geniet ik ervan. Mooier Hollands proza bestaat er niet: 'Hoe schoon zijn uwe gangen in de schoenen, gij prinsendochter; de omdraaiingen uwer heupen zijn als kostelijke ketens, zijnde het werk van de handen eens kunstenaars.'

Ooit drukte een bejaarde man met een hoed een klein boekje uit het einde van de achttiende eeuw in mijn handen. 'Van mijn vader geweest', zei hij.

Nu drenken malsche regendroppen
De pas ontloken bloesemknoppen.
En bloemen, als uit zilveren schalen,
Langs veld en heide neergestrooid
Met frische herboren jeugd getooid.

Een ander keertje kreeg ik een gebroken bebloemde moza-
iektegel uit de Sheikh Lotfollah-moskee van Isfahan, een van
de mooiste moskeeën ter wereld. 'Mevrouw, hoe komt u aan
dit gebroken juweel?' 'Ik was eenentwintig, verliefd op een
Perzische prins en hij nam me mee naar Isfahan. Uit die tijd
is alleen dit gebroken oude mozaïek overgebleven.' Op een
avond na een lezing kwam een keurige heer, slecht ter been,
op mij af en vroeg of ik even met hem mee naar zijn huis wilde gaan. Op zijn schoorsteenmantel stond een prehistorische
vaas uit mijn vaderland. Ik durfde hem niet aan te raken. 'Pak
hem, anders zal je de laatste trein missen.' Gisteravond overhandigde een oude vrouw me een verpakt boekje: 'Toen ik
een meisje van twaalf was, heb ik het van mijn vader gekregen. Altijd bewaarde ik het in mijn nachtkastje.' Het was een
kapot boekje zonder kaft of titel en het ging over een spook-
schip, dat in het jaar 1676 in de buurt van Kaap de Goede
Hoop uitvoer en in een storm verdween. Een mysterieus verhaal over piraten, liefde, slavenhandel, zeegevechten en over
de voc, de Verenigde Oost-Indische Compagnie. De sympathieke Hollandse kapitein Willem van Decken gaat met ge-
bolde zeilen tegen de storm in de zee op. Maar hij verdwijnt
op zee en kan nooit meer terugkeren. Zijn verlangen naar
huis wordt zo groot dat zijn geest uitgroeit tot de meest gevreesde zeeman aller tijden. Scheepslui van de andere schepen
zien een spookachtig schip met Hollandse vlag op volle snelheid voorbijkomen. En aan het roer zien ze een uitgemergel-
de kapitein staan met de ogen strak op de horizon, op Holland. Het ontroerende levensverhaal van kapitein Willem van

Decken, de Vliegende Hollander, heb ik tot me genomen, maar door de pagina's die ontbraken, weet ik nog niet hoe het verhaal begon en hoe het eindigde. De geschenken die ik krijg zijn allemaal bijzonder, maar waarom heeft die oude mevrouw dat kapotte boekje aan mij gegeven? Wie weet, misschien moet ik ooit een grote roman over die Hollandse zeeman schrijven om hem terug te laten keren naar huis.

Kader Abdolah bij De Geus

De adelaars
De verhalen in deze debuutbundel geven een indringend beeld van wat het betekent politiek vluchteling te zijn in een land met een andere cultuur. Bekroond met Het Gouden Ezelsoor 1993.

Gebundeld met *De meisjes en de partizanen* uitgegeven als *De verhalen* i.s.m. met Rainbow Pockets.

De meisjes en de partizanen
Ook deze bundel heeft tot thema 'de vlucht en het verlies van alles wat je dierbaar is'. De gevoelens van de vluchteling krijgen vorm in prachtig proza t een brug slaat tussen heden, verleden en toekomst. Bekroond met het Charlotte Köhler-stipendium 1995.

De reis van de lege flessen
Bolfazl, een vluchteling die in Nederland een bestaan probeert op te bouwen, probeert greep te krijgen op zijn nieuwe realiteit door deze te verweven met verhalen en herinneringen uit Iran. Totdat de herinneringen niet meer voldoende zijn.

Mirza, Een tuin in de zee en Karavaan
Bundelingen van Abdolahs *Volkskrant*-columns. *Mirza* werd bekroond met de Mediaprijs 1997.

De koffer
Een uitgebreide bio- en bibliografie van Kader Abdolah, een essay over zijn werk, een interview en een nieuw verhaal.

Portretten en een oude droom
Dawoed, een Perzische journalist die al meer dan tien jaar in Nederland woont, reist door Zuid-Afrika. Hij is onder de indruk van de schoonheid van het land en de kracht van de mensen. Het herinnert hem aan Perzië, aan de vrienden van vroeger, die vermoord zijn of gevangengezet. Dawoed vertelt die vrienden zijn belevenissen en verweeft oude Perzische reisverhalen met portretten van mensen en gebeurtenissen in Zuid-Afrika.

Spijkerschrift
De doofstomme vader van Ismaiel heeft zijn leven lang een dagboek bijgehouden in een zelfontworpen spijkerschrift. Na zijn dood in de Perzische bergen wordt het dagboek bij zijn naar Nederland gevluchte zoon bezorgd. Ismaiel probeert de tekst leesbaar te maken zoals hij vroeger zijn vader verstaanbaar moest maken.

Het huis van de moskee
Al achthonderd jaar, generatie na generatie, heeft de familie van Aga Djan een centrale positie in de stad. Al zolang ze er wonen brengen ze de geestelijk leider van de moskee voort. De imam is een belangrijk man, maar zeker zo belangrijk is Aga Djan. Als eigenaar van de bazaar heeft hij veel economische macht; bovendien is hij schrijver. Belangrijke gebeurtenissen, gedachten en ont-

moetingen met mensen noteert hij in een bijzonder verslag, dat de actuele geschiedenis van Iran van de laatste vijftig jaar omvat.

De koe
Een schitterende bewerking van een vijftien eeuwen oude Perzische klassieker, die tot de top van de wereldliteratuur behoort.

Rode wijn
In *Rode wijn* zijn de verhalen uit *De adelaars* en *De meisjes en de partizanen* gebundeld. De verhalen geven een indringend beeld van wat het betekent om politiek vluchteling te zijn in een land met een andere cultuur. De gevoelens van de vluchteling krijgen vorm in prachtig proza, dat een brug slaat tussen heden, verleden en toekomst. Door deze verhalen verwierf Abdolah direct een plaats in de Nederlandse literatuur.

De boodschapper
De kroniekschrijver Zeeëd is de rechterhand van Mohammad en de man die Allahs openbaringen aan Mohammad verzamelt in een nieuw boek: de Koran. Na de dood van Mohammad vraagt Zeeëd zich af wie de profeet eigenlijk was. Zeeëd besluit langs te gaan bij mensen die de profeet hebben gekend: familie, vrienden, vijanden, volgelingen, wetenschappers, vrouwen en dichters. Op die manier reconstrueert Zeeëd via ooggetuigen het leven van Mohammad, de boodschapper, vanaf zijn geboorte tot aan zijn dood. De lezer krijgt een bijzonder 'eigentijds' beeld van de periode waarin Mohammad op-

groeide, hoe hij zijn stad Mekka van de morele onder-
gang wilde redden en hoe hij zich van profeet ontwik-
kelde tot een machtig leider.

De Koran

Met deze vertaling van de Koran maakt Kader Abdolah het boek inzichtelijk voor de Nederlandse lezer. De
Koran, die gebaseerd is op de Tora en de Bijbel, kent
geen strikt logische opbouw. De 114 soera's vertakken
zich zoals olijfbomen dat doen. Soms voegde Abdolah
voorafgaand aan een soera een inleidende tekst toe. Als
brontekst nam hij de oude Arabische koran van zijn vader. Hij raadpleegde vervolgens Perzische en Nederlandse vertalingen en vroeg zijn bejaarde oom Aga Djan in
Iran regelmatig om advies.